零基础学
纳税调整

李玲 ◎ 编著

電子工業出版社·
Publishing House of Electronics Industry
北京·BEIJING

内 容 简 介

税会差异是指税法与会计的差异，本书讲解的企业所得税税会差异是其重点、难点所在。掌握好企业所得税税会差异对于规范涉税核算、防范纳税风险具有重要意义，其不仅是做好企业纳税申报及税务征管查工作的"刚需"，还是财税从业者提升专业水平的必由之路。

本书共分 7 章，涵盖了企业所得税与会计相交叉的收入、投资、费用、资产、弥补亏损、申报等主要业务板块。本书不但着眼于对税会相关规定的细致分析，而且在此基础上具体阐释了如何进行纳税调整及申报。为便于读者深入理解和掌握，本书选取了多项实务中的典型案例，"接地气"且"有高度"地展现经营及税务征管查中的税会实务，力求给读者以启发和提醒。

本书内容深入浅出、案例丰富、实用性强，特别适合希望提升专业水平的财税从业者阅读，也适合财税专业的大中专院校学生阅读，还可以作为相关培训机构的教材使用。

未经许可，不得以任何方式复制或抄袭本书之部分或全部内容。
版权所有，侵权必究。

图书在版编目（CIP）数据

零基础学纳税调整 / 李玲编著. —北京：电子工业出版社，2021.6
ISBN 978-7-121-41157-1

Ⅰ.①零… Ⅱ.①李… Ⅲ.①企业所得税 – 税收管理 – 中国 Ⅳ.①F812.424

中国版本图书馆CIP数据核字（2021）第087247号

责任编辑：王陶然
印　　刷：三河市鑫金马印装有限公司
装　　订：三河市鑫金马印装有限公司
出版发行：电子工业出版社
　　　　　北京市海淀区万寿路173信箱　邮编：100036
开　　本：720×1000　1/16　印张：15.5　字数：313 千字
版　　次：2021 年 6 月第 1 版
印　　次：2021 年 6 月第 1 次印刷
定　　价：55.00元

凡所购买电子工业出版社图书有缺损问题，请向购买书店调换。若书店售缺，请与本社发行部联系，联系及邮购电话：(010) 88254888，88258888。
质量投诉请发邮件至 zlts@phei.com.cn，盗版侵权举报请发邮件至 dbqq@phei.com.cn。
本书咨询联系方式：(010) 57565890，meidipub@phei.com.cn。

前 言

掌握企业所得税税会差异的用途

近年来，企业会计准则中最为繁复的部分，如长期股权投资、金融工具确认和计量、金融资产转移等都做了大量修订[1]。企业所得税的内容多、更新快、把握难、风险高，而企业所得税的税会差异更是财税从业者眼中跨学科、难度大、涉及频率高、掌握程度低的实务痛点，也是学习和备考中无法回避的内容。

笔者曾经也是财税"小白"，在税务一线工作了十余年。在做中学、学中做的过程中，笔者深刻体会到了掌握好税会差异的重要性。如果您是公司或中介机构的财税从业者，掌握好税会差异能更好地理解税收政策规定，避免涉税风险；如果您和笔者一样是财税领域的监管人员，掌握好税会差异就等于练就一双火眼金睛，能轻易看懂企业的账目和报表，便于开展各项征管工作；如果您正在求学备考，税会差异也是绕不开的瓶颈，注册会计师、税务师、会计中级职称中的一系列难题都是围绕长期股权投资、金融工具、企业所得税的新政策展开的。相信，阅读本书能使您如虎添翼。

本书特色

☐ 讲解透彻：全面介绍企业所得税税会差异和纳税调整，形象直观地演示纳税调整的操作过程。

☐ 把握前沿：根据新企业会计准则、企业所得税及纳税申报的政策法规编写。

---

[1] 自2006年2月15日财政部发布《企业会计准则——基本准则》、38项具体会计准则和《企业会计准则——应用指南》之后，2006年至2014年又陆续下发了6个有关企业会计准则解释的文件，2014年修订了包括《企业会计准则——基本准则》在内的5项准则，同时新增了3项具体会计准则。此后，财政部陆续发布了7项企业会计准则解释、5项会计处理规定、10项新增或修订的企业会计准则及若干通知和解读。此外，财政部还发布了一项会计准则征求意见稿。这都让我国会计准则的内容与数量与国际会计准则更加趋同。

□ 典型案例：精选实务中的复议诉讼案例、涉税筹划实例、财税核算盲点和权威政策解释，展示实务操作，提示涉税风险，避免事后纷争。

□ 深化巩固：每节后附"综合自测"板块，便于读者融会贯通。

本书内容

全书共分7章，主要内容如下：

第1章为理论篇。本章主要探讨税会差异的源泉，并在分析各类具体差异的基础上，对如何进行纳税调整做了总结。

第2章为收入篇。本章从解读2017年发布的新收入准则与企业所得税法的具体规定入手，重点分析了相关内容的税会差异，并结合案例，对如何逐步开展纳税调整进行了细致的讲解。

第3章为投资篇。本章从解读2017年发布的新金融工具和新长期股权投资的具体规定入手，结合前述规定与企业所得税法律法规的具体差异，重点分析了如何开展纳税调整。本章选取了多个金融业典型案例，以求"接地气""有高度"地展现投资活动中的税会实务，给读者以启发和提醒。

第4章为费用篇。税会对费用的扣除一直是实务中充满争议的重点和难点。相对于会计的如实列支，企业所得税法更多的是坚持合法凭证扣除的管理思路。本章着眼于税会对各类费用差异的细致分析，并在此基础上介绍了如何开展纳税调整。

第5章为资产篇。固定资产折旧和研发费用加计扣除是近年来税收优惠的重点与热点，伴随着一系列税收政策的出台，相应的税会差异问题也日益凸显。本章主要围绕会计准则中的各类资产与企业所得税法的具体差异展开，税收优惠涉及的税会差异及纳税调整是其重点。

第6章为弥补亏损篇。相对于会计简单、直接地亏损弥补，企业所得税法的亏损弥补政策不但与前述章节有着千丝万缕的关系，而且衍生出诸多细致、具体的规定。本章重在讲解税法规定，便于读者最大限度地规避涉税风险，完善企业会计核算。

第7章为申报篇。本章重在解读2017年版年度申报表和2019年公告的修订要求，力求让读者进一步理解前述各章的差异调整和纳税申报，并掌握申报填报要点。

作者介绍

李坽，法学硕士。现就职于税务部门，为资深税务研究员、公职律师、税务师，国家税务总局第五批税务领军人才，长期深耕于重点税源管理和稽查一线，具有丰富的实战经验和理论储备，主要研究领域为税收经济分析、税务稽查、税法和经济法学。

读者对象

- □ 希望提升专业水平的财税从业者。
- □ 财税专业的大中专院校学生。
- □ 各类财税资格备考学员。
- □ 对企业所得税和会计感兴趣的各界人士。

目 录

第1章 理论篇

1.1 税会差异 / 2
- 1.1.1 什么是税会差异 / 2
- 1.1.2 我国的税会模式演变 / 3
- 1.1.3 税会差异的原因和表现 / 4

1.2 税会差异调整的原则和方法 / 12
- 1.2.1 处理原则 / 12
- 1.2.2 处理方法 / 13

第2章 收入篇

2.1 收入确认 / 16
- 2.1.1 会计规定 / 16
- 2.1.2 税法规定 / 18
- 2.1.3 税会差异 / 19
- 2.1.4 纳税调整 / 20
- 2.1.5 典型案例解析 / 21
- 2.1.6 综合自测 / 22

2.2 商品销售收入 / 24
- 2.2.1 销售收入的确认 / 24
- 2.2.2 销售折扣、折让和退回 / 29
- 2.2.3 买一赠一 / 31
- 2.2.4 综合自测 / 34

2.3 劳务收入 / 35
- 2.3.1 会计规定 / 35
- 2.3.2 税法规定及税会差异 / 36
- 2.3.3 纳税调整 / 37
- 2.3.4 典型案例解析 / 37
- 2.3.5 综合自测 / 39

2.4 特许权使用费收入 / 41
- 2.4.1 特许权使用费收入的确认 / 41
- 2.4.2 特许权使用费收入确认的时间 / 41
- 2.4.3 纳税调整 / 42
- 2.4.4 典型案例解析 / 42
- 2.4.5 综合自测 / 44

2.5 其他相关收入 / 46
- 2.5.1 非货币性资产交换 / 46
- 2.5.2 债务重组收益 / 49
- 2.5.3 政策性搬迁业务 / 51
- 2.5.4 视同销售收入 / 53
- 2.5.5 捐赠收入 / 55
- 2.5.6 政府补助收入 / 56
- 2.5.7 典型案例解析 / 57
- 2.5.8 综合自测 / 58

第3章 投资篇

3.1 金融资产和金融负债 / 62
- 3.1.1 会计规定 / 62
- 3.1.2 税法规定及税会差异 / 64
- 3.1.3 典型案例解析 / 66

3.1.4 综合自测 / 67

3.2 以公允价值计量且变动计入当期损益的金融资产 / 69
    3.2.1 会计规定 / 69
    3.2.2 税法规定及税会差异 / 70
    3.2.3 典型案例解析 / 71
    3.2.4 综合自测 / 71

3.3 以摊余成本计量的金融资产 / 73
    3.3.1 会计规定 / 73
    3.3.2 税法规定及税会差异 / 74
    3.3.3 典型案例解析 / 76
    3.3.4 综合自测 / 83

3.4 以公允价值计量且其变动计入其他综合收益的金融资产 / 84
    3.4.1 会计规定 / 84
    3.4.2 税会差异 / 85
    3.4.3 典型案例解析 / 86
    3.4.4 综合自测 / 88

3.5 长期股权投资 / 89
    3.5.1 长期股权投资初始计量 / 89
    3.5.2 长期股权投资后续计量成本法核算 / 94
    3.5.3 长期股权投资后续计量权益法核算 / 95
    3.5.4 长期股权投资的转换 / 97
    3.5.5 长期股权投资的处置 / 102
    3.5.6 纳税调整 / 104
    3.5.7 典型案例解析 / 105
    3.5.8 综合自测 / 110

第4章 费用篇

4.1 人工费用 / 112
    4.1.1 会计规定 / 112
    4.1.2 税法规定及税会差异 / 115
    4.1.3 纳税调整 / 121
    4.1.4 典型案例解析 / 122
    4.1.5 综合自测 / 124

4.2 股份支付 / 125
    4.2.1 "一次授权、分期行权"的股份支付计划 / 125
    4.2.2 涉及集团内公司的股份支付计划 / 127
    4.2.3 以现金结算的股份支付 / 128
    4.2.4 纳税调整 / 129
    4.2.5 典型案例解析 / 129
    4.2.6 综合自测 / 135

4.3 借款费用 / 137
    4.3.1 会计规定 / 137
    4.3.2 税法规定 / 141
    4.3.3 税会差异 / 143
    4.3.4 纳税调整 / 143
    4.3.5 典型案例解析 / 144
    4.3.6 综合自测 / 145

4.4 其他费用 / 146
    4.4.1 业务招待费 / 146
    4.4.2 广告费和业务宣传费 / 147
    4.4.3 风险准备金 / 148
    4.4.4 对外捐赠业务 / 150
    4.4.5 安全生产费和维简费 / 151
    4.4.6 预提费用 / 153
    4.4.7 预计负债 / 154
    4.4.8 罚款 / 155
    4.4.9 典型案例解析 / 156
    4.4.10 综合自测 / 158

第 5 章　资产篇

- 5.1 存货 / 160
  - 5.1.1 存货计税基础与初始计量的差异 / 160
  - 5.1.2 存货发出计价方法的差异 / 164
  - 5.1.3 存货的盘盈 / 165
  - 5.1.4 存货期末计量方法的差异 / 166
  - 5.1.5 纳税调整 / 166
  - 5.1.6 典型案例解析 / 167
  - 5.1.7 综合自测 / 168
- 5.2 固定资产 / 170
  - 5.2.1 固定资产的确认 / 170
  - 5.2.2 固定资产计税基础与初始计量的差异 / 171
  - 5.2.3 固定资产的后续计量 / 173
  - 5.2.4 固定资产的折旧方法 / 174
  - 5.2.5 固定资产的处置 / 177
  - 5.2.6 典型案例解析 / 179
  - 5.2.7 综合自测 / 180
- 5.3 无形资产 / 182
  - 5.3.1 无形资产计税基础与初始计量的差异 / 182
  - 5.3.2 无形资产的摊销 / 183
  - 5.3.3 无形资产的减值 / 185
  - 5.3.4 无形资产的处置 / 185
  - 5.3.5 典型案例解析 / 186
  - 5.3.6 综合自测 / 189
- 5.4 生物资产 / 190
  - 5.4.1 生物资产计税基础与初始计量的差异 / 190
  - 5.4.2 生物资产的折旧 / 192
  - 5.4.3 生物资产的减值 / 193
  - 5.4.4 生物资产的计量 / 194
  - 5.4.5 生物资产的处置 / 195
  - 5.4.6 典型案例解析 / 195
  - 5.4.7 综合自测 / 197
- 5.5 投资性房地产 / 198
  - 5.5.1 采用成本模式计量的投资性房地产 / 198
  - 5.5.2 采用公允价值模式计量的投资性房地产 / 199
  - 5.5.3 典型案例解析 / 201
  - 5.5.4 综合自测 / 202

第 6 章　弥补亏损篇

- 6.1 亏损 / 204
  - 6.1.1 会计规定 / 204
  - 6.1.2 税法规定 / 204
  - 6.1.3 税会差异 / 205
- 6.2 亏损弥补 / 206
  - 6.2.1 会计规定 / 206
  - 6.2.2 税法规定 / 206
  - 6.2.3 税会差异 / 209
  - 6.2.4 纳税申报 / 209
  - 6.2.5 典型案例解析 / 210
  - 6.2.6 综合自测 / 212

第 7 章　申报篇

- 7.1 2017 年版企业所得税年度申报表详解 / 214
  - 7.1.1 修订概况 / 214
  - 7.1.2 修订具体内容 / 215

7.1.3 实施时间 / 229

7.2 2018年版企业所得税月（季）度申报表详解 / 230

 7.2.1 主要变化 / 230

7.2.2 网上申报填报要点 / 231

7.3 2018年版企业所得税月（季）度申报表（2020年修订）详解 / 235

 7.3.1 修订内容 / 235

 7.3.2 实施时间 / 237

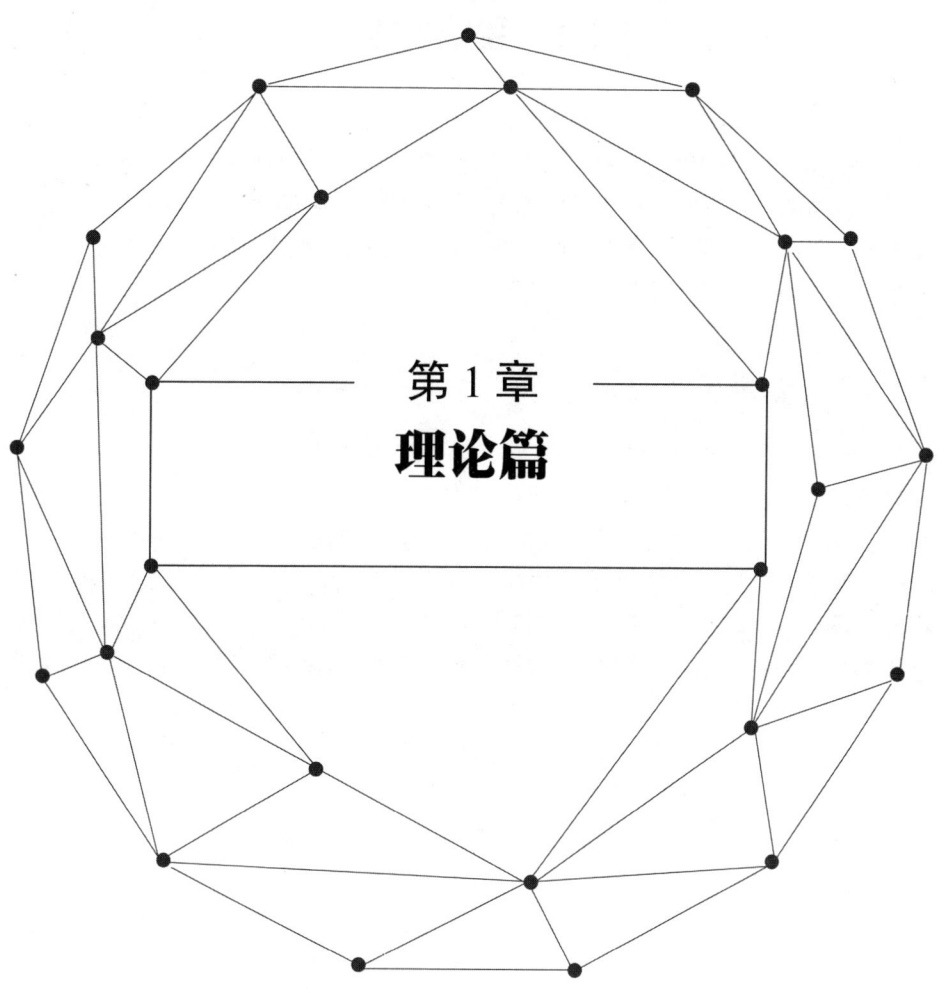

第1章

理论篇

1.1 税会差异

为了使会计制度得以更好地贯彻，并与国际会计管理相协调，我国会计一直遵循与税收相分离的原则。税务工作本质上属于国家法律法规政策的范畴，考虑的主要是国家税收利益，税收法定是其基本原则。这就导致税会在目的、原则等源头上就存在显著差异。本节将结合我国税会模式的演变，分析税会在各个维度的差异与联系，为后面章节的税会差异讲解打好基础。

1.1.1 什么是税会差异

税会差异是指税法与会计的差异，如企业所得税法与会计准则的差异、增值税管理条例及相关政策与会计准则的差异、个人所得税法与会计准则的差异等。在税法的各个门类中，现行企业所得税法大量借鉴了会计核算的思路，同时也保留了与会计规定不同的原税法内容，导致企业所得税的税会差异是各类税会差异中的难点和重点。本书讲解的正是企业所得税的法律法规政策与会计准则的差异。鉴于此，本文提到的税法特指企业所得税法及相关政策，税法原则特指从企业所得税法及其相关政策中提炼的税法原则。

在我国，会计记账、核算的依据主要是《企业会计准则》和《小企业会计准则》。企业所得税纳税申报的依据主要是《中华人民共和国企业所得税法》（以下简称《企业所得税法》）、《中华人民共和国企业所得税法实施条例》（以下简称《企业所得税法实施条例》）以及国务院、财政部及国家税务总局就企业所得税申报及管理发布的诸多行政法规、部门规章和规范性文件。会计准则要求会计核算应如实反映经济业务活动，而税法体现的是国家对税源的确认以及税收征管的思路，并不是会计记账的准则。这两者之间必然存在差异，其专业术语就是"税会差异"。对于税会差异，企业在日常核算时无须涉及，但在每年的企业所得税年报，也就是汇算清缴时需要就日常会计核算积累下的税会差异进行统一的纳税调整。

例如，某公司当年营业收入共计1 000万元，发生业务招待费200万元。按照日常会计处理，业务招待费200万元可以全部计入管理费用，在计算会计利润时作为扣减项。

但是，在年底企业所得税汇算清缴时，《企业所得税法实施条例》第四十三条规定："企业发生的与生产经营活动有关的业务招待费支出，按照发生额的60%扣除，但最高不得超过当年销售（营业）收入的5‰。"上述业务招待费须进行以下纳税调整：将业务招待费60%的发生额（140万元）与营业收入1 000万元的5‰（5万元）中的较小者，作为企业所得税汇算清缴时业务招待费的税前扣除数。因此，该公司在计算会计利润时可扣除业务招待费200万元，而在计算企业所得税应纳税所得额时仅能扣除业务招待费5万元。税务较会计少扣除的业务招待费195万元，需要进行纳税调整，即调增应纳税所得额195万元。

税会差异不是一朝一夕形成的，其发展演变有着独特的历史和原因。下面我们就从税会模式的演变、税会差异出现的原因和表现等方面为读者朋友们进一步分析讲解。

1.1.2　我国的税会模式演变

我国现行的税会模式是"适度分离相互协调"的模式，其形成先后经历了四个阶段。

第一阶段，改革开放之前为高度统一的税会模式。当时，我国实行的是高度集中的计划经济体制。在这一制度背景下，国家除了履行对经济社会的管理职能，还充当着国有资产的所有者，行使着对国有企业的经营和管理职能，实行统筹统支。在此期间，企业会计制度作为税收的基础，企业会计核算的结果就是纳税申报额，应税所得和会计利润完全一致，不需要进行纳税调整。

第二阶段，改革开放到1992年邓小平视察南方谈话期间，形成了基本一致的税会模式。改革开放后，党的中心转移到经济体制改革和经济建设上，当时实行的是有计划的商品经济体制。为了促进商品经济的发展，国家放宽了企业的自主经营权，并进行了税制改革，1983年国营企业"利改税"，强化了税收的调节作用。尽管国家试图改革税制，但出于谨慎性考虑，会计和税收制度并没有发生实质性的改变。

第三阶段，1992年邓小平视察南方谈话到20世纪末，形成了逐步分离的税会模式。在这一期间，我国实行的是社会主义市场经济体制。在会计制度改革方面，1992年财政部发布了"两则两制"。在所得税制改革方面，1991年相关部门发布了《中华人民共和国外商投资企业和外国企业所得税法》，实现了两法合并；1994年相关部门发布了《中华人民共和国企业所得税暂行条例》，实现了内外资企业所得税制度的合并和统一。由于改革后的企业所得税法与会计准则产生了差异，再加上1998年若干具体会计准则的出台，会计准则与所得税制度的差异逐渐明朗。

第四阶段，21世纪以来，形成了适度分离相互协调的税会模式。在这一期间，我国坚持社会主义市场经济体制，会计和税收分离的弊端也逐步显现。虽然说会计的服务对象是投资者等利益相关者，税收的服务对象是税务部门，但是会计和税收的根本服务对象是一致的。会计能够反映出企业的利润总额，利润总额一方面影响着企业投资者的经营决策，一方面又影响着国家税收目标的实现。企业实现的利润总额越多，要缴纳的所得税费用越多，最后的净利润就越少，似乎二者是相互排斥的。但事实上，税收"取之于民，用之于民"，税收收入作为财政收入的一部分，最终将用于国家的基础建设等财政支出，向社会公众提供公共设施和服务，而这一切又为企业的经营活动提供了基本保障。因此，纳税人为最终的受益人，也就是说，会计和税收的根本服务对象都是纳税人。

从以上四个阶段可以看出，我国税会模式的变化主要以1992年为分界点。在1992年以前，我国的经济体制为计划经济体制，对会计信息的需求较少，同时由于我国的企业大多是国有企业，实行预算管理，会计信息只要满足国家利益即可。而1992年之后，我国的经济体制为市场经济体制，1994年进行了全面工商税制改革，以适应社会主义市场经济的需要，会计准则也开始从国际引进并逐步向《国际会计准则》趋同。2006年2月我国修订了《企业会计准则》，2017年又颁布了新的《企业所得税法》。一方面，《企业会计准则》不断向《国际会计准则》趋同，引入公允价值计量；另一方面，《企业所得税法》也在不断完善，既满足征收需要，坚持历史成本计量原则，又不至于过于损害企业的利益。综上所述，会计制度和税收制度在不断变化，但始终没有离开"适度分离相互协调"的税会模式。

1.1.3　税会差异的原因和表现

1. 目的不同

会计准则的目的是规范财务会计行为，实现为信息使用者提供决策有用的会计信息的目标。企业会计准则服务于企业的利益相关者，包括投资者、债权人、政府部门、供应商、零售商、经营者、内部员工等。企业通过对每一项具体会计业务事项进行确认、计量、记录，最终以资产负债表、利润表、所有者权益变动表、现金流量表、财务报表附注的形式，向信息使用者提供有关企业的财务状况、经营成果和现金流量的会计信息，可靠性和相关性是会计信息质量的主要要求，并且在现代企业会计中更强调会计信息的相关性。

税法的目的是规范税收行为，以达到保证国家财政收入、调节经济的目标。《企业所得税法》是国家征收企业所得税的依据，为了保证国家财政收入，充分发挥所得税征收调节经济的作用，应纳税所得额的计算更强调其依据的可靠性。

因此，会计准则和企业所得税法的目的差异表现在以下几个方面：

①会计准则规范会计行为，税法规范税收行为。会计行为要求企业财务人员对会计要素进行确认、计量、记录和报告，而税收行为则要求企业依法进行纳税申报，并接受税务机关的监督。

②会计准则通过披露财务报表向信息使用者提供决策相关会计信息，税法则要保证国家的财政收入。

③会计准则强调会计信息的相关性，要求经济事项能够通过财务数据得以真实、公允反映，而税法强调可靠性，要求所抵扣的项目"有据可依"。此外，税法是实现收入再分配，调节财富不均的一种手段，具有宏观调控的职能。

2. 原则不同

原则是指言行所依据的规范或准则。会计原则是指建立在会计概念、会计目标及会计假设等基础理论之上，具体确认和计量经济事项所依据的概念和规则；税法原则是指调整一个国家税收关系的基本规律的概括总称，是贯穿税收的立法、执法、司法和守法全过程的具有普遍性指导意义的法律准则。

会计原则和税法原则既有相互融合之处，又有不同之处。税法原则一方面坚持会计的某些原则，一方面又有不同。会计准则与税法有着不同的目标导向。目标决定原则，原则的分歧又进一步导致具体规范的差异。因此，在针对会计准则和税法展开具体层面的比较分析以前，首先对指导两者的基础性原则进行剖析比较，有助于更为深刻、系统地把握两者在微观层面上的差异。

本文所指的会计原则，是企业会计核算的基本规范，是对企业的会计实务以及由此产生的会计信息的最基本要求。在新准则出台以后，这些原则集中体现在《企业会计准则——基本准则》第二章对会计信息的质量要求当中。而本文所指的税法原则，不同于通常意义上的所得税立法原则，更为确切地表述应当是所得税核算的基本原则。它站在纳税人的立场上，就如何根据税法规定进行税收的核算和记录进行具有普遍意义的指导和规范。虽然我国税法目前尚未就税务核算原则做出明确规定，但这些原则可以从相关税法条文中提炼出来。总体来说，会计原则与税法原则之间既有相容之处又有互异的一面。下文重点就会计准则与税法在基本原则上相对应的部分进行具体的分析比较。

（1）权责发生制原则的比较

会计准则要求企业的会计核算应当以权责发生制为基础，与此相对应的税法原则为应计制原则。更准确地说，是经修正后的权责发生制原则。总体来说，税法对权责发生制持肯定态度。但由于权责发生制的使用会带来一定的"估计"，使税务机关难以准确地界定税基，甚至为企业操纵利润、偷逃税款提供可能。出于严肃税收征管的目的，税法采取一定的防范措施，对权责发生制做出修正。修正的主要方法是在某些权责发生制难以规范的情况下，引入收付实现制来进行硬性约束。比如，在权益法下，当企业在会计上按持股比例确认其投资收益时，遵循的是权责发生制，但该收益实质上是未实现的。税法出于准确核算的考虑，转向了收付实现制原则，即只有在企业实际收到被投资方发放的股息、红利时，才计入当期的应税所得。因此，从某种意义上来说，税法遵循的实际上是一种兼具权责发生制与收付实现制特征的混合制度。

从更深层次上探讨，税法对于权责发生制原则的修正是有其理论根源的，即美国税制中著名的克拉尼斯基定律。该定律可表述为：如果纳税人的财务会计方法致使收益立即得到确认，而费用永远得不到确认，税务当局可能会因所得税目的而允许采用这种会计方法；如果纳税人的财务会计方法致使收益永远得不到确认，而费用立即得到确认，税务当局可能会因所得税目的而不允许采用这种会计方法。该定律解释了税法对会计原则的选择和修正都是立足于税收保全这一目标的。

(2) 实质重于形式原则与实质课税原则的比较

实质重于形式原则是会计核算的一项重要原则。该原则立足于提高会计信息的决策有用性，要求严格按照不同经济业务的交易实质来进行会计核算。这一原则在具体会计准则中多有体现，如收入的确认标准、融资租入固定资产的判断、关联交易的确认、长期股权投资会计处理方法的选择、待处理财产损失的会计处理等。

与会计上的实质重于形式原则相对应的是税法上的实质课税原则。该原则可表述为"对于某种情况不能仅根据其外观和形式确定是否应予课税，而应根据实际情况，尤其应当注意根据其经济目的和经济生活的实质判断是否符合课税要素，以求公平、合理和有效地进行课税"。以上表述与会计上的"实质重于形式"原则并无字面上的明显区别，但税法上该原则的应用主要出于反避税的需要，防止企业通过合法形式来达到非法避税的目的。正是出于这一考虑，我国在新《企业所得税法》中单列一章来规定企业所得税的特别纳税调整制度，内容涉及关联方交易、预约定价等多个方面。这些都可看作实质课税原则的应用。除此之外，由于税收法定原则的存在，税法具有一定的形式性特征，着重基于某种事实或法律关系的外观状况来判定是否予以课征，这也就是在税法中广泛适用的形式课税原则。比如，在收入的确认上，现行税法以是否取得货款或者取得收款的权利作为收入判断依据。这与会计对经济实质的绝对强调相比，税法更注重在实质课税与形式课税之间取得一个相对平衡，以保证财政收入和税收的公平正义。

(3) 公允价值计量与历史成本计价原则的比较

会计准则的亮点之一是引入了公允价值计量。尽管目前学界与实务界对于公允价值在我国的应用褒贬不一，但作为一种能够充分满足信息相关性需求的计量属性，公允价值在财务会计领域的应用已成为一种广泛共识，未来的主要争论都将围绕如何改进现有技术以增加计量的准确性，而非质疑是否应当引入该计量属性。

相比之下，税法对公允价值所持的态度则相当谨慎。在大多数情况下，税法都坚定地采用历史成本作为唯一的计量属性。即使资产价值已经严重背离其历史成本，税法仍然强调成本的变动应当满足严苛的法律要件，否则，就不能确认相关的价值变动。上述差异最为显著地表现在对于金融资产的计量上。按照会计准则，企业持有的交易性金融资产和可供出售金融资产应当按照公允价值进行计量，而税法则要求以历史成本作为计税基础。税法之所以如此坚持历史成本原则，根本原因在于维护"征税"这一法律行为的权威性和合法性。与公允价值相比，历史成本的决策相关性较弱，但是其可靠性在所有计量属性中是最强的，便于验证。出于税款征纳的客观性和确定性需要，税法一般不会轻易背离历史成本原则。而财务会计出于保证会计信息决策相关的目的，大量地使用了现金流量现值、可回收金额等公允价值计量，因而形成了大量的纳税调整项目。

(4) 谨慎性原则与确定性原则的比较

会计上的谨慎性原则要求企业在生产经营活动面临不确定性时，对交易或者事项进行会计处理时保持应有的谨慎，充分估计各种风险和损失，不应高估资产或者收益、低估负债或者费用。从根本上来说，这一规定虽然破坏了收入与费用配比的对称性，却为所有者的资产安全提供了一定保障，是投资人利益导向的一种反映。

与此相对应的是税法上的确定性原则。该原则是指纳税人的可扣除费用不论何时支付，其金额必须是确定的。根据该原则，无论是企业的费用还是损失，只有在实际发生时才能确认，否则就有可能被认定为不合法行为。确定性原则反映了税法的国家利益导向。因为企业自身的经营风险与国家无关，所以国家无须为规避企业的风险认可企业在收入确认上的谨慎和保守。此外，根据谨慎性原则确认的损失金额主要取决于企业会计人员的职业判断，难以取信于税务部门。因此，税法在大部分情况下对于损失准备金都不予认可，由此带来了大量的税会差异。

(5) 重要性原则与税收法定原则的比较

税收法定原则又称税法导向性原则，这是贯穿于整个税法解释与适用过程中的基本原理。该原则的基本含义是，税收主体必须依且仅依法律的规定征税，纳税主体必须依且仅依法律的规定纳税。税收法定原则主要体现在《中华人民共和国宪法》第五十六条和《中华人民共和国税收征收管理法》（以下简称《税收征管法》）第三条。税收法定原则体现了税法的刚性，不论经济交易事项的金额大小、性质重要与否，只要在法律规定的范围内，就必须严格按照税法条款进行记录、计算和缴纳。

以上原则与会计上的重要性原则形成了鲜明的对比。重要性原则在保证财务信息满足相关方信息需求的前提下，给予企业相当大的选择会计处理方法的自由，为节省企业簿记成本、减少信息冗余、提高报表的可读性提供了可能。

(6) 相关性原则的比较

会计上的相关性原则要求财务会计信息应当与信息使用者的决策相关，有助于对企业过去、现在和将来的财务和经营情况做出评价或者预测；而税法上的相关性原则是指在所得税计算时，税前扣除的费用应该与同期收入有因果联系，即允许扣除的费用从性质和根源上与取得的收入相关。显然，尽管两个原则的名称一致，但出发点和具体内容都截然不同。前者着眼于服务信息使用者，强调会计信息的决策有用性和相关性；而后者则是为了保证政府财政收入的充足稳定。

3. 基本前提与基本要素的差异

会计的基本前提也称为会计的基本假设，是会计确认、计量和报告会计信息的前提，是对会计核算所处的空间环境、时间环境等所做的合理设定。会计基本假设包括会计主体假设、持续经营假设、会计分期假设和货币计量假设。

税法的基本要素明确了每一税种的征收范围、纳税主体、纳税义务形成等基本问题，以保证各项税款征收管理工作顺利进行。税法对于企业所得税的纳税义务人、征税范围、征税对象、适用税率、征税期限等基本问题进行了规范。会计准则与税法对于这些基本问题的规定有着显著的差异。

(1) 会计主体与纳税主体的差异

1) 会计主体

会计主体是指会计所核算和监督的特定单位或者组织，是会计确认、计量和报告的空间范围。会计处理的数据和提供的信息严格地限于这一特定的空间范围之内，而不是漫无边际的。在会计主体假设下，企业应当对其本身发生的交易或者事项进行确认、计量和报告，反映企业自身所从事的各项生产经营活动。明确界定会计主体，是开展会计确认、计量和报告的重要前提。明确会计主体，就是不仅要把特定个体的经济业务和其他特定会计个体的经济业务严格分开，又要把特定个体的经济活动和企业所有者的经济活动划分清楚。

会计主体不同于法律主体的概念。一般来说，法律主体必然是一个会计主体，但是作为一个会计主体不一定是一个法律主体。比如，就企业集团公司而言，集团公司是一个会计主体，但是集团公司不是一个法律主体，而是多个法律主体的组合；再如，企业年金基金不属于法律主体，但是属于会计主体，应该对每项基金进行会计确认、计量和报告。

企业内部一个部门如果需要单独核算，也可以成为一个会计主体。可见，法律主体和会计主体是两个范畴的概念，不能简单地认为哪一个范围更大或者更小。

2）纳税主体

企业所得税的纳税主体也就是纳税人，又称"纳税义务人"，是指税收法律、行政法规规定的负有纳税义务的企业单位。纳税人范围的界定，直接体现一个国家行使税收管辖权的程度。它是税法的核心要素之一，为此，《企业所得税法》第一条就明确规定："在中华人民共和国境内，企业和其他取得收入的组织（以下统称企业）为企业所得税的纳税人，依照本法的规定缴纳企业所得税。个人独资企业、合伙企业不适用本法。"

税法将以公司制和非公司制存在的各种形式的企业和其他取得收入的组织，确定为企业所得税纳税人。其中，"其他取得收入的组织"主要是指：第一，根据《事业单位登记管理暂行条例》的规定成立的事业单位；第二，根据《社会团体登记管理条例》的规定成立的社会团体；第三，根据《民办非企业单位登记管理暂行条例》的规定成立的民办非企业单位；第四，除上述公司、企事业单位、社会团体、民办非企业单位外，从事经营活动的其他组织。

税法中所规定的"个人独资企业、合伙企业不适用本法"，是指依照我国法律、行政法规成立的个人独资企业、合伙企业，排除在境外依据外国法律成立的个人独资企业和合伙企业。境外的个人独资企业和合伙企业可能成为税法规定的我国非居民企业纳税人（如在我国境内取得收入，也可能在我国境内设立机构、场所并取得收入），也可能成为税法规定的我国居民企业纳税人（如实际管理机构在我国境内）。

3）差异分析

会计主体是一个经济范畴的概念，纳税主体是一个法律范畴的概念。

会计主体强调的是核算的范围。根据信息反映的要求，这个范围可以很大，可以包括多个法律主体，如企业集团公司；这个范围也可以很小，可以仅仅是一个法律主体中的某一个部分，如一个分公司或一个分支机构。而纳税主体则以法人身份为标志，不具有法人资格的主体不能成为企业所得税的纳税主体，多个法人主体也不可以合并成为一个纳税主体，除非税法另有规定。

(2) 会计分期与税法分期的差异

1）会计分期

在会计假设中，持续经营假设确定了会计核算的时间范围。持续经营是指企业的生产经营活动在可以预见的将来，将会长期地按其现时的形式和现时的目的与方向，持续不断地经营下去，因而将按照原定的用途使用其现有的资产，同时也将按照现时承诺的条件去清偿债务。企业现在不会面临破产的威胁，不会被迫清算。

会计分期，则是将企业持续经营的生产经营活动划分为一个个连续的、长短相同的期间。分期的会计信息，有利于提高会计信息的及时性，满足会计信息使用者的需要。在会计分期假设下，企业应当划分会计期间，分期结算账目和编制财务会计报告。

会计期间分为会计年度和会计中期。会计年度按照公历年度确定，即从1月1日开始至12月31日结束；会计中期是指短于一个完整的会计年度的报告期间，包括月份、季度和半年度。

2) 税法分期

《企业所得税法》第五十三条至第五十五条中关于纳税期限的规定如下：

企业所得税按纳税年度计算。纳税年度自公历1月1日起至12月31日止。企业在一个纳税年度中间开业，或者终止经营活动，使该纳税年度的实际经营期不足十二个月的，应当以其实际经营期为一个纳税年度。

企业应当自月份或者季度终了之日起十五日内，向税务机关报送预缴企业所得税纳税申报表，预缴税款。企业应当自年度终了之日起五个月内，向税务机关报送年度企业所得税纳税申报表，并汇算清缴，结清应缴应退税款。

企业依法清算时，应当以清算期间作为一个纳税年度。企业在年度中间终止经营活动的，应当自实际经营终止之日起六十日内，向税务机关办理当期企业所得税汇算清缴。企业应当在办理注销登记前，就其清算所得向税务机关申报并依法缴纳企业所得税。

3) 差异分析

会计与税法关于"分期"问题的差异主要体现在两个方面，即分期的目的不同和计量的要求不同。会计分期的目的是加强管理，保证会计信息提供的及时性。由于会计分期使当期与以前期间和以后期间产生了差别，才使不同的会计主体有了记账的基准，进而出现了折旧、摊销等会计处理方法。各个会计期间是相互独立的，本期与非本期的界限非常清晰，各项损益的确认既不能提前也不能延后。

税法分期的目的是保证税款入库的均衡性，各月或者各季的预缴税额与年终汇算清缴的税额是部分与总体的关系。当预缴税额超过汇算清缴税额时，税务机关要退税，或者经纳税人同意后用来抵减以后各期的应纳税款；相反情况时，纳税人需要在规定期限内补缴税款。

(3) 会计计量与税法计量的差异

1) 会计计量

会计计量是用货币或其他量度单位计量各项经济业务及其结果的过程。它的特征是以数量（主要是以货币单位表示的价值量）关系来确定物品或事项之间的内在联系，或者将数额分配到具体事项。它的关键是计量属性的选择和计量单位的确定。作为财务会计的重要环节，会计计量的主要内容包括资产、负债、所有者权益、收入、费用、成本、损益等，并以资产（负债往往可称为负资产，而所有者权益为资产扣除负债后的剩余资产或净资产）计价与盈亏决定为核心。

在会计工作中，人们早已发现用具有一般等价物特性的货币来统一计量，可以使不同的财物相加减，满足汇总和比较的需求；可以使收入和费用相互配比，实现对收益和业绩进行评价的目的。但是货币计量也有缺陷，即它不能反映各种财产的实际数量，不能将一些很重要的信息，如研发能力、人力资源、市场竞争力等表达出来。因此，企业需要引入实物量度，需要在财务会计报告中补充披露有关的非财务信息，以弥补上述缺陷。

会计核算一般以人民币作为记账本位币，如果交易中以某一种外币作为主要交易货币，也可以以这种外币作为记账本位币，但是在期末编制财务报表时需要将其折算成人民币进行报送。

2) 税法计量

《企业所得税法》第五十六条规定，依照本法缴纳的企业所得税，以人民币计算。所得以人民币以外的货币计算的，应当折合成人民币计算并缴纳税款。

《企业所得税法实施条例》第一百三十条规定，企业所得以人民币以外的货币计算的，预缴企业所得税时，应当按照月度或者季度最后一日的人民币汇率中间价，折合成人民币计算应纳税所得额。年度终了汇算清缴时，对已经按照月度或者季度预缴税款的，不再重新折合计算，只就该纳税年度内未缴纳企业所得税的部分，按照纳税年度最后一日的人民币汇率中间价，折合成人民币计算应纳税所得额。

经税务机关检查确认，企业少计或者多计前款规定的所得的，应当按照检查确认补税或者退税时的上一个月最后一日的人民币汇率中间价，将少计或者多计的所得折合成人民币计算应纳税所得额，再计算应补缴或者应退的税款。

3) 差异分析

会计计量方式不局限于"货币"这一种形式，与会计要素相关的非货币量度也可以采用：实物量度，如千克、米、吨、台等；劳动量度，如工时等。而税法计量标准仅仅表现为货币计量。在币种选择的问题上，会计与税法的规定是一致的。

1.2 税会差异调整的原则和方法

由于会计与税法的上述差异，按照会计方法计算的会计利润与按照税法规定计算的应纳税所得额基本上是不相等的。在计算应缴纳的所得税时，对于会计与税法的差异，无须改变会计处理和相关账簿记录，仅需按照税法规定进行账外纳税调整。

1.2.1 处理原则

1. 独立原则

只有会计处理和税务处理保持各自的独立性，才能保证会计信息的真实性和应纳税额的准确性。《税收征管法》第二十条规定："纳税人、扣缴义务人的财务、会计制度或者财务、会计处理办法与国务院或者国务院财政、税务主管部门有关税收的规定抵触的，依照国务院或者国务院财政、税务主管部门有关税收的规定计算应纳税款、代扣代缴和代收代缴税款。"《企业所得税法》第二十一条规定："在计算应纳税所得额时，企业财务、会计处理办法与税收法律、行政法规的规定不一致的，应当依照税收法律、行政法规的规定计算纳税。"因此，在进行会计核算时，企业须严格执行会计制度的相关要求，进行会计要素的确认、计量和报告，不得违反会计准则与会计制度。在履行纳税义务时，必须按照税法的规定计算税额，及时申报缴纳。如果会计的账务处理与税法规定不一致，应进行纳税调整。此外，所有的纳税调整事项均是在纳税申报表上完成的，无须体现在财务报表或账簿上。

2. 统一原则

根据税法的相关规定，对于税收法律、行政法规没有规定，而企业财务、会计处理办法有规定的，总体处理原则是按照已有的财务会计规定处理。这既有利于缩小和协调税法与会计的差异，也有利于减轻纳税人财务核算成本、纳税遵从成本和降低税务机关的管理成本。

1.2.2 处理方法

1. 纳税调整

企业在报送年度所得税纳税申报表时，需要针对会计与税法的差异项目进行纳税调整，并将调整事项汇总填报《纳税调整项目明细表》（A105000），并最终在《中华人民共和国企业所得税年度纳税申报表（A类）》（A100000）的第15行、第16行的"加：纳税调整增加额""减：纳税调整减少额"中体现。

2. 所得税会计

由于会计与税法在资产、负债、收益、费用或损失方面的确认和计量原则不同，从而导致按照会计制度计算的税前利润与按照税法规定计算的应纳税所得额之间会产生差异，即永久性差异和暂时性差异。

永久性差异在本期发生，不会在以后各期转回，永久性差异与会计利润之和乘以适用税率计算的应交所得税作为当期所得税费用。

暂时性差异是指资产或负债的账面价值（会计成本）与其计税基础（计税成本）之间的差额未作为资产和负债确认的项目，按照税法规定可以确定其计税基础的，该计税基础与其账面价值之间的差额，也属于暂时性差异。暂时性差异分为应纳税暂时性差异和可抵扣暂时性差异。根据《企业会计准则第18号——所得税》的规定，对暂时性差异统一采用资产负债表债务法进行会计核算时，对应纳税暂时性差异和可抵扣暂时性差异分别确认递延所得税负债和递延所得税资产，以后年度申报所得税时可直接依据账面应转回的金额填制企业所得税纳税申报表。对于不符合递延所得税资产确认条件的暂时性差异，需通过纳税调整台账留存备查，以便在以后年度做纳税调减处理。

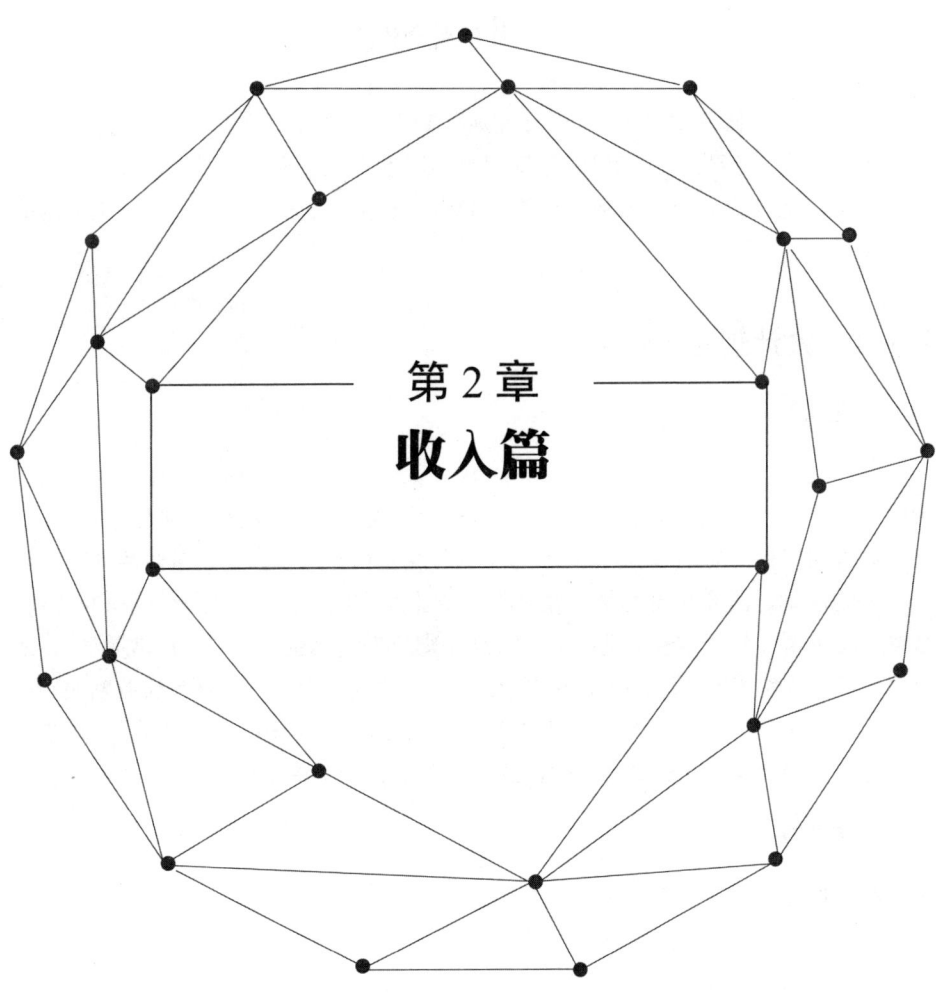

2.1 收入确认

《财政部关于修订印发〈企业会计准则第14号——收入〉的通知》(财会〔2017〕22号)发布后,新收入准则已陆续适用于不同性质的企业[1]。新收入准则与税法在收入确认上有着不同的思路和标准,本节将重点围绕税会对于收入确定标准的异同展开。

2.1.1 会计规定

1. 定义

《企业会计准则第14号——收入》第二条规定,收入是指企业在日常活动中形成的、会导致所有者权益增加的、与所有者投入资本无关的经济利益的总流入。

这里的"日常活动",是指企业为完成其经营目标所从事的经常性活动以及与之相关的活动。需要注意的是,如果不是企业为完成其经营目标所从事的经常性活动,也不属于与经常性活动相关的活动,则应界定为企业的"非日常活动",如出售厂房等固定资产。而企业在非日常活动中发生的、会导致所有者权益增加的、与所有者投入资本无关的经济利益的净流入,会计将其确认为"利得",并非收入,这也是会计与税法的重要区别,这一点在下文中还将涉及。

2. 五步法

在新收入准则下,会计通过五步法确认收入。

第一步:识别与客户订立的合同。

合同是指双方或多方之间订立有法律约束力的权利义务的协议。新收入准则要求适用于与客户签订的并符合特定标准的每一项合同,包括合同合并(将多份合同合并,并将其作为一份合同进行会计处理)和合同变更(范围、价格,或者两者同时变更)。

---

[1] 在境内外同时上市的企业以及在境外上市并采用国际财务报告准则或企业会计准则编制财务报表的企业,自2018年1月1日起施行;其他境内上市企业,自2020年1月1日起施行;执行企业会计准则的非上市企业,自2021年1月1日起施行。

第二步：识别合同中的单项履约义务。

合同包括向客户转让商品或服务的承诺。如果这些商品或服务可明确区分，则对应的承诺即履约义务，并且应当分别进行会计处理。如果客户能够从某项商品或服务本身，或者从该商品或服务与其他易于获得资源一起使用中受益，而且企业向客户转让该商品或服务的承诺与合同中其他承诺可单独区分，则该商品或服务可明确区分。

比如，某合同内容为销售货物并免费提供售后服务，这里就包含两项履约义务，分别为销售货物、提供售后服务。本步骤的依据为新收入准则第九条、第十条、第十一条规定。

第三步：确定交易价格。

交易价格可以是固定的客户对价金额，但有时也可能包含可变对价或非现金对价。交易价格还应当就货币的时间价值影响（若合同中存在重大融资成分）及任何应付客户对价做出调整。如果对价是可变的，则企业应估计其因转让商品或服务而有权收取的对价金额。但包含可变对价的交易价格，应当不超过在相关不确定性消除时累计已确认收入极可能不会发生重大转回的金额。

本步骤的依据为新收入准则第十五条、第四十条规定。

第四步：将交易价格分摊至各单项履约义务。

比如，某企业的合同内容为销售电脑并免费提供 1 年期售后服务，总价为 5 000 元。如果无售后服务的电脑销售裸价为 4 500 元，单独提供 1 年售后服务的市场价格为 1 000 元，则总价为 5 000 元应在电脑销售和 1 年售后服务这两项履约义务中分摊价格。也就是说，该企业刚销售完毕电脑时，仅应就销售货物确认收入 4 090.91 元 [4 500×5 000/（4 500+1 000）]。

第五步：履行各单项履约义务时确认收入。

企业应在其通过向客户转让商品或服务履行履约义务时（或履约过程中）确认收入。

所确认的收入金额为分摊至履约义务的金额。履约义务可在某一时点（主要适用于客户转让商品）或在某一时段内（主要适用于客户转让服务）履行。对于在某一时段内履行的履约义务，企业应根据履约进度在一段时间内确认收入。本步骤的依据为新收入准则第十二条规定。

其中，第一步、第二步和第五步主要与收入的确认有关，第三步和第四步主要与收入的计量有关。

鉴于税法中无须通过上述步骤确认收入，本节将在综合自测中结合例题对其进行重点讲解。

2.1.2 税法规定

不同于会计原则性的规定,税法对于收入的定义,《企业所得税法》第六条和《企业所得税法实施条例》第十四条至第二十二条做出了详细的规定,即企业以货币形式和非货币形式从各种来源取得的收入,为收入总额。

1. 销售货物收入

销售货物收入是指企业销售商品、产品、原材料、包装物、低值易耗品及其他存货取得的收入。

2. 提供劳务收入

提供劳务收入是指企业从事建筑安装、修理修配、交通运输、仓储租赁、金融保险、邮电通信、咨询经纪、文化体育、科学研究、技术服务、教育培训、餐饮住宿、中介代理、卫生保健、社区服务、旅游、娱乐、加工及其他劳务服务活动取得的收入。

3. 转让财产收入

转让财产收入是指企业转让固定资产、生物资产、无形资产、股权、债权等财产取得的收入。需要注意的是,财产转让收入在会计核算中通常被认为是"利得",此类差异需要在企业所得税申报时进行纳税调整。

4. 股息、红利等权益性投资收益

股息、红利等权益性投资收益是指企业因权益性投资从被投资方取得的收入。股息、红利等权益性投资收益,除国务院财政、税务主管部门另有规定外,按照被投资方做出利润分配决定的日期确认收入的实现。

5. 利息收入

利息收入是指企业将资金提供给他人使用但不构成权益性投资,或者因他人占用本企业资金取得的收入,包括存款利息、贷款利息、债券利息、欠款利息等收入。利息收入,按照合同约定的债务人应付利息的日期确认收入的实现。需要注意的是,利息在工商类企业会计核算中通常被视为费用类要素,此类差异需要在企业所得税申报时进行纳税调整。

6. 租金收入

租金收入是指企业提供固定资产、包装物或者其他有形资产的使用权取得的收入。租金收入，按照合同约定的承租人应付租金的日期确认收入的实现。

7. 特许权使用费收入

特许权使用费收入是指企业提供专利权、非专利技术、商标权、著作权及其他特许权的使用权取得的收入。特许权使用费收入，按照合同约定的特许权使用人应付特许权使用费的日期确认收入的实现。

8. 接受捐赠收入

接受捐赠收入是指企业接受的来自其他企业、组织或者个人无偿给予的货币性资产、非货币性资产。接受捐赠收入，按照实际收到捐赠资产的日期确认收入的实现。

9. 其他收入

其他收入是指企业取得的除《企业所得税法》第六条第一项至第八项规定的收入外的其他收入，包括企业资产溢余收入、逾期未退包装物押金收入、确实无法偿付的应付款项、已做坏账损失处理后又收回的应收款项、债务重组收入、补贴收入、违约金收入、汇兑收益等。需要注意的是，上述项目在会计核算中通常被视为"利得"等项目。

2.1.3 税会差异

1. 会计处理

会计将获得的经济利益划分为"收入"和"利得"两类，划分的标准为是否属于"日常经营活动"范围。其中：

"收入"以经济利益总流入进行计量，无须扣除成本费用类项目；

"利得"则以经济利益的净流入进行计量，需要扣除成本费用类项目。

通过这种区分，会计核算将有助于信息使用者根据会计信息对企业未来做出更准确的评价和预测，满足决策有用性需求。

2. 税务处理

税法以列举的方式解释每种收入的具体内容，强调经济利益的实现结果，不区分收入的来源是属于日常活动范围还是属于非日常活动范围，对于各种来源、各种形式取得的利益流入均称为"收入"，并且以不减除任何成本、费用的总流入进行计量。

3. 征收方式的影响

（1）查账征收方式下税会无差异

在查账征收方式下，收入与利得计量问题产生的税会差异，在计算所得税时纳税调整问题并不直接体现。应纳税所得额是收入总额减不征税收入、免税收入和各项扣除之后的余额，这个余额是数学中"差"的概念。会计利润的计算公式为：

利润 = 收入 − 费用 + 利得 − 损失

这说明利润也是数学中"差"的概念。收入与利得是以经济利益总流入计量还是以净流入计量，在计入利润或应纳税所得额时，相当于"减数"的先后顺序不同而已，不会影响计算结果。

（2）核定征收方式下税会有差异

在核定征收方式下采用定率征收时，收入与利得是以经济利益总流入计量还是以净流入计量，所产生的会计与税法差异将影响应纳税额的计算。如果不能准确确认"收入"的金额，就无法正确计算所得税额，需要对会计提供的信息进行必要的纳税调整。

2.1.4 纳税调整

1. 原理

在查账征收方式下，收入与利得计量问题产生的会计与税法差异在纳税申报时，一般不直接体现调整问题。但是，在所得税纳税申报表体系中，个别明细表中（如高新技术企业填报《高新技术企业优惠情况及明细表》）包含关于"收入总额"的填报要求。这里的"收入总额"不能与会计的"收入"概念相混淆，需要注意填报方式。

2. 纳税申报

高新技术企业在进行纳税申报时，应填报《高新技术企业优惠情况及明细表》（A107041）。该表第10行"三、本年高新技术产品（服务）收入占企业总收入的比例"填报第4+7行的比例。其中，第4行"一、本年高新技术产品（服务）收入"填报第5+6行的金额；第7行"二、本年企业总收入"填报纳税人本年以货币形式和非货币形式从各种来源取得的收入,为税法第六条规定的收入总额(包括销售货物收入,提供劳务收入,转让财产收入,股息、红利等权益性投资收益,利息收入,租金收入,特许权使用费收入,接受捐赠收入,其他收入)。

这里的"收入总额"是税法的概念,即不减除与收入相关的成本、费用、税金和损失的经济利益总流入。

2.1.5 典型案例解析

【案例 2-1】核定征收方式下应纳税所得额[1]的计算

某公司采用定率核定征收方式计算企业所得税。2020 年年末企业会计核算的主营业务收入为 100 000 元;营业外收入 26 000 元,其中接受捐赠收入 6 000 元,处置设备收入 50 000 元,设备成本 30 000 元。假设税务机关核定的应税所得率为 7%[2],企业适用的所得税税率为 25%,计算该公司 2020 年应缴纳的企业所得税税额。

【案例分析】

(1) 会计处理

会计核算中,营业收入核算日常活动中实现的收益,属于收入要素,按照经济利益总流入进行计量,涉及主营业务收入 100 000 元;营业外收入核算非日常活动中实现的收益,属于利得,按照经济利益净流入进行计量,涉及接受捐赠收入 6 000 元和处置设备净收入 20 000 元(50 000-30 000)。

因此,会计核算中,该公司涉及的收入仅为主营业务收入 100 000 元。这与税务处理有较大差异。

(2) 税务处理

企业所得税的收入计算中,要将包括会计上的"利得"收入在内的各种来源的收入确认为收入总额,并且均不减除任何成本。该公司涉及主营业务收入 100 000 元、接受捐赠收入 6 000 元和处置设备收入 50 000 元,因此:

该公司企业所得税应税收入总额 =100 000+6 000+50 000=156 000(元)

该公司应纳税额 =156 000×7%×25%=2 730(元)

---

[1]《国家税务总局关于企业所得税核定征收有关问题的公告》(国家税务总局公告 2012 年第 27 号)第二条:依法按核定应税所得率方式核定征收企业所得税的企业,取得的转让股权(股票)收入等转让财产收入,应全额计入应税收入额,按照主营项目(业务)确定适用的应税所得率计算征收;若主营项目(业务)发生变化,应在当年汇算清缴时,按照变化后的主营项目(业务)重新确定适用的应税所得率计算征税。

[2]《北京市国家税务总局、北京市地方税务总局关于调整企业所得税核定征收应税所得率的公告》应税所得率表中,制造业、批发和零售贸易业、交通运输业的应税所得率为 7%。

(3) 纳税申报

填报《纳税调整项目明细表》(A105000)第1行第4列5 600元，第11行第1列100 000元、第2列156 000元、第4列5 600元，如表2.1所示。

表2.1 《纳税调整项目明细表》(A105000)

单位：元

行次	项目	账载金额	税收金额	调增金额	调减金额
		1	2	3	4
1	一、收入类调整项目（2+3+…+8+10+11）	*	*		5 600
11	（九）其他	100 000	156 000		5 600

2.1.6 综合自测

【问题】例题中的健身连锁企业在会计和税务上应如何确认收入？

2018年12月1日，某健身连锁企业与客户签订一份合同，客户于当日交纳会费18 000元购买会员卡。持有该会员卡后3年内（2018年12月1日至2021年11月30日），客户在该企业各门店可以无限次消费且无须再交纳费用。该会员资格仅限客户本人使用，会员费不可退还。请问2018年12月该企业在会计和税务上应如何确认收入？

【分析】

(1) 会计处理

第一步，识别客户合同。

第二步，识别合同中的履约义务。

合同约定客户获得会员资格以后享有一项在一段期限内随时免费消费的权利，而该企业收取会员费后即承担一项在一段时间内随时免费提供健身服务的承诺。需要说明的是，该企业承诺的性质是在一段时间内"准备"提供健身服务（时刻准备着使各门店可供客户进行健身消费），而不是向客户提供健身服务。在这种情况下，客户从该企业使各门店可供其随时消费这一服务中获得利益。

该企业认为客户消费的程度并不影响客户有权获得的剩余商品或服务的数量，因而该企业确定，在通过使其各门店可供客户消费而履约的过程中，客户在该企业履约的同时取得及消耗该企业履约所提供的利益。据此，该企业的履约义务是在一段时间内履行的。

该企业确定向客户承诺的在一段时间内的"准备"是可明确区分的（甚至可以区分至每分钟），但是该企业又确定，"一段时间内"的承诺实质相同且转让模式相同,因此该企业将该一系列可明确区分的承诺作为单一履约义务进行会计处理。

第三步,确定交易价格。

虽然在尚未开始履行履约义务时即向客户收取了一项无须退回的会员费,但是该企业提前收取会员费的主要目的不是融资,而是向该企业提供保护以防止客户未能依照合同充分履行其部分或全部义务。因此该企业判断,该合同不存在重大融资成分。

该企业判断"向客户收取了一项无须退回的会员费"与向客户承诺的履约义务相关。根据新收入准则第四十条的规定,企业在合同生效(或接近合同生效)日向客户收取的无须退回的会员费 18 000 元应当计入交易价格。

第四步,分摊交易价格。

交易价格 18 000 元全部归属于第二步所分析的单一履约义务。

第五步,在该企业履行履约义务时(或履约过程中)确认收入。

该企业确定,客户可从该企业提供的使其各门店可供客户消费的服务中获得的利益在合同期限内是平均分布的(客户自各门店可供其消费中获益,不论其是否实际使用它)。

因此,对于在一段时间内履行的单一履约义务,计量履约进度的最佳方式是基于时间的计量,并且应在合同期限内按直线法分摊,即将全部收入 18 000 元在 3 年(36 个月)内均匀分摊计算收入。

(2)税务处理

根据《国家税务总局关于确认企业所得税收入若干问题的通知》(国税函〔2008〕875 号)有关会员费收入问题的规定,申请入会或加入会员,只允许取得会籍,所有其他服务或商品都要另行收费的,在取得该会员费时确认收入;申请入会或加入会员后,会员在会员期内不再付费就可得到各种服务或商品,或者以低于非会员的价格销售商品或提供服务的,该会员费应在整个受益期内分期确认收入。

【解答】

该企业 2018 年 12 月在会计核算中应确认收入 500 元(18 000/36×1)。

该企业 2018 年 12 月应确认企业所得税应税收入 500 元(18 000/36×1)。

2.2　商品销售收入

商品销售收入是新收入准则中重点提及的内容,涉及收入的确认标准、折扣、买赠等多项内容。《企业所得税法》关于这一部分的内容与《会计法》较为接近,但仍存在诸多细微的差异,本节将重点分析讲解税会对商品销售收入的确认条件和计量问题的规定。

2.2.1　销售收入的确认

1. 会计规定

根据企业会计准则的规定,销售商品的收入只有在同时符合以下五个条件时,才能加以确认:

①企业已将商品所有权上的主要风险和报酬转移给购货方。

商品所有权上的风险,主要指商品所有者承担该商品价值发生损失的可能性,如商品的价值发生减值、商品发生毁损的可能性等。

商品所有权上的报酬,主要指商品所有者预期可获得的商品中包含的未来经济利益,表现为商品价值的增加及商品使用所形成的经济利益等。对大部分的商品而言,销售之时也就是主要风险和报酬转移之时,若其他条件都能满足,则可以在销售时确认收入。人们习惯将在销售时确认收入的方法称为销售法。

②企业既没有保留通常与所有权相联系的继续管理权,也没有对已售出的商品实施有效控制。

对售出的商品实施继续管理,既可能源于仍拥有商品的所有权,也可能与商品的所有权没有关系。如果商品售出后,企业仍保留与该商品的所有权相联系的继续管理权,则说明此项销售商品的交易没有完成,销售不成立,不能确认收入;同样地,如果商品售出后,企业仍对售出的商品可以实施有效控制,则也说明此项销售没有完成,不能确认收入。

③收入的金额能够可靠地计量。

"可计量性"是会计确认的一项基本要求,收入的确认也不例外。

④相关的经济利益很可能流入企业。

与销售商品有关的经济利益,主要包括因销售商品而直接或间接获取的现金或现金等价物。企业在销售商品中,收到的不一定都是现金或现金等价物,还有可能是非现金资产,有时还可能发生直接以商品抵债的情况。但无论以何种方式体现,最终都表现为现金或现金等价物流入企业(或者债务的清偿)。

销售商品的价款最终能否收回,是确认收入实现的重要判定标准。企业只有在消除了收取货款的不确定性之后,才能确认收入的实现。

条件中的"很可能"是一个表示概率的概念,可以用数量标准进行明确限定。通常情况下,"很可能"是指发生的概率超过50%。

⑤相关的已发生或将发生的成本能够可靠地计量。

根据收入和费用相配比的原则,与同一项销售有关的收入和成本应在同一会计期间予以确认,如果成本不能可靠地计量,那么即使收入本身能够可靠地计量,相关的收入也不能确认。

2. 税法规定

根据《国家税务总局关于确认企业所得税收入若干问题的通知》(国税函〔2008〕875号)第一条的规定,除企业所得税法及其实施条例另有规定外,企业销售收入的确认,必须遵循权责发生制原则和实质重于形式原则。

企业销售商品同时满足下列条件的,应确认收入的实现:

①商品销售合同已经签订,企业已将商品所有权相关的主要风险和报酬转移给购货方;

②企业对已售出的商品既没有保留通常与所有权相联系的继续管理权,也没有实施有效控制;

③收入的金额能够可靠地计量;

④已发生或将发生的销售方的成本能够可靠地核算。

3. 税会差异

(1) 会计处理

考虑到经营风险,会计从收入的实质出发,强调"相关的经济利益很可能流入企业"这一标准。

(2) 税务处理

鉴于税务机关无法像企业一样时时掌控业务活动的细微变动,也缺乏足够的执法手段获取"经济利益很可能流入企业"的证据。因此,税法不强调"相关的经济利益很可能流入企业"这一标准,而更多地从收入的形式要件出发。当货物发出、收取货款或者取得收款权利这些收入的形式要件具备时，税法即要求企业确认收入。

(3) 税会一致的规定

采取下列方式销售商品的，会计与税法规定的确认收入时间是完全一致的：

①销售商品采用托收承付方式的，在办妥托收手续时确认收入。

②销售商品采取预收款方式的，在发出商品时确认收入。

③销售商品需要安装和检验的，在购买方接受商品以及安装和检验完毕时确认收入。如果安装程序比较简单，可在发出商品时确认收入。

④销售商品采用支付手续费方式委托代销的，在收到代销清单时确认收入。

⑤销售商品采用以旧换新方式的，销售的商品应当按照销售商品收入确认条件确认收入，回收的商品作为购进商品处理。

4. 纳税调整

(1) 原理

当销售满足税法收入确认条件但不满足会计收入确认条件时，先纳税调增收入，等到符合会计确认条件时再纳税调减收入。如果最终一直未符合会计确认收入的条件，则会计可直接确认发出货物损失，损失金额为货物成本，应收未收的"应收账款——应收增值税（销项税额）"也同时确认为损失。

根据税法的规定，一直无法收回的应收账款如果符合税法规定的损失确认条件，则应收账款坏账损失可以税前扣除，损失金额为所售商品的加税合计数。会计与税法损失金额不同时，应纳税调减。

(2) 纳税申报

由于收入确认条件不同而出现的会计与税法差异，需要在《纳税调整项目明细表》（A105000）和《中华人民共和国企业所得税年度纳税申报表（A类）》（A100000）中填报，详见典型案例解析。

5. 典型案例解析

【案例 2-2】不满足收入确认条件的商品销售业务

甲公司 2019 年 12 月 1 日销售 100 件商品给乙公司，商品每件售价为 6 000 元，单位成本为 5 000 元，增值税税率为 13%。商品 12 月 5 日已经发出，发票 12 月 4 日已经开具。按照合同约定，乙公司应在 3 个月内付款。12 月末，甲公司得知乙公司发生重大火灾，财物损失巨大，乙公司面临破产重组的风险。

【案例分析】（以下会计分录和计算的单位均为"万元"）

（1）会计处理

甲公司于 2019 年 12 月底判断"相关的经济利益很可能流入企业"这一条件不具备，暂不能确认收入，故做如下会计处理：

借：发出商品　　　　　　　　　　　50
　　贷：库存商品　　　　　　　　　　50

同时，将增值税发票上注明的增值税额做如下会计处理：

借：应收账款——乙公司（应收销项税额）　6.5
　　贷：应交税费——应交增值税（销项税额）　6.5

（2）税务处理

按照税法的规定，该项业务无须考虑销售收入能否取得。发出商品后，甲公司必须确认收入 60 万元，同时结转销售成本 50 万元。因此，该项业务需要在会计核算基础上，纳税调增收入 60 万元，调增成本 50 万元。

借：应收账款——乙公司　　　　　　60
　　贷：主营业务收入　　　　　　　　60
借：主营业务成本　　　　　　　　　50
　　贷：发出商品　　　　　　　　　　50

（3）纳税申报

1）甲公司 2020 年的纳税申报调整

填报《纳税调整项目明细表》（A105000）第 11 行第 1 列 0 元、第 2 列 60 万元、第 3 列 60 万元，第 30 行第 1 列 0 元、第 2 列 50 万元、第 4 列 50 万元，如表 2.2 所示。

表 2.2　《纳税调整项目明细表》（A105000）

单位：万元

行次	项目	账载金额 1	税收金额 2	调增金额 3	调减金额 4
1	一、收入类调整项目	*	*		
11	（九）其他	0	60	60	
12	二、扣除类调整项目	*	*		
30	（十七）其他	0	50		50

填报《中华人民共和国企业所得税年度纳税申报表（A 类）》（A100000）第 15 行 60 万元、第 16 行 50 万元，如表 2.3 所示。

表 2.3 《中华人民共和国企业所得税年度纳税申报表（A 类）》（A100000）

单位：万元

行次	类别	项目	金额
13		三、利润总额（10+11-12）	
14	应纳税所得额计算	减：境外所得（填写 A108010）	
15		加：纳税调整增加额（填写 A105000）	60
16		减：纳税调整减少额（填写 A105000）	50

如果 2019 年汇缴期结束前甲公司估计可以收回乙公司货款，确认收入并结转成本，可以重新进行纳税申报；如果汇缴期结束后确认收入并结转成本，在 2020 年汇缴时再做相反的纳税申报。

2）甲公司 2020 年的纳税申报调整（做相反的纳税申报）

填报《纳税调整项目明细表》（A105000）第 11 行第 1 列 60 万元、第 2 列 0 元、第 4 列 60 万元，第 30 行第 1 列 50 万元、第 2 列 0 元、第 3 列 50 万元，如表 2.4 所示。

表 2.4 《纳税调整项目明细表》（A105000）

单位：万元

行次	项目	账载金额	税收金额	调增金额	调减金额
		1	2	3	4
1	一、收入类调整项目	*	*		
11	（九）其他	60	0		60
12	二、扣除类调整项目	*	*		
30	（十七）其他	50	0	50	

填报《中华人民共和国企业所得税年度纳税申报表（A 类）》（A100000）第 15 行 50 万元，第 16 行 60 万元，如表 2.5 所示。

表 2.5 《中华人民共和国企业所得税年度纳税申报表（A 类）》（A100000）

单位：万元

行次	类别	项目	金额
13		三、利润总额（10+11-12）	
14	应纳税所得额计算	减：境外所得（填写 A108010）	
15		加：纳税调整增加额（填写 A105000）	50
16		减：纳税调整减少额（填写 A105000）	60

2.2.2 销售折扣、折让和退回

销售折扣、折让和退回是企业较为常见的经营行为。税会双方对销售折让和销售退回的解释基本一致，其中：销售折让是指企业因售出商品的质量不合格等原因而在售价上给予的减让；销售退回是指企业因售出商品质量、品种不符合要求等原因而发生的退货。

对于销售折扣，会计上一般是指企业为促进商品销售而在商品价格上给予的价格扣除；税务则又将其细分为现金折扣、商品折扣，其中企业为促进商品销售而在商品价格上给予的价格扣除属于商业折扣，债权人为鼓励债务人在规定的期限内付款而向债务人提供的债务扣除属于现金折扣。

1. 会计规定

根据会计准则的相关规定，销售折让和销售退回均在实际发生时冲减当期销售收入和销项税额。

但对于销售退回，企业应区分不同情况进行会计处理：

对于未确认收入的售出商品发生销售退回的，企业应按已计入"发出商品"科目的商品成本金额，借记"库存商品"科目，贷记"发出商品"科目。采用计划成本或售价核算的，应按计划成本或售价计入"库存商品"科目，同时计算产品成本差异或商品进销差价。

对于已确认收入的售出商品发生销售退回的，企业一般应在发生时冲减当期销售商品收入，同时冲减当期销售商品成本。如该项销售退回已发生现金折扣的，应同时调整相关财务费用的金额；如该项销售退回允许扣减增值税税额的，应同时调整"应交税费——应交增值税（销项税额）"科目的相应金额。

2. 税法规定

根据《国家税务总局关于确认企业所得税收入若干问题的通知》（国税函〔2008〕875号）的规定：

①商品销售涉及商业折扣的，应当按照扣除商业折扣后的金额确定销售商品收入金额。

②销售商品涉及现金折扣的，应当按扣除现金折扣前的金额确定销售商品收入金额，现金折扣在实际发生时作为财务费用扣除。

③对于销售折让和销售退回，应当在实际发生时冲减当期销售收入和销项税额。

3. 税会差异

销售折让或退回属于资产负债表日后事项的，会计上调整报告年度的损益，而税法要求在发生当期冲减销售商品收入，两者形成暂时性差异，在办理年度企业所得税申报时，需做纳税相反方向的纳税调整。

4. 纳税调整及申报

《纳税调整项目明细表》（A105000）第10行"（八）销售折扣、折让和退回"：填报不符合税收规定的销售折扣、折让应进行纳税调整的金额和发生的销售退回因会计处理与税收规定有差异需纳税调整的金额。

第1列"账载金额"填报纳税人会计核算的销售折扣、折让金额和销售退回的追溯处理的净调整额；第2列"税收金额"填报根据税收规定可以税前扣除的折扣、折让的金额和销售退回业务影响当期损益的金额。

若第1列≥第2列，则第3列"调增金额"填报第1-2列金额；若第1列＜第2列，则第4列"调减金额"填报第1-2列金额的绝对值，第4列仅为销售退回影响损益的跨期时间性差异。

5. 典型案例解析

【案例2-3】销售退回

甲公司2019年实现销售收入5 000万元，成本为4 000万元。2020年2月，受新冠肺炎疫情影响，2019年10月销售给乙公司的销售收入为1 000万元的某批产品因质量原因退回，对应的成本为800万元。甲公司2019年度的财务会计报告经董事会批准报出日为2020年4月15日。

要求：分析说明与销售退回相关的纳税调整并填报相关年度纳税申报表。

【案例分析】（以下会计分录和计算的单位均为"万元"）

（1）会计处理

根据案例可知，甲公司2019年度的财务会计报告批准报出日为2020年4月15日，销售退回发生日为2020年2月。因此，会计处理时该笔销售退回应冲减2019年度的销售收入与销售成本，即2019年度会计确认的销售收入为4 000万元，销售成本为3 200万元。

（2）税务处理

由于企业已经确认销售收入的售出商品发生销售折让或销售退回，企业所得税处理时应当在发生当期冲减当期销售商品收入，因此，企业所得税上应冲减2020年度的收入，而2019年企业所得税收入仍为5 000万元，销售成本为4 000万元。

(3) 纳税申报

填报《纳税调整项目明细表》(A105000) 第 1 行第 3 列 200 万元，第 10 行第 1 列 200 万元、第 2 列 0 元、第 3 列 200 万元，如表 2.6 所示。

表 2.6 《纳税调整项目明细表》(A105000)

单位：万元

行次	项目	账载金额	税收金额	调增金额	调减金额
		1	2	3	4
1	一、收入类调整项目（2+3+…+8+10+11）	*	*	200	
10	（八）销售折扣、折让和退回	200	0	200	

2.2.3 买一赠一

1. 会计处理

在会计处理中，一般忽略赠品发放的直接原因或条件上的区别，将赠品认定为销售活动中促销的代价，按照成本结转计入当期的销售费用。

2. 税务处理

根据《国家税务总局关于确认企业所得税收入若干问题的通知》（国税函〔2008〕875 号）第三条的规定，企业以"买一赠一"等方式组合销售本企业商品的，不属于捐赠，应将总的销售金额按各项商品的公允价值的比例来分摊确认各项的销售收入。

根据《国家税务总局关于企业处置资产所得税处理问题的通知》（国税函〔2008〕828 号）第二条的规定，企业将自产产品用于市场推广赠送他人的情形，因资产所有权属已发生改变而不属于内部处置资产，应按规定视同销售确定收入。

3. 税会差异

在经营活动中，赠品派发后，应区别不同的形式进行判断。

(1) 税会无差异

如果企业以"买一赠一"等方式组合销售本企业商品的，应将总的销售金额按各项商品的公允价值的比例来分摊确认各项的销售收入，赠品不再单独确认收入。在这种情况下，会计与税法无计量的差异，差异仅仅表现为会计将赠送的产品成本作为销售费用确认，税法将赠送的产品成本作为营业成本结转，无须进行纳税调整。

(2) 税会有差异

如果赠品发放与销售活动不属于同一笔业务，赠品发出时应该单独确认为一项收入，计入收入总额。在此情况下，会计与税法存在差异。

4. 纳税调整

在税会有差异的情况下，即促销活动中如果发放的赠品与所销售的商品没有紧密的、明确的对应关系，赠送与销售分属于两笔业务。在这种情况下，发出商品依据《国家税务总局关于企业处置资产所得税处理问题的通知》（国税函〔2008〕828号）的规定，应确认视同销售收入，并进行相应的纳税调整。

5. 典型案例解析

【案例2-4】促销活动中发放赠品

某医药连锁公司为增值税一般纳税人，适用的增值税税率为13%。该公司在2020年3月销售口罩时采用"买一赠一"的方式促销，即买N95口罩一件送普通医用口罩一件。销售活动中累计赠送价值3万元的普通医用口罩，其成本为2万元。当年该公司实现销售收入20万元。

【案例分析】（以下会计分录和计算的单位均为"万元"）

（1）会计处理

该公司应编制的会计分录如下：

借：销售费用　　　　　　　　　　　2.26
　　贷：库存商品　　　　　　　　　　2
　　　　应交税费——应交增值税（销项税额）　0.26

（2）税务处理

根据上述资料分析，按照税法的规定，赠送的普通医用口罩应视同销售，调增视同销售收入3万元，同时调增视同销售成本2万元。另外，由于医药连锁企业不超过当年营业收入15%的业务宣传费可以税前扣除，而该公司业务宣传费未超过扣除限额，因此无须调整。

（3）纳税申报

填报《视同销售和房地产开发企业特定业务纳税调整明细表》（A105010）第3行第1列和第2列3万元，第13行第1列和第2列2万元，如表2.7所示。

表 2.7 《视同销售和房地产开发企业特定业务纳税调整明细表》(A105010)

单位：万元

行次	项目	税收金额	纳税调整金额
		1	2
1	一、视同销售（营业）收入		
3	（二）用于市场推广或销售视同销售收入	3	3
11	二、视同销售（营业）成本		
13	（二）用于市场推广或销售视同销售成本	2	2

填报《纳税调整项目明细表》(A105000)第2行第1列0元、第2列3万元、第3列3万元，第13行第1列0元、第2列2万元、第4列2万元，如表2.8所示。

表 2.8 《纳税调整项目明细表》(A105000)

单位：万元

行次	项目	账载金额	税收金额	调增金额	调减金额
		1	2	3	4
1	一、收入类调整项目	*	*		
2	（一）视同销售收入（填写A105010）	0	3	3	
12	二、扣除类调整项目	*	*		
13	（一）视同销售成本（填写A105010）	0	2		2

填报《中华人民共和国企业所得税年度纳税申报表（A类）》(A100000)第15行3万元，第16行2万元，如表2.9所示。

表 2.9 《中华人民共和国企业所得税年度纳税申报表（A类）》(A100000)

单位：万元

行次	类别	项目	金额
13		三、利润总额（10+11-12）	
14	应纳税所得额计算	减：境外所得（填写A108010）	
15		加：纳税调整增加额（填写A105000）	3
16		减：纳税调整减少额（填写A105000）	2

2.2.4 综合自测

【问题】"买一赠一"中的赠品是否要额外在企业所得税申报时确认收入？

岁末临近，A商场开始举办答谢、店庆、冬季感恩回馈等促销活动。A商场向年内业务往来较多的供货及购货单位的业务人员赠送了相应的礼品，并推出"买一赠一"活动，免费赠送了价值100万元的礼品，在当月取得了1 000万元的销售收入。对此，请问赠送的礼品要额外在企业所得税申报时确认收入吗？

【分析】

根据《国家税务总局关于确认企业所得税收入若干问题的通知》（国税函〔2008〕875号）的规定，企业以"买一赠一"等方式组合销售本企业商品的，不属于捐赠，应将总的销售金额按各项商品的公允价值的比例来分摊确认各项的销售收入。也就是说，赠品的价值是包含在销售的商品总价格之中的。

【解答】

赠品需要确认收入，应按照"买一赠一"收取的全部价款，按各项产品的公允价值的比例，在"买"的产品与"赠"的礼品之间分摊计算。但是，A商场当月仍然只需要确认1 000万元的销售收入。

2.3 劳务收入

提供劳务收入是新收入准则的重要组成部分,其中的跨期劳务既是会计核算的重点,也是集中了较多税会差异的难点。本节将重点围绕跨期劳务等难点问题进行分析讲解。

2.3.1 会计规定

1. 劳务收入的确认

根据企业会计准则,在各个纳税期末,企业提供劳务交易的结果能够可靠估计的,应采用完工进度(完工百分比)法确认提供劳务收入。其中,提供劳务交易的结果能够可靠估计,是指同时满足下列条件:一是收入的金额能够可靠地计量;二是交易的完工进度能够可靠地确定;三是交易中已发生和将发生的成本能够可靠地核算。在实务中,不同类型劳务的收入确认条件也从上述一般规定中演化出更为细微的差异,具体为:

(1) 安装费

安装费应根据安装完工进度确认收入。此外,安装工作是商品销售附带条件的,安装费在确认商品销售实现时确认收入。

(2) 宣传媒介的收费

宣传媒介的收费应在相关的广告或商业行为出现于公众面前时确认收入,但其中的广告制作费是一个例外,应根据制作广告的完工进度确认收入。

(3) 软件费

为特定客户开发软件的收费,应根据开发的完工进度确认收入。

(4) 服务费

包含在商品售价内可区分的服务费,在提供服务的期间分期确认收入。

(5) 艺术表演、招待宴会和其他特殊活动的收费

在相关活动发生时确认收入。收费涉及几项活动的,预收的款项应合理分配给每项活动,分别确认收入。

(6) 会员费

申请入会或加入会员，只允许取得会籍，所有其他服务或商品都要另行收费的，在取得该会员费时确认收入。申请入会或加入会员后，会员在会员期内不再付费就可得到各种服务或商品，或者以低于非会员的价格销售商品或提供服务的，该会员费应在整个受益期内分期确认收入。

(7) 特许权费

属于提供设备和其他有形资产的特许权费，在交付资产或转移资产所有权时确认收入；属于提供初始及后续服务的特许权费，在提供服务时确认收入。

(8) 劳务费

长期为客户提供重复的劳务收取的劳务费，在相关劳务活动发生时确认收入。

2. 完工进度

企业提供劳务的完工进度，可选用下列方法予以确定：
①已完工作的测量；
②已提供劳务占劳务总量的比例；
③发生成本占总成本的比例。

完工进度主要用于确认当期劳务收入并结转当期劳务成本。企业应按照从接受劳务方已收或应收的合同或协议价款确定劳务收入总额，根据纳税期末提供劳务收入总额乘以完工进度扣除以前纳税年度累计已确认提供劳务收入后的金额，确认当期劳务收入；同时，按照提供劳务估计总成本乘以完工进度扣除以前纳税期间累计已确认劳务成本后的金额，结转当期劳务成本。

2.3.2 税法规定及税会差异

在劳务收入的确认和已完工进度计量方面，税会规定基本一致。税会差异主要体现在以下两个方面。

1. 跨期收入

会计准则要求对安装费收入等在资产负债表日按照完工进度确认收入。如果跨年，则需要按进度确认收入。

根据《企业所得税法实施条例》第二十三条的规定，企业从事安装、装配工程业务或者提供其他劳务等，持续时间超过 12 个月的，按照纳税年度内完工进度或者完成的工作量确认收入的实现。也就是说，企业提供的劳务如果持续时间不超过 12 个月，即使跨年度也无须确认收入。

2. 资产损失

根据税法的相关规定，提供劳务交易结果不能可靠估计的业务，当劳务成本预计不能补偿的，需作为资产损失，提供符合条件的备查资料方可扣除。

对于上述税法规定可以作为资产损失处理的情形，会计上没有相关规定，也不作为资产损失处理。

2.3.3 纳税调整

跨期的劳务收入确认属于未按照权责发生制原则确认收入业务。相关纳税调整事项在《未按权责发生制确认收入纳税调整明细表》（A105020）中填报，并填报《纳税调整项目明细表》（A105000）。

2.3.4 典型案例解析

【案例 2-5】跨期完成的劳务活动

A 安装公司于 2019 年 12 月 1 日接受一项设备安装任务，合同总收入为 70 000 元，预计合同总成本为 60 000 元，预计安装期为 1 年。2019 年 12 月 20 日预收安装费 20 000 元；截至 2019 年年底，实际发生安装人员薪酬 30 000 元。如果有证据证明委托方面临破产重组，假设按照已发生成本占总成本比重计算完成程度（暂不考虑相关税费）。

【案例分析】

（1）会计处理

由于委托方面临破产重组，预计收益实现风险巨大，只能按照交易结果不能可靠计量的情况进行会计处理。

1）收到预收款

借：银行存款　　　　　　　　20 000
　　贷：预收账款　　　　　　　　　20 000

2）发生劳务成本

借：劳务成本　　　　　　　　30 000
　　贷：应付职工薪酬——应付工资　30 000

3）年末确认收入，结转成本和税金

借：预收账款　　　　　　　　20 000
　　贷：主营业务收入　　　　　　　20 000

借：主营业务成本　　　　　　　　30 000
　　贷：劳务成本　　　　　　　　　30 000

（2）税务处理

按照税法的规定，这种情况属于交易结果能够可靠估计，应该按照完工百分比法确认收入并结转成本，所以，应该确认收入35 000元（70 000×50%），确认成本30 000元，与会计确认收入20 000元存在差异，需要纳税调增收入15 000元（35 000-20 000）。

（3）纳税申报

填报《未按权责发生制确认收入纳税调整明细表》（A105020）第13行第1列70 000元、第2列20 000元、第3列20 000元、第4列35 000元、第5列35 000元、第6列15 000元，如表2.10所示。

表2.10　《未按权责发生制确认收入纳税调整明细表》（A105020）

单位：元

行次	项目	合同金额（交易金额）	账载金额 本年	账载金额 累计	税收金额 本年	税收金额 累计	纳税调整金额
		1	2	3	4	5	6（4-2）
13	四、其他未按权责发生制确认收入	70 000	20 000	20 000	35 000	35 000	15 000

填报《纳税调整项目明细表》（A105000）第1行第3列15 000元，第3行第1列20 000元、第2列35 000元、第3列15 000元，如表2.11所示。

表2.11　《纳税调整项目明细表》（A105000）

单位：元

行次	项目	账载金额	税收金额	调增金额	调减金额
		1	2	3	4
1	一、收入类调整项目	*	*	15 000	
3	（二）未按权责发生制原则确认的收入（填写A105020）	20 000	35 000	15 000	

填报《中华人民共和国企业所得税年度纳税申报表（A类）》（A100000）第15行15 000元，如表2.12所示。

表 2.12 《中华人民共和国企业所得税年度纳税申报表（A 类）》（A100000）

单位：元

行次	类别	项目	金额
13		三、利润总额（10+11-12）	
14	应纳税所得额计算	减：境外所得（填写 A108010）	
15		加：纳税调整增加额（填写 A105000）	15 000
16		减：纳税调整减少额（填写 A105000）	

2.3.5 综合自测

【问题】对于跨期劳务，税会应如何确认收入？

甲公司接受乙公司一项产品的安装任务，工期自 2019 年 11 月 1 日至 2020 年 1 月 31 日，合同总金额为 50 000 元。合同约定的工程进度为 2019 年 12 月 31 日前完成总工程的 60%，2020 年 1 月 31 日前完成剩余的 40%。合同约定乙公司于工期开始日 2019 年 11 月 1 日付款 30 000 元，余款 20 000 元待工程结束后付清。

2019 年甲公司按规定的工程进度顺利完成了安装任务，实际发生成本 25 000 元（后期工程成本暂无法估计）。同时，乙公司 2019 年年底因资金链断裂，预计无法按约定支付 30 000 元工程款。经过双方协商，2019 年年底甲公司共收回工程款 20 000 元。请问 2019 年 12 月 31 日甲公司在会计核算和企业所得税申报中应如何确认此项安装收入？

【分析】

在对跨年度劳务收入的确认方面，会计与税法的区别在于税法不允许长期劳务合同使用完成合同法。

根据相关会计准则的规定，在资产负债表日劳务交易的结果能够可靠地估计的情况下，强调劳务的总收入和总成本能够可靠地计量及经济利益能够流入公司；在资产负债表日劳务交易的结果不能够可靠地估计的情况下，强调已发生的劳务成本是否能够得到补偿。由于公司会计核算遵循谨慎性原则，所以会计核算必须考虑公司经营的风险，不能多计资产和收益。

税法在确认劳务收入时，主要从税收均衡入库角度考虑，只要公司从事了劳务，就按完工进度或者完成的工作量确定收入的实现。

【解答】

由于在资产负债表日，甲公司的劳务交易的结果不能够可靠地估计，只能按能够得到补偿的劳务成本 20 000 元确认收入，按实际发生的成本结转，其会计分录为：

借：预收账款　　　　　20 000
　　　　贷：主营业务收入　　　20 000
　　借：主营业务成本　　　25 000
　　　　贷：劳务成本　　　　　25 000

税法在确认第一年的收入时，仍按规定的工程进度的60%确认收入，即劳务收入为30 000元（50 000×60%）。

2.4 特许权使用费收入

税法中的特许权使用费收入,是指企业提供专利权、非专利技术、商标权、著作权及其他特许权的使用权取得的收入。在会计准则中,特许权使用费收入属于让渡资产使用权收入范畴,也是新收入准则中难度较大的部分。本节将重点结合特许权使用费收入的税会差异进行分析讲解。

2.4.1 特许权使用费收入的确认

1. 会计规定

根据会计准则的规定,企业的特许权使用费收入同时满足下列条件的,应当确认收入:一是相关的经济利益能够流入企业,二是收入的金额能够可靠地计量。

2. 税法规定

《企业所得税法实施条例》第二十条第一款规定,特许权使用费收入是指企业提供专利权、非专利技术、商标权、著作权及其他特许权的使用权取得的收入。

3. 税会差异

如果不能同时满足"经济利益能够流入企业"和"收入的金额能够可靠地计量",则税务上确认收入、会计上不确认收入,只是上述情况实际发生极少。

2.4.2 特许权使用费收入确认的时间

1. 会计规定

根据会计准则的规定,特许权使用费收入应当按照有关合同或协议约定的收费时间和方法计算确定。

如果合同或协议规定一次性收取使用费,且不提供后续服务的,应当在销售该项资产时一次性确认收入;提供后续服务的,应当在合同或协议规定的有效期内分期确认收入。

如果合同或协议规定分期收取使用费的，应按合同或协议规定的收款时间和金额或规定的收费方法计算确定的金额分期确认收入。

2. 税法规定

《企业所得税法实施条例》第二十条第二款规定，特许权使用费收入，按照合同约定的特许权使用人应付特许权使用费的日期确认收入的实现。

3. 税会差异

税务处理中以合同约定的支付日期为依据。会计处理中确认收入的时间和合同约定的支付日期如果分属两个不同的年度，或者同一年度的会计收入与合同约定的支付金额不同，均需按照税法的规定进行纳税调整。

2.4.3 纳税调整

未按权责发生制原则确认收入的业务，税会差异属于暂时性的，前期如果调增收入，后期一定会存在调减收入的要求，或者相反情况。确认的交易活动的收入总额是相同的，与之相关的成本也是相同的调整方式。

在纳税申报方面，未按照权责发生制原则确认收入业务的纳税调整事项在《未按权责发生制确认收入纳税调整明细表》（A105020）中填报，并填报《纳税调整项目明细表》（A105000）。

2.4.4 典型案例解析

【案例2-6】特许权使用费收入

2019年1月甲公司与乙公司签订一项软件使用权转让合同，乙公司自2019年1月1日起至2020年12月31日止，有权使用甲公司上述软件。合同规定乙公司在合同签订并生效时一次性向甲公司支付软件使用费100 000元（不考虑相关税费）。

【案例分析】

（1）会计处理

1）甲公司收到乙公司支付的使用费

借：银行存款　　　100 000

　　贷：预收账款　　　　100 000

2）甲公司2019年年底确认收入 =100 000/2=50 000（元）

借：预收账款　　　　50 000
　　贷：其他业务收入　　50 000

甲公司 2020 年应确认收入 50 000 元，还应将无形资产摊销的金额及提供后续服务的成本借记"其他业务成本"科目，贷记"累计摊销""应付职工薪酬"等科目。

（2）税务处理

甲公司应将 100 000 元收入一次性计入 2019 年收入。

（3）纳税申报

假设不考虑成本因素，甲公司在 2019 年纳税申报时应该纳税调增 50 000 元，在 2020 年纳税申报时应该纳税调减 50 000 元。

1）甲公司 2019 年纳税申报

填报《未按权责发生制确认收入纳税调整明细表》（A105020）第 4 行第 1 列 100 000 元、第 2 列 50 000 元、第 3 列 50 000 元、第 4 列 100 000 元、第 5 列 100 000 元、第 6 列 50 000 元，如表 2.13 所示。

表 2.13　《未按权责发生制确认收入纳税调整明细表》（A105020）

单位：元

行次	项目	合同金额（交易金额）	账载金额 本年	账载金额 累计	税收金额 本年	税收金额 累计	纳税调整金额
		1	2	3	4	5	6（4-2）
4	（三）特许权使用费	100 000	50 000	50 000	100 000	100 000	50 000

填报《纳税调整项目明细表》（A105000）第 1 行第 3 列 50 000 元，第 3 行第 1 列 50 000 元、第 2 列 100 000 元、第 3 列 50 000 元，如表 2.14 所示。

表 2.14　《纳税调整项目明细表》（A105000）

单位：元

行次	项目	账载金额	税收金额	调增金额	调减金额
		1	2	3	4
1	收入类调整项目	*	*	50 000	
3	（二）未按权责发生制原则确认的收入（填写 A105020）	50 000	100 000	50 000	

2）甲公司 2020 年纳税申报

填报《未按权责发生制确认收入纳税调整明细表》（A105020）第 4 行第 1 列

100 000元、第2列50 000元、第3列100 000元、第4列0元、第5列100 000元、第6列-50 000元，如表2.15所示。

表2.15 《未按权责发生制确认收入纳税调整明细表》（A105020）

单位：元

行次	项目	合同金额（交易金额）	账载金额 本年	账载金额 累计	税收金额 本年	税收金额 累计	纳税调整金额
		1	2	3	4	5	6（4-2）
4	（三）特许权使用费	100 000	50 000	100 000	0	100 000	-50 000

填报《纳税调整项目明细表》（A105000）第3行第1列50 000元、第2列0元、第4列50 000元，如表2.16所示。

表2.16 《纳税调整项目明细表》（A105000）

单位：元

行次	项目	账载金额	税收金额	调增金额	调减金额
		1	2	3	4
1	收入类调整项目	*	*		
2	（一）视同销售收入				
3	（二）未按权责发生制原则确认的收入（填写A105020）	50 000	0		50 000

2.4.5 综合自测

【问题】一次性燃气配套费收入属于哪种收入类型？

甲公司为非上市公司，2019年1月，甲公司委托乙公司为用户提供燃气服务，并向用户收取了一次性燃气配套费。甲公司在上述收入的内容划分上存在疑惑，请问上述收入应确认为劳务费收入还是特许权使用费收入？如何确认收入？

【分析】

根据《国家税务总局关于确认企业所得税收入若干问题的通知》（国税函〔2008〕875号）第四条的规定，安装费应根据安装完工进度确认收入。

《企业所得税法实施条例》第二十条规定，《企业所得税法》第六条第（七）项所称特许权使用费收入，是指企业提供专利权、非专利技术、商标权、著作权及其他特许权的使用权取得的收入。特许权使用费收入，按照合同约定的特许权使用人应付特许权使用费的日期确认收入的实现。

【解答】

甲公司向居民收取的一次性燃气配套费,不属于《企业所得税法实施条例》所称特许权使用费收入,应于劳务完工时确认收入。

2.5　其他相关收入

本节介绍的非货币性资产交换、债务重组收入、政策性搬迁业务、视同销售收入、捐赠收入及政府补助收入，从会计核算的角度来看，均涉及专门的企业会计准则。同时，其内容与收入准则有所交叉，但其本身的范畴又超过收入准则的范畴。从税法的体系来看，在相关税务处理中，上述项目也涉及部分企业所得税应纳税所得额的计算及纳税调整。因此，本节将重点分析上述项目中收入部分的税会规定及差异。

2.5.1　非货币性资产交换

非货币性资产交换是指交易双方主要以存货、固定资产、无形资产和长期股权投资等非货币性资产进行的交换。该交换不涉及或只涉及少量的货币性资产。下文涉及的《企业会计准则第7号——非货币性资产交换》是修订后自2019年6月10日起实施的新准则。该准则主要是为了与新修订的收入准则、金融工具准则及租赁准则进行协调，同时对于原非货币性资产交换准则在实施过程中的实务问题进行明确，以提高会计信息质量。该准则涉及内容庞杂，并且与新收入准则、新金融工具准则及新租赁准则有较多交叉。考虑到本章主要围绕收入方面的税会规定及差异展开，本节将重点结合该准则涉及收入的内容，以及与企业所得税相关规定的差异进行分析讲解。

1. 会计规定

（1）采用公允价值模式计量非货币性资产交换

非货币性资产交换采用公允价值模式计量必须具备两个条件，即该项交换具有商业实质，并且换入资产或换出资产的公允价值能够可靠计量。采用公允价值模式计量，要求以换出资产的公允价值和应支付的相关税费作为换入资产的成本，公允价值与换出资产账面价值的差额计入当期损益。

一项非货币性资产交换具有下列条件之一的，视同具有商业实质：一是换入资产的未来现金流量在风险、时间分布和金额方面与换出资产显著不同；二是换入资产与换出资产的预计未来现金流量现值不同,且其差额与换入资产和换出资产的公允价值相比是重大的。此外,鉴于关联方关系的存在可能导致发生的非货币性资产交换不具有商业实质,交易各方之间应不存在关联方关系或存在关联关系但有明确证据能够证明交易具有商业实质。

1)不涉及补价的会计处理

以公允价值为基础计量的非货币性资产交换,对于换入资产,应当以换出资产的公允价值和应支付的相关税费作为换入资产的成本进行初始计量;对于换出资产,应当在终止确认时,将换出资产的公允价值与其账面价值之间的差额计入当期损益。

有确凿证据表明换入资产的公允价值更加可靠的,对于换入资产,应当以换入资产的公允价值和应支付的相关税费作为换入资产的初始计量金额;对于换出资产,应当在终止确认时,将换入资产的公允价值与换出资产账面价值之间的差额计入当期损益。

2)涉及补价的会计处理

支付补价的,以换出资产的公允价值,加上支付补价的公允价值和应支付的相关税费,作为换入资产的成本,换出资产的公允价值与其账面价值之间的差额计入当期损益。有确凿证据表明换入资产的公允价值更加可靠的,以换入资产的公允价值和应支付的相关税费作为换入资产的初始计量金额,换入资产的公允价值减去支付补价的公允价值,与换出资产账面价值之间的差额计入当期损益。

收到补价的,以换出资产的公允价值,减去收到补价的公允价值,加上应支付的相关税费,作为换入资产的成本,换出资产的公允价值与其账面价值之间的差额计入当期损益。有确凿证据表明换入资产的公允价值更加可靠的,以换入资产的公允价值和应支付的相关税费作为换入资产的初始计量金额,换入资产的公允价值加上收到补价的公允价值,与换出资产账面价值之间的差额计入当期损益。

3)换入换出多项资产的会计处理

对于同时换入的多项资产,按照换入的金融资产以外的各项换入资产公允价值相对比例,将换出资产公允价值总额(涉及补价的,加上支付补价的公允价值或减去收到补价的公允价值)扣除换入金融资产公允价值后的净额进行分摊,以分摊至各项换入资产的金额,加上应支付的相关税费,作为各项换入资产的成本进行初始计量。有确凿证据表明换入资产的公允价值更加可靠的,以各项换入资产的公允价值和应支付的相关税费作为各项换入资产的初始计量金额。

对于同时换出的多项资产,将各项换出资产的公允价值与其账面价值之间的差额,在各项换出资产终止确认时计入当期损益。有确凿证据表明换入资产的公允价值更加可靠的,按照各项换出资产的公允价值的相对比例,将换入资产的公允价值总额（涉及补价的，减去支付补价的公允价值或加上收到补价的公允价值）分摊至各项换出资产，分摊至各项换出资产的金额与各项换出资产账面价值之间的差额，在各项换出资产终止确认时计入当期损益。

(2) 采用账面价值模式计量非货币性资产交换

如果非货币性资产交换交易不具有商业实质，或者非货币性交易虽具有商业实质，但换入资产或换出资产的公允价值不能够可靠计量的，应采用成本模式核算。也就是说，换入资产的成本按照换出资产的账面价值加上应支付的相关税费确定，不确认损益。

1) 不涉及补价情况下的会计处理

在不具有商业实质的非货币性资产交换中，不涉及补价的，应当以账面价值为基础计量。对于换入资产，企业应当以换出资产的账面价值和应支付的相关税费作为换入资产的初始计量金额；对于换出资产，终止确认时不确认损益。

2) 涉及补价情况下的会计处理

支付补价的，以换出资产的账面价值，加上支付补价的账面价值和应支付的相关税费，作为换入资产的初始计量金额，不确认损益。

收到补价的，以换出资产的账面价值，减去收到补价的公允价值，加上应支付的相关税费，作为换入资产的初始计量金额，不确认损益。

3) 换入换出多项资产的会计处理

对于同时换入的多项资产，按照各项换入资产的公允价值的相对比例，将换出资产的账面价值总额（涉及补价的，加上支付补价的账面价值或减去收到补价的公允价值）分摊至各项换入资产，加上应支付的相关税费，作为各项换入资产的初始计量金额。换入资产的公允价值不能够可靠计量的，可以按照各项换入资产的原账面价值的相对比例或其他合理的比例对换出资产的账面价值进行分摊。

对于同时换出的多项资产，各项换出资产终止确认时均不确认损益。

2. 税法规定

税法相关规定仅涉及采用公允价值计量的非货币性资产交换，具体为：

《企业所得税法实施条例》第二十五条规定，除税收法律、行政法规另有规定外，企业以非货币资产与其他企业的资产相互交换，应当视同销售货物、转让财产按照公允价值确定收入。

《企业所得税法实施条例》第五十八条、第六十二条、第六十六条、第七十一条、第七十二条规定，以非现金资产交换方式取得的固定资产、生物资产、无形资产、存货、投资资产，按照该项资产的公允价值和支付的相关税费作为计税基础。

《国家税务总局关于企业处置资产所得税处理问题的通知》（国税函〔2008〕828号）、《国家税务总局关于企业所得税有关问题的公告》（国家税务总局公告2016年第80号）规定，企业将资产移送他人的，因资产所有权属已发生改变而不属于内部处置资产，应按规定视同销售确定收入，除另有规定外，应按照被移送资产的公允价值确定销售收入。

3. 税会差异

采用公允价值模式核算非货币性资产交换，对资产转让计税收入和换入资产计税基础的确定与会计处理是一致的。

应当注意，在公允价值模式下，如果换出资产的账面价值与计税基础存在差异，必然会导致当期会计损益与资产转让所得存在差异，申报所得税时需要对此做纳税调整。

2.5.2　债务重组收益

债务重组，是指在债务人发生财务困难的情况下，债权人按照其与债务人达成的协议或者法院的裁定做出让步的事项。债务重组定义中的"债务人发生财务困难"，是指债务人出现资金周转困难或经营陷入困境，导致其无法或者没有能力按原定条件偿还债务；"债权人做出让步"，是指债权人同意发生财务困难的债务人现在或者将来以低于重组债务账面价值的金额或者价值偿还债务。

在债务重组中，企业以资产清偿债务的，通常包括以现金清偿债务和以非现金资产清偿债务等方式。

1. 会计规定

(1) 以现金清偿债务的债务重组

1) 债务人的会计处理

债务人应当将重组债务的账面价值与支付的现金之间的差额确认为债务重组利得，作为营业外收入，计入当期损益，相关重组债务应当在满足金融负债终止确认条件时予以终止确认。

2) 债权人的会计处理

债权人应当将重组债权的账面余额与收到的现金之间的差额确认为债务重组损失，作为营业外支出，计入当期损益，相关重组债权应当在满足金融资产终止确认条件时予以终止确认。

(2) 以非现金清偿债务的债务重组

1) 债务人的会计处理

债务人应当将重组债务的账面价值与转让的非现金资产的公允价值之间的差额确认为债务重组利得，作为营业外收入，计入当期损益，相关重组债务应当在满足金融负债终止确认条件时予以终止确认。转让的非现金资产的公允价值与其账面价值的差额作为转让资产损益，计入当期损益。

2) 债权人的会计处理

债权人应当对受让的非现金资产按其公允价值入账，将重组债权的账面余额与受让的非现金资产的公允价值之间的差额确认为债务重组损失，作为营业外支出，计入当期损益，相关重组债权应当在满足金融资产终止确认条件时予以终止确认。

2. 税法规定

如果企业符合《财政部、国家税务总局关于企业重组业务企业所得税处理若干问题的通知》（财税〔2009〕59号）规定的特殊性重组条件，债务重组确认的应纳税所得额占该企业当年应纳税所得额50%以上，可以在5个纳税年度的期间内，均匀计入各年度的应纳税所得额。

如果企业不符合特殊性重组条件，应一次性计入应纳税所得额。《国家税务总局关于企业取得财产转让等所得企业所得税处理问题的公告》（国家税务总局公告2010年第19号）第一条规定，企业取得财产（包括各类资产、股权、债权等）转让收入、债务重组收入、接受捐赠收入、无法偿付的应付款收入等，不论是以货币形式还是非货币形式体现，除另有规定外，均应一次性计入确认收入的年度计算缴纳企业所得税。

3. 税会差异

债务重组的税会差异主要集中在计提减值方面，具体为：

(1) 会计处理

重组债权已经计提减值准备的，应当先将上述差额冲减已计提的减值准备，冲减后仍有损失的，计入营业外支出（债务重组损失）；冲减后减值准备仍有余额的，应予转回并抵减当期资产减值损失。

(2) 税务处理

以非现金清偿债务涉及减值准备的，减值准备不能税前扣除，需要进行纳税调整。

2.5.3 政策性搬迁业务

企业政策性搬迁，是指出于社会公共利益的需要，在政府主导下企业进行整体搬迁或部分搬迁。

1. 会计规定

《财政部关于印发〈企业会计准则解释第 3 号〉的通知》（财会〔2009〕8 号）规定，企业因城镇整体规划、库区建设、棚户区改造、沉陷区治理等公共利益进行搬迁，收到政府从财政预算直接拨付的搬迁补偿款，应作为专项应付款处理。

其中，属于对企业在搬迁和重建过程中发生的固定资产和无形资产损失、有关费用性支出、停工损失及搬迁后拟新建资产进行补偿的，应自专项应付款转入递延收益，并按照《企业会计准则第 16 号——政府补助》进行会计处理。企业取得的搬迁补偿款扣除转入递延收益的金额后如有结余的，应当作为资本公积处理。

对企业重新购建土地使用权和房屋建筑物等无形资产、固定资产的资本性支出给予的补助，属于与资产相关的政府补助。根据《企业会计准则第 16 号——政府补助》第七条的规定，与资产相关的政府补助应当确认为递延收益，并在相关资产使用寿命内平均分配，计入当期损益。很多固定资产的折旧年限在 5 年之内，可能存在因政府拆迁而重置的资产，在使用寿命结束前（与拆迁后 5 年期限一致）被出售、转让、报废或发生毁损。会计规定，应将尚未分配的递延收益余额一次性转入资产处置当期的损益（营业外收入）。

2. 税法规定

（1）搬迁收入

《国家税务总局关于发布〈企业政策性搬迁所得税管理办法〉的公告》（国家税务总局公告 2012 年第 40 号）规定，企业的搬迁收入，包括搬迁过程中从本企业以外（包括政府或其他单位）取得的搬迁补偿收入，以及本企业搬迁资产处置收入等。

企业取得的搬迁补偿收入，是指企业由于搬迁取得的货币性和非货币性补偿收入，具体包括对被征用资产价值的补偿，因搬迁、安置而给予的补偿，对停产停业形成的损失而给予的补偿，资产搬迁过程中遭到毁损而取得的保险赔款，其他补偿收入。

企业搬迁资产处置收入，是指企业由于搬迁而处置企业各类资产所取得的收入。

企业由于搬迁处置存货而取得的收入，应按正常经营活动取得的收入进行所得税处理，不作为企业搬迁收入。

(2) 搬迁支出

企业的搬迁支出，包括搬迁费用支出以及由于搬迁所发生的企业资产处置支出。

搬迁费用支出，是指企业搬迁期间所发生的各项费用，包括安置职工实际发生的费用、停工期间支付给职工的工资及福利费、临时存放搬迁资产而发生的费用、各类资产搬迁安装费用及其他与搬迁相关的费用。

资产处置支出，是指企业由于搬迁而处置各类资产所发生的支出，包括变卖及处置各类资产的净值、处置过程中所发生的税费等支出。企业由于搬迁而报废的资产，如无转让价值，其净值作为企业的资产处置支出。

(3) 应税所得

企业的搬迁收入扣除搬迁支出后的余额，为企业的搬迁所得。企业在搬迁期间发生的搬迁收入和搬迁支出，可以暂不计入当期应纳税所得额，而在完成搬迁的年度，对搬迁收入和支出进行汇总清算，计入搬迁完成年度企业应纳税所得额计算纳税。

3. 税会差异

(1) 计算方法的差异

根据会计准则的规定，在搬迁过程中涉及的政策性搬迁补偿收入仅限于国家按照规定给予的补偿性拨款，搬迁过程中出现的资产处置收入按照正常的资产处置处理，并且当补偿款超过搬迁过程中发生的损失、费用及重置资产支出的部分，要转作"资本公积"，不计入损益。搬迁过程发生的支出根据发生原因进行确认，用于购置资产的，计入资产成本；用于支付费用的，于发生当期计入有关损益。

根据税法的规定，应单独计算搬迁所得。搬迁所得为搬迁收入减去搬迁支出后的差额，至于计算搬迁所得时是否减除搬迁过程中购置资产的支出，要区别对待：《国家税务总局关于发布〈企业政策性搬迁所得税管理办法〉的公告》（国家税务总局公告2012年第40号）生效前已经签订搬迁协议且尚未完成搬迁清算的企业政策性搬迁项目，企业在重建或恢复生产过程中购置的各类资产，可以作为搬迁支出，从搬迁收入中扣除；否则不能减除。这种差异化的处理将影响企业未来资产折旧或摊销能否税前扣除的问题，属于跨年度调整事项。

(2) 确认时间的差异

根据会计准则的规定，如果企业政策性搬迁收入用于补偿搬迁损失或者安置费用的，在搬迁当期确认收入；如果用于重建固定资产或者无形资产的，属于与资产相关的政府补助，应当确认为递延收益，自重置资产达到预定可使用状态时起，在资产使用寿命内平均分配，分次计入以后各期的损益。同时，拆迁资产处置收入也要并入处置当年的会计利润。

根据税法的规定，企业在搬迁期间发生的搬迁收入和搬迁支出，可以暂不计入当期应纳税所得额，而在完成搬迁的年度，对搬迁收入和支出进行汇总清算，计入搬迁完成年度企业应纳税所得额计算纳税。

4. 纳税调整

在搬迁过程中，会计核算按照搬迁的每项活动发生的时间确认相关损益，会影响当期利润。按照税法的规定，与搬迁所得有关的所有事项应在搬迁完成时清算。上述税会差异应做纳税调整。

搬迁完成当年，按照税法规定进行清算，搬迁所得是全部搬迁活动涉及的收入与支出按照税法规定计算的结果，在并入当年应纳税所得额时，与当年会计核算确认的损益会存在差额，在本期应进行纳税调整。

搬迁完成以后年度，如果搬迁清算的结果是搬迁损失，并且企业选择了自搬迁完成年度起分数年均匀在税前扣除，搬迁以后年度需要逐年确认搬迁损失，应纳税调减。以后年度会计确认的递延收益也涉及纳税调整。

5. 纳税申报

发生政策性搬迁纳税调整项目的纳税人，在完成搬迁年度及以后进行损失分期扣除的年度，应填报《政策性搬迁纳税调整明细表》（A105110）。

2.5.4 视同销售收入

视同销售收入，是指会计上不作为销售核算，而在税收上应作应税收入缴纳企业所得税的收入。该项目主要包括非货币性交易视同销售收入，货物、财产、劳务视同销售收入，以及其他视同销售收入。

1. 会计规定

视同销售属于税法特有的规定，会计准则中没有视同销售这一概念，也不将税法中的视同销售收入作为会计中的收入来核算。在会计处理中，对于税法中视同销售的各种情形，均须结合其业务实质进行相应的操作，如确认损益等。具体操作详见下文"税会差异"中的内容。

2. 税法规定

(1) 视同销售确认标准

在企业所得税上,视同销售以企业资产所有权属是否发生改变为标准,不发生改变不视同销售。

《企业所得税法实施条例》第二十五条规定,企业发生非货币性资产交换,以及将货物、财产、服务用于捐赠、偿债、赞助、集资、广告、样品、职工福利或者利润分配等用途的,应当视同销售货物、转让财产或者提供劳务,但国务院财政、税务主管部门另有规定的除外。

《国家税务总局关于企业处置资产所得税处理问题的通知》(国税函〔2008〕828号)第一条规定,企业发生下列情形的处置资产,除将资产转移至境外以外,由于资产所有权属在形式和实质上均不发生改变,可作为内部处置资产,不视同销售确认收入,相关资产的计税基础延续计算:

将资产用于生产、制造、加工另一产品;

改变资产形状、结构或性能;

改变资产用途(如自建商品房转为自用或经营);

将资产在总机构及其分支机构之间转移;

上述两种或两种以上情形的混合;

其他不改变资产所有权属的用途。

第二条规定,企业将资产移送他人的下列情形,因资产所有权属已发生改变而不属于内部处置资产,应按规定视同销售确定收入:

用于市场推广或销售;

用于交际应酬;

用于职工奖励或福利;

用于股息分配;

用于对外捐赠;

其他改变资产所有权属的用途。

(2) 视同销售收入的确认

企业自产或外购的资产视同销售收入确认是不一致的。《国家税务总局关于企业处置资产所得税处理问题的通知》(国税函〔2008〕828号)第三条规定,企业发生本通知第二条规定情形时,属于企业自制的资产,应按企业同类资产同期对外销售价格确定销售收入;属于外购的资产,可按购入时的价格确定销售收入。

需要注意的是,外购的资产按照购入时的价格确认视同销售收入,由于该资产的成本也是其购入时的价格,因此购入资产视同销售所得一般为零。

3. 税会差异

根据税法的相关规定，视同销售具有非货币性资产交换，以及将货物、财产、服务用于捐赠、偿债、赞助、集资、广告、样品、职工福利或者利润分配等形式。对于不同的形式，税会的规定也有所差异。

对于税法规定的非货币性资产交换形式的视同销售，会计准则根据以下两种情形予以确认：以公允价值模式计量的，会计上确认损益；以账面价值模式计量的，会计上不确认损益。

对于税法规定的偿债形式的视同销售，会计准则确认偿债和销售两项损益。

对于税法规定的捐赠、赞助、广告、样品形式的视同销售，会计上不确认收益。

对于税法规定的利润分配、对外投资形式的视同销售，会计上确认收益。

对于税法规定的集资形式的视同销售，会计准则根据以下两种情形予以确认：如取得作为投资方的权利，视同对外投资；如没有取得作为投资方的权利，视同捐赠。

2.5.5 捐赠收入

接受捐赠收入，是指企业接受的来自其他企业、组织或者个人无偿给予的货币性资产、非货币性资产。

1. 会计规定

根据会计准则的规定，接受捐赠收到的资产一方面要按照该项资产的公允价值加上相应的费用确认其入账价值，反映资产要素增加；另一方面要按照接受捐赠资产的公允价值，将该项收益确认为一项利得，直接计入接受捐赠当期的营业外收入。

2. 税法规定及税会差异

接受捐赠在确认资产入账价值的标准上，税会都要求按照资产的公允价值入账；在确认捐赠资产计入损益的时间及处理方式上，税会也不存在差异。

《企业所得税法实施条例》规定，接受捐赠方式获得的资产以该资产的公允价值和支付的相关税费为计税基础。

《企业所得税法》第六条规定，企业以货币形式和非货币形式从各种来源取得的收入，为收入总额，其中包括接受捐赠收入。

《企业所得税法实施条例》第二十一条规定，《企业所得税法》第六条第（八）项所称接受捐赠收入，是指企业接受的来自其他企业、组织或者个人无偿给予的货币性资产、非货币性资产。接受捐赠收入，按照实际收到捐赠资产的日期确认收入的实现。

《关于企业取得财产转让等所得企业所得税处理问题的公告》（国家税务总局公告2010年第19号）规定，企业取得财产（包括各类资产、股权、债权等）转让收入、债务重组收入、接受捐赠收入、无法偿付的应付款收入等，不论是以货币形式还是以非货币形式体现，除另有规定外，均应一次性计入确认收入的年度计算缴纳企业所得税。2008年1月1日至本公告施行前，各地就上述收入计算的所得，已分5年平均计入各年度应纳税所得额计算纳税的，在本公告发布后，对尚未计算纳税的应纳税所得额，应一次性作为本年度应纳税所得额计算纳税。

2.5.6 政府补助收入

政府补助，是指企业从政府无偿取得的货币性资产或非货币性资产，但不包括政府作为企业所有者投入的资本。政府补助有财政拨款、财政贴息和税收返还等形式。

政府补助分为与资产相关的政府补助和与收益相关的政府补助。与资产相关的政府补助，是指企业取得的、用于购建或以其他方式形成长期资产的政府补助。与收益相关的政府补助，是指除与资产相关的政府补助之外的政府补助。

1. 会计规定

（1）与资产相关的政府补助

《企业会计准则第16号——政府补助》第七条规定，与资产相关的政府补助，应当确认为递延收益，并在相关资产使用寿命内平均分配，计入当期损益。但是，按照名义金额计量的政府补助，直接计入当期损益。

（2）与收益相关的政府补助

《企业会计准则第16号——政府补助》第八条规定，与收益相关的政府补助，应当分别下列情况处理：

用于补偿企业以后期间的相关费用或损失的，确认为递延收益，并在确认相关费用的期间，计入当期损益；

用于补偿企业已发生的相关费用或损失的，直接计入当期损益。

2. 税法规定及税会差异

企业取得的政府补助，若不符合不征税收入条件，则应一次性计入应税收入。但在会计上确认为递延收益，存在税会差异。具体参见以下规定：

《财政部、国家税务总局关于财政性资金、行政事业性收费、政府性基金有关企业所得税政策问题的通知》（财税〔2008〕151号）第一条第一款规定，企业取得的各类财政性资金，除属于国家投资和资金使用后要求归还本金的以外，均应计入企业当年收入总额。

2.5.7 典型案例解析

【案例2-7】用于市场推广的视同销售

某食品公司2020年度部分财务数据如下：发生广告与业务宣传费现金支出120万元；将企业自产的食品用于市场推广，账面价值为30万元，市场售价为40万元（不含税价，税率为13%）。

【案例分析】（以下会计分录和计算的单位均为"万元"）

（1）会计处理

将自产食品用于市场推广的会计分录为：

借：销售费用——业务宣传费　　　　35.2
　　贷：存货　　　　　　　　　　　　30
　　　　应交税费——应交增值税（销项税额）　5.2（40×13%）

（2）税务处理

根据《关于企业处置资产所得税处理问题的通知》（国税函〔2008〕828号）的规定，存货用于市场推广应视同销售，视同销售额的确定应按照被移送资产的公允价值确定。

因此，该食品公司企业所得税视同销售额应为40万元，销售成本为30万元，需要进行相应的纳税调整。

（3）纳税申报

填报《视同销售和房地产开发企业特定业务纳税调整明细表》（A105010）第1行第1列40万元、第2列40万元，第3行第1列40万元、第2列40万元，第11行第1列30万元、第2列30万元，第13行第1列30万元、第2列30万元，如表2.17所示。

表2.17 《视同销售和房地产开发企业特定业务纳税调整明细表》（A105010）

单位：万元

行次	项目	税收金额 1	纳税调整金额 2
1	一、视同销售（营业）收入（2+3+4+5+6+7+8+9+10）	40	40
3	（二）用于市场推广或销售视同销售收入	40	40
11	二、视同销售（营业）成本（12+13+14+15+16+17+18+19+20）	30	30
13	（二）用于市场推广或销售视同销售成本	30	30

填报《纳税调整项目明细表》（A105000）第1行第3列40万元，第2行第2列40万元、第3列40万元，第12行第4列30万元，第13行第2列30万元、第4列30万元，如表2.18所示。

表2.18 《纳税调整项目明细表》（A105000）

单位：万元

行次	项目	账载金额 1	税收金额 2	调增金额 3	调减金额 4
1	一、收入类调整项目（2+3+…+8+10+11）	*	*	40	
2	（一）视同销售收入（填写A105010）	*	40	40	
12	二、扣除类调整项目（13+14+…+24+26+27+28+29+30）	*	*		30
13	（一）视同销售成本（填写A105010）	*	30	*	30

2.5.8 综合自测

【问题】政策性搬迁中，新购置的各类资产能否税前扣除？

甲公司位于乙市的老城区。随着城市扩张发展和企业污染问题的日益突出，2018年，乙市政府按照城市规划，要求甲公司整体搬迁至乙市新成立的产业开发区。甲公司按照规定期限向税务机关报送了专门项目财政补贴管理办法、财政补贴拨付文件和搬迁规划等材料。经审核，符合政策性搬迁规定。同时，甲公司确认2020年为搬迁完成年度，因此做了搬迁收入和支出的清算，并扣减搬迁损失后申报了企业所得税。2018年甲公司的企业所得税汇算清缴申报了高额亏损，经审查，原因为甲公司因搬迁购置了价值3亿元的新资产，并将其列入搬迁支出。请问上述税务处理正确吗？

【分析】

根据《国家税务总局关于发布〈企业政策性搬迁所得税管理办法〉的公告》(国家税务总局公告 2012 年第 40 号)(以下简称《公告》)的规定,企业政策性搬迁,是指由于社会公共利益的需要,在政府主导下企业整体搬迁或部分搬迁。政策性搬迁与非政策性搬迁企业所得税处理方面最大的不同,就是政策性搬迁可以暂不确认搬迁收入及支出,待搬迁结束后一并汇算搬迁所得或损失,在搬迁完成年度申报纳税。

《公告》第十四条还规定,企业搬迁期间新购置的各类资产,应按《企业所得税法》及其实施条例等有关规定,计算确定资产的计税成本及折旧或摊销年限。企业发生的购置资产支出,不得从搬迁收入中扣除。

【解答】

甲公司将新购置资产发生的 3 亿元支出列入搬迁支出,据此计算搬迁所得或损失,不符合《公告》的规定,应该在 2018 年企业所得税申报时做纳税调增。

新购置资产发生的 3 亿元支出应按《企业所得税法》及其实施条例等有关规定,确定资产的计税成本和折旧年限,并将计提的固定资产折旧在税前扣除。

第 3 章

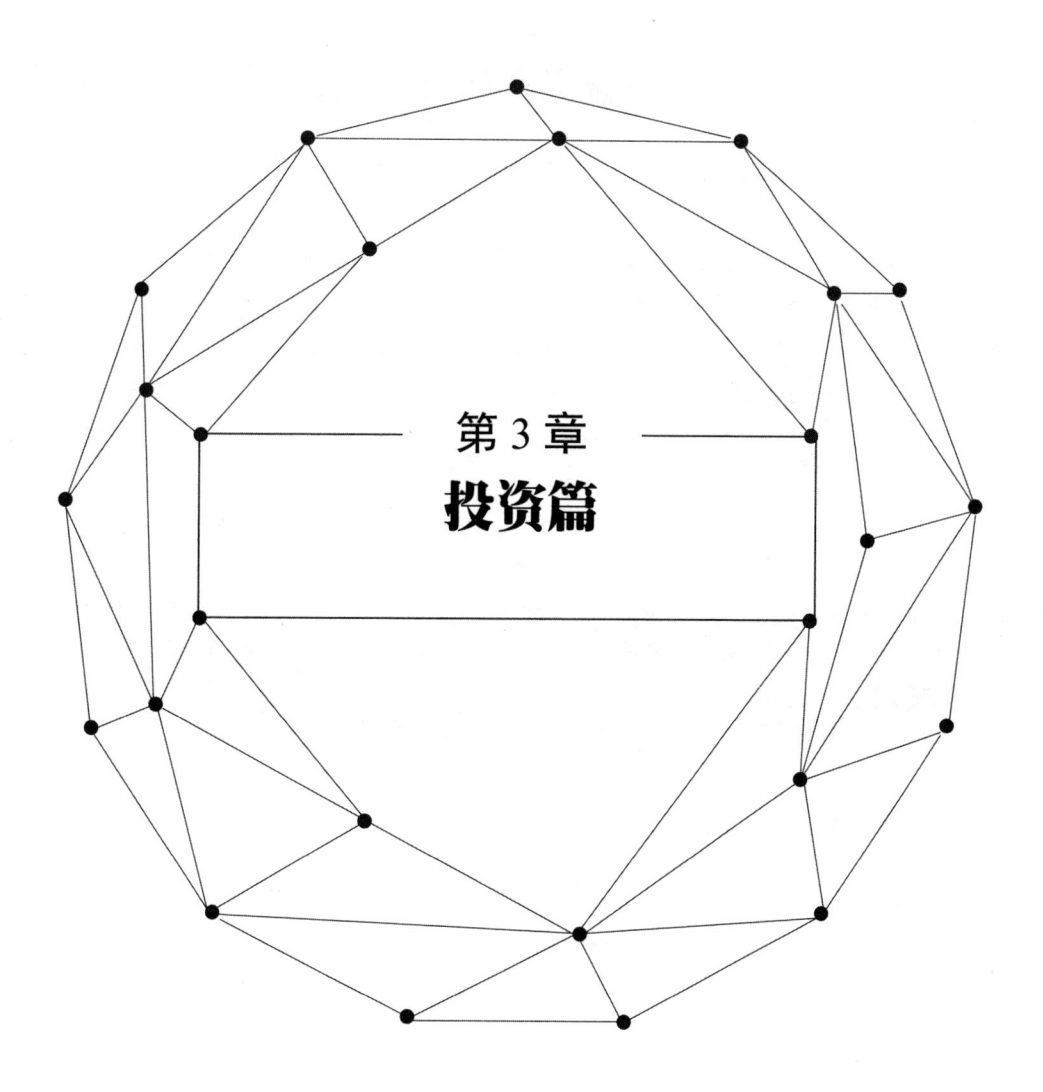

投资篇

3.1　金融资产和金融负债

根据新修订的会计准则，金融资产一般划分为以下三类：以公允价值计量且其变动计入当期损益的金融资产、以摊余成本计量的金融资产、以公允价值计量且其变动计入其他综合收益的金融资产。本节将重点介绍金融资产和金融负债的相关会计规定、税法规定及税会差异。

3.1.1　会计规定

1. 初始计量

企业初始确认金融资产或金融负债时，应当按照公允价值计量。对于以公允价值计量且其变动计入当期损益的金融资产或金融负债，相关交易费用应当直接计入当期损益；对于其他类别的金融资产或金融负债，相关交易费用应当计入初始确认金额。其中，金融资产或金融负债的公允价值，通常应当以市场交易价格为基础确定。

交易费用，是指可直接归属于购买、发行或处置金融工具新增的外部费用。新增的外部费用，是指企业不购买、发行或处置金融工具就不会发生的费用，包括支付给代理机构、咨询公司、券商等的手续费和佣金及其他必要支出，不包括债券溢价、折价、融资费用、内部管理成本及其他与交易不直接相关的费用。交易费用构成实际利息的组成部分。

企业取得金融资产所支付的价款中包含的已宣告但尚未发放的债券利息或现金股利，应当单独确认为应收项目进行处理。

2. 金融资产的后续计量

（1）金融资产后续计量原则

金融资产的后续计量与金融资产的分类密切相关。企业应当按照以下原则对金融资产进行后续计量：

以公允价值计量且其变动计入当期损益的金融资产，应当按照公允价值计量，且不扣除将来处置该金融资产时可能发生的交易费用；

以摊余成本计量的金融资产，应当采用实际利率法，按摊余成本计量；

以公允价值计量且其变动计入其他综合收益的金融资产，应当按照公允价值计量，且不扣除将来处置该金融资产时可能发生的交易费用。

(2) 实际利率法

实际利率法，是指按照金融资产或金融负债（含一组金融资产或金融负债）的实际利率计算其摊余成本及各期利息收入或利息费用的方法。这里的"实际利率"，是指将金融资产或金融负债在预期存续期间或适用的更短期间内的未来现金流量，折现为该金融资产或金融负债当前账面价值所使用的利率。

企业在初始确认以摊余成本计量的金融资产或金融负债时，就应当计算确定实际利率，并在相关金融资产或金融负债预期存续期间或适用的更短期间内保持不变。同时，在确定实际利率时，应当在考虑金融资产或金融负债所有合同条款（包括提前还款权、看涨期权或类似期权等）的基础上预计未来现金流量，但不应考虑未来信用损失。此外，金融资产或金融负债合同各方之间支付或收取的、属于实际利率组成部分的各项收费、交易费用及溢价或折价等，应当在确定实际利率时予以考虑。金融资产或金融负债的未来现金流量或存续期间无法可靠预计时，应当采用该金融资产或金融负债在整个合同期内的合同现金流量。

(3) 摊余成本

金融资产或金融负债的摊余成本，是指该金融资产或金融负债的初始确认金额经下列调整后的结果，其计算过程为：第一步，扣除已偿还的本金；第二步，加上或减去采用实际利率法将该初始确认金额与到期日金额之间的差额进行摊销形成的累计摊销额；第三步，扣除已发生的减值损失（仅适用于金融资产）。

需要说明的是，对于要求采用实际利率法摊余成本进行后续计量的金融资产或金融负债，如果有客观证据表明按该金融资产或金融负债的实际利率与名义利率分别计算的各期利息收入或利息费用相差很小，也可以采用名义利率摊余成本进行后续计量。

3. 金融资产相关利得或损失的处理

(1) 按照公允价值进行后续计量的金融资产

对于按照公允价值进行后续计量的金融资产，其公允价值变动形成的利得或损失，除与套期保值有关外，应当按照下列规定处理：

以公允价值计量且其变动计入当期损益的金融资产，其公允价值变动形成的利得或损失，应当计入当期损益。

以公允价值计量且其变动计入其他综合收益的金融资产，其公允价值变动形成的利得或损失，除减值损失和外币货币性金融资产形成的汇兑差额外，应当直接计入所有者权益（其他综合收益），并且《中国证券监督管理委员会对〈会计问题征询函〉的复函》（会计部函〔2008〕50号）规定，可供出售金融资产公允价值变动损益在实现前不得用于利润分配，要求在相关法律法规有明确规定前，上述计入其他资本公积（相应改为其他综合收益）的公允价值变动部分，暂不得用于转增股份；以公允价值计量的相关资产，其公允价值变动形成的收益，暂不得用于利润分配。在该金融资产终止确认时转出，计入当期损益。

以公允价值计量且其变动计入其他综合收益的外币货币性金融资产形成的汇兑差额，应当计入当期损益。以公允价值计量且其变动计入其他综合收益的金融资产的利息，应当计入当期损益；其他权益工具投资的现金股利，应当在被投资单位宣告发放股利时计入当期损益。

（2）以摊余成本计量的金融资产

以摊余成本计量的金融资产，在发生减值、摊销或终止确认时产生的利得或损失，应当计入当期损益。但是，该金融资产被指定为被套期项目的，相关的利得或损失的处理，适用《企业会计准则第24号——套期保值》。

3.1.2 税法规定及税会差异

1. 计税基础

《企业所得税法实施条例》第七十一条规定，企业对外进行权益性投资和债权性投资形成的投资资产，以实际支付的购买价款作为计税基础。其中，通过支付现金方式取得的投资资产，以购买价款为成本；通过支付现金以外的方式取得的投资资产，以该资产的公允价值和支付的相关税费为成本。企业对外投资的成本在对外转让或处置前不得扣除，在转让、处置时，投资成本可从转让该资产的收入中扣除，据以计算财产转让所得或损失。

根据上述规定，投资资产在持有期间公允价值与计税基础之间的差额，既不确认所得，也不确认损失。

2. 外币货币性项目汇率变动损益

对于企业外币货币性项目汇率变动损益的所得税处理问题，《企业所得税法实施条例》第二十二条、第三十九条规定，企业在货币交易中，以及纳税年度终了时将人民币以外的货币性资产、负债按照期末即期人民币汇率中间价折算为人民币时产生的汇兑收益应并入所得总额征税，产生的汇兑损失，除已经计入有关资产成本以及与向所有者进行利润分配相关的部分外，准予扣除。

3. 未经核准的准备金

《企业所得税法实施条例》第五十五条规定，未经核准的准备金不得在税前扣除。

4. 股息、红利等权益性投资收益

《企业所得税法实施条例》第十七条、第八十三条规定，股息、红利等权益性投资收益，除国务院财政、税务主管部门另有规定外，按照被投资方做出利润分配决定的日期确认收入的实现。居民企业直接投资于其他居民企业取得的股息、红利等权益性投资收益，免征企业所得税。为鼓励长期投资，居民企业连续持有居民企业公开发行并上市流通的股票不足12个月取得的投资收益不得享受免税优惠。

5. 债券利息

关于债券利息的企业所得税优惠，《企业所得税法》第二十六条规定，国债利息收入免征企业所得税。

根据《财政部、国家税务总局关于铁路建设债券利息收入企业所得税政策的通知》（财税〔2011〕99号）、《财政部、国家税务总局关于2014、2015年铁路建设债券利息收入企业所得税政策的通知》（财税〔2014〕2号）、《财政部、国家税务总局关于铁路债券利息收入所得税政策问题的通知》（财税〔2016〕30号）文件的规定，对企业投资者持有2011年到2018年发行的铁路债券取得的利息收入，减半征收企业所得税。铁路债券，是指以中国铁路总公司为发行和偿还主体的债券，包括中国铁路建设债券、中期票据、短期融资券等债务融资工具。

根据《财政部、国家税务总局关于地方政府债券利息所得免征所得税问题的通知》（财税〔2011〕76号）、《财政部、国家税务总局关于地方政府债券利息免征所得税问题的通知》（财税〔2013〕5号）文件的规定，对企业取得的2009年及以后年度发行的地方政府债券利息收入，免征企业所得税。地方政府债券，是指经国务院批准同意，以省、自治区、直辖市、计划单列市政府为发行和偿还主体的债券。

根据《财政部、国家税务总局关于中国邮政储蓄银行专项债券利息收入企业所得税政策问题的通知》（财税〔2015〕150号）文件的规定，对邮储银行按照2015年国家专项债券发行计划定向购买国家开发银行、中国农业发展银行发行的专项债券取得的利息收入，减半征收企业所得税。

6. 证券相关收入

《财政部、国家税务总局关于企业所得税若干优惠政策的通知》（财税〔2008〕1号）规定，对证券投资基金从证券市场中取得的收入，包括买卖股票、债券的差价收入，股权的股息、红利收入，债券的利息收入及其他收入，暂不征收企业所得税；对投资者从证券投资基金分配中取得的收入，暂不征收企业所得税；对证券投资基金管理人运用基金买卖股票、债券的差价收入，暂不征收企业所得税。

7. 利息收入的确认时间

关于利息收入的确认时间，《企业所得税法实施条例》第十八条规定，利息收入是指企业将资金提供他人使用但不构成权益性投资，或者因他人占用本企业资金取得的收入，包括存款利息、贷款利息、债券利息、欠款利息等收入。利息收入，按照合同约定的债务人应付利息的日期确认收入的实现。

《国家税务总局关于金融企业贷款利息收入确认问题的公告》（国家税务总局公告2010年第23号）规定，金融企业按规定发放的贷款，属于未逾期贷款（含展期，下同）的，应根据先收利息后收本金的原则，按贷款合同确认的利率和结算利息的期限计算利息，并于债务人应付利息的日期确认收入的实现；属于逾期贷款的，其逾期后发生的应收利息，应于实际收到的日期，或者虽未实际收到，但会计上确认为利息收入的日期，确认收入的实现；金融企业已确认为利息收入的应收利息，逾期90天仍未收回，且会计上已冲减了当期利息收入的，准予抵扣当期应纳税所得额；金融企业已冲减了利息收入的应收未收利息，以后年度收回时，应计入当期应纳税所得额计算纳税。

一般而言，企业利息收入金额，应当按照有关借款合同或协议约定的金额确定。对于企业持有到期的长期债券或发放长期贷款取得的利息收入，会计准则要求按照实际利率法确认收入。《中华人民共和国企业所得税法实施条例释义及适用指南》对此也予以借鉴："考虑到实际利率法的处理结果与现行税法规定的名义利率法（合同利率法）差异很小，且能够反映有关资产的真实报酬率，所以，税法也认同企业采用实际利率法来确认利息收入。"

3.1.3　典型案例解析

【案例3-1】公允价值变动损益纳税调整及申报

2020年8月1日，A公司以每股6元的价格，从公开的证券交易场所购入B公司股票70万股，支付价款420万元，另支付交易费用3万元。A公司将购入的

B公司股票作为交易性金融资产核算。2020年12月31日，上述股票收盘价为每股4元。

要求：分析说明交易性金融资产公允价值变动净损益纳税调整并填报相关年度纳税申报表。

【案例分析】（以下会计分录和计算的单位均为"万元"）

（1）会计处理

鉴于A公司将购入股票作为交易性金融资产核算，2020年12月31日股票价格由购买时的6元降为4元，因此，A公司应确认该项交易性金融资产的公允价值变动损益为140万元（6×70-4×70），相关会计分录为：

借：公允价值变动损益　　　　　　　　　140
　　贷：交易性金融资产——公允价值变动　　　140

（2）税务处理

税务不确认公允价值变动损益的金额，因此，税会确认差异140万元，纳税调增140万元。

（3）纳税申报

填报《纳税调整项目明细表》（A105000）第1行第3列140万元，第7行第1列-140万元、第3列140万元，如表3.1所示。

表3.1 《纳税调整项目明细表》（A105000）

单位：万元

行次	项目	账载金额	税收金额	调增金额	调减金额
		1	2	3	4
1	一、收入类调整项目（2+3+…+8+10+11）	*	*	140	
7	（六）公允价值变动净损益	-140	*	140	*

3.1.4　综合自测

【问题】金融资产与长期股权投资的区别是什么？

甲公司在公开市场上购买了乙上市公司18%的股权，请问甲公司应将该项业务分类为金融资产还是长期股权投资？

【分析】

企业会计准则将股权投资区分为"金融资产"和"长期股权投资"两类。

金融资产主要包括库存现金、应收账款、应收票据、贷款、垫款、其他应收款、应收利息、债券投资、股票投资、基金投资及衍生金融资产等，但不包括长期股权投资，主要是其性质和特点决定的。

长期股权投资是指企业对外能够形成控制、共同控制、重大影响的股权投资，从股权比例上看，持有被投资单位的股权应在20%以上。在实务中，一般持有被投资单位20%～50%的股权属于重大影响，50%属于共同控制，50%以上属于控制。

相应地，金融工具是指持有被投资单位股权不足20%的投资。

长期股权投资的目的在于影响被投资单位的经营决策，而金融资产主要是企业利用剩余资金所做的投资。两者的区别主要在于：

持有的期限不同，长期股权投资着眼于长期；

持有的目的不同，长期股权投资着眼于控制或重大影响，金融资产着眼于出售获利；

长期股权投资除存在活跃市场价格外，还包括没有活跃市场价格的权益投资，金融资产均为存在活跃市场价格或相对固定报价。

长期股权投资可以与可供出售金融资产、交易性金融资产相互转换。

交易性金融资产是指企业为了近期内出售而持有的金融资产。通常情况下，以赚取差价为目的从二级市场购入的股票、债券和基金等，应分类为交易性金融资产，故长期股权投资不会被分类转入交易性金融资产及其直接指定为以公允价值计量且其变动计入当期损益的金融资产进行核算。

长期股权投资只能转为可供出售金融资产，而可供出售金融资产与交易性金融资产可以转为长期股权投资。

【解答】

仅通过18%的持股比例，不能完全断定甲公司购买的乙公司股权属于金融资产，还应参考以下事项：

如果甲公司持有的18%的股权能够与其他合营方一同对乙公司实施共同控制；或者甲公司具有持股比例之外的因素能够对乙公司施加重大影响，如具有50%以上的表决权等，则可以将上述持有的乙公司18%的股权按照长期股权投资来处理。

如果不具有上述前提，即甲公司对乙公司不具有控制、共同控制或重大影响，则应将上述股权按照金融资产来具体分类并进行后续计量。

3.2 以公允价值计量且变动计入当期损益的金融资产

以公允价值计量且其变动计入当期损益的金融资产的会计处理，着重于该金融资产与金融市场的紧密结合性，反映该类金融资产相关市场变量变化对其价值的影响；而其税务处理则缺乏上述灵活性。本节将从初始计量、持有期间及处置入手，集中分析讲解其税会差异及纳税调整。

3.2.1 会计规定

1. 初始计量

企业取得交易性金融资产，按其公允价值，借记"交易性金融资产——成本"科目；按发生的交易费用，借记"投资收益"科目；按已到付息期但尚未领取的利息或已宣告但尚未发放的现金股利，借记"应收利息"或"应收股利"科目；按实际支付的金额，贷记"银行存款"等科目。

2. 持有期间

交易性金融资产持有期间被投资单位宣告发放的现金股利，或在资产负债表日按分期付息、一次还本债券投资的票面利率计算的利息，借记"应收股利"或"应收利息"科目，贷记"投资收益"科目。

资产负债表日，交易性金融资产的公允价值高于其账面余额的差额，借记"交易性金融资产——公允价值变动"科目，贷记"公允价值变动损益"科目；公允价值低于其账面余额的差额，做相反的会计分录。

3. 处置

出售交易性金融资产，应按实际收到的金额，借记"银行存款"等科目；按该金融资产的账面余额，贷记"交易性金融资产"科目；按其差额，借记或贷记"投资收益"科目。

3.2.2 税法规定及税会差异

1. 交易费用

购入交易性金融资产发生的交易费用，应借记"投资收益"科目，税法要求计入投资的计税基础。

2. 持有期间

股息所得的确认时间为被投资方宣告分配的当天，红利所得的确认时间为被投资方用留存收益转增股本的当天，利息收入为合同或协议约定的应付利息日期的当天。因此，已到付息期但尚未领取的利息或已宣告但尚未发放的现金股利，不应当确认所得，而应冲减应收股利，作为企业垫款的收回，其税务处理与会计处理相同。

交易性金融资产持有期间被投资单位宣告发放的现金股利，应当计入当期损益。按税法规定，此现金股息应当确认股息所得，但该股息所得可享受免税优惠，因此应做纳税调减处理。但如果属于持有期未满12个月的股票投资，在持有期间取得的股息应当计入所得总额征税，不做纳税调整。

交易性金融资产在资产负债表日按分期付息、一次还本债券投资的票面利率计算的利息，应当确认当期损益，由于交易性金融资产约定的付息日期与实际付息期一致，因此税法确认利息收入的日期和金额与会计处理一致，不做纳税调整。

被投资方发放股票股利，投资方做备查登记不做账务处理，但税法要求视同分配处理，相当于"先分配再投资"，应确认红利所得，同时追加投资计税基础。对红利所得还应区别情况处理：通常情况下，红利所得可以享受免税优惠，这与会计上不做账务处理的核算结果是一致的，因此无须做纳税调整；但如果属于持有期未满12个月的股票投资，在持有期间取得的红利所得（送股），应当按面值调增应纳税所得额。

资产负债表日，交易性金融资产的公允价值与其账面余额的差额计入"公允价值变动损益"科目，不确认所得或损失，计算应纳所得税时应做纳税调整。

3. 处置

出售交易性金融资产，会计上按账面价值结转，计算资产转让所得应按计税基础扣除。账面价值与计税基础的差额应做纳税调整处理。

3.2.3 典型案例解析

【案例 3-2】交易性金融资产初始投资纳税调整及申报

2020年6月1日，A公司以每股5元的价格，从公开的证券交易场所购入B公司股票60万股，支付价款300万元，另支付交易费用2万元。A公司将购入的B公司股票作为交易性金融资产核算。

要求：分析说明交易性金融资产初始投资纳税调整并填报相关年度纳税申报表。

【案例分析】（以下会计分录和计算的单位均为"万元"）

（1）会计处理

A公司应确认该项交易性金融资产成本为300万元，同时将交易费用2万元计入投资收益的借方。假设A公司以银行存款购入上述股票，则会计分录为：

借：交易性金融资产——成本　　300
　　投资收益　　　　　　　　　 2
　　贷：银行存款　　　　　　　　　302

（2）税务处理

A公司应按照实际支出302万元确认该项交易性金融资产的计税基础。税会确认差异2万元（302-300），纳税调增2万元。

（3）纳税申报

填报《纳税调整项目明细表》（A105000）第1行第3列2万元，第6行第3列2万元，如表3.2所示。

表3.2　《纳税调整项目明细表》（A105000）

单位：万元

行次	项目	账载金额	税收金额	调增金额	调减金额
		1	2	3	4
1	一、收入类调整项目（2+3+…+8+10+11）	*	*	2	
6	（五）交易性金融资产初始投资调整	*	*	2	*

3.2.4 综合自测

【问题】股票是否属于交易性金融资产？

企业购进股票进行投资，是否都应划分为交易性金融资产？

【分析】

企业购进股票进行投资，购进的股票属于金融资产。在新的金融工具准则下，金融资产包含三类：一是以摊余成本计量的金融资产；二是以公允价值计量且其变动计入其他综合收益的金融资产；三是以公允价值计量且其变动计入当期损益的金融资产。

企业在取得一项金融资产时，若可确定其不属于货币资金和长期股权投资，则应将其划分为以上三类金融资产中的一类。金融资产以企业持有金融资产的"业务模式"和"金融资产合同现金流量特征"作为其分类的判断依据，而非股票、债券等具体形式。

为投资而购进股票可能被划分为交易性金融资产，也可能被划分为以摊余成本计量的金融资产或以公允价值计量且其变动计入其他综合收益的金融资产。

交易性金融资产是以公允价值计量且其变动计入当期损益的金融资产中的最主要类别，如果公司购进股票不是为了收取合同现金流量，也不是为了保本及收取微薄的利息，而是看好股票未来升值的空间，以期获取收益，并决定承担股价大起大落的风险，则为投资，购进的股票应划分为交易性金融资产或以公允价值计量且其变动计入当期损益的金融资产。

如果公司购进股票是为了保本，然后又有股息、分红，则符合以摊余成本计量的金融资产的两个条件：一是以收取合同现金流量为目标；二是在特定日期产生的现金流量，仅为对本金和以未偿付本金金额为基础的利息的支付。

如果公司购进股票既以收取合同现金流量为目标，同时还想出售该金融资产来盈利，则应将其划分为以公允价值计量且其变动计入其他综合收益的金融资产。

【解答】

企业购进股票进行投资，应根据持有股票的"业务模式"和"金融资产合同现金流量特征"进行分类，不一定划分为交易性金融资产。

3.3 以摊余成本计量的金融资产

在会计范畴中，以摊余成本计量的金融资产具有持有至到期投资、可供出售金融资产（债券）、贷款和应收款项、公司债券（一般公司债券、可转换公司债券）、长期应收款（具有融资性质的分期收款销售）、长期应付款（融资租入固定资产）等多种形式，而其税务处理则不考虑会计的上述分类，从另一独特的角度规范其核算和申报。本节将重点介绍以摊余成本计量的金融资产在会计处理上的共通点和在税务处理上的独特之处，并在此基础上进一步分析讲解其税会差异及纳税调整。

3.3.1 会计规定

1. 初始计量

企业取得的以摊余成本计量的金融资产，应按该投资的面值，借记"债权投资——成本"科目；按支付的价款中包含的已到付息期但尚未领取的利息，借记"应收利息"科目；按实际支付的金额，贷记"银行存款"等科目；按其差额，借记或贷记"债权投资——利息调整"科目。

2. 持有期间

资产负债表日，以摊余成本计量的金融资产为分期付息、一次还本债券投资的，应按票面利率计算确定的应收未收利息，借记"应收利息"科目；按债权投资摊余成本和实际利率计算确定的利息收入，贷记"投资收益"科目；按其差额，借记或贷记"债权投资——利息调整"科目。

债权投资为一次还本付息债券投资的，应于资产负债表日按票面利率计算确定的应收未收利息，借记"债权投资——应计利息"科目；按债权投资摊余成本和实际利率计算确定的利息收入，贷记"投资收益"科目；按其差额，借记或贷记"债权投资——利息调整"科目。

企业将一项以摊余成本计量的金融资产重分类为以公允价值计量且其变动计入当期损益的金融资产的，应当按照该金融资产在重分类日的公允价值进行计量。

原账面价值与公允价值之间的差额计入当期损益。

企业将一项以摊余成本计量的金融资产重分类为以公允价值计量且其变动计入其他综合收益的金融资产的，应当按照该金融资产在重分类日的公允价值进行计量。原账面价值与公允价值之间的差额计入其他综合收益。

该金融资产重分类不影响其实际利率和预期信用损失的计量。

3. 处置

出售以摊余成本计量的金融资产，应按实际收到的金额，借记"银行存款"等科目；按其账面余额，贷记"以摊余成本计量的金融资产——成本、利息调整、应计利息"科目；按其差额，贷记或借记"投资收益"科目。已计提减值准备的，还应同时结转减值准备。

3.3.2 税法规定及税会差异

1. 实际利率法

会计准则要求对企业持有到期的长期债券或发放长期贷款取得的利息收入按照实际利率法确认收入。

根据《中华人民共和国企业所得税法实施条例释义及适用指南》，考虑到实际利率法的处理结果与现行税法规定的名义利率法（合同利率法）差异较小，且能够反映有关资产的真实报酬率，所以，税法也认同企业采用实际利率法来确认利息收入的金额。

2. 计税基础及调整

企业取得以摊余成本计量的金融资产的计税基础是指实际支付的价款，包括与该项投资有关的税费。在税法认可实际利率法确认利息收入的前提下，"以摊余成本计量的金融资产——利息调整"也允许冲减以摊余成本计量的金融资产的计税基础。由此可见，以摊余成本计量的金融资产在初始计量（计税基础）、利息调整（计税基础调整）、利息收入的确认方面，会计处理与税务处理一致。

将以摊余成本计量的金融资产重分类为以公允价值计量且其变动计入其他综合收益的金融资产，其计税基础应按重分类前的计税基础结转，而会计要求按公允价值确定。此外，以摊余成本计量的金融资产不因计提减值准备而改变计税基础。

出售以摊余成本计量的金融资产计算资产转让所得，应按计税基础扣除。账面价值与计税基础的差额，应做纳税调整。

3. 利息收入

《企业所得税法》第二十六条规定，企业持有国务院财政部门发行的国债取得的利息收入免征所得税。国债利息收入是指从一级市场或者二级市场购入的国债，持有至期满取得的利息收入。如果持有期未满，通过二级市场转让取得的价差收入不得享受免税优惠。免税的国债利息收入仅指我国政府发行的国债，不包括企业持有外国政府发行的国债取得的利息收入。

以摊余成本计量的金融资产为一次还本付息的债券投资，会计上在每个资产负债表日均需确认利息收入，而税法要求按照合同约定的付息日期确认计税收入。

4. 资产准备金

以摊余成本计量的金融资产中的贷款和应收款项的会计处理与税务处理的差异，主要在于资产准备金的处理。

(1) 坏账准备

税法规定，除特定金融企业准备金准予按规定税前扣除外，其他坏账准备不得在税前扣除。企业实际发生的坏账损失，根据《企业资产损失所得税税前扣除管理办法》（国家税务总局公告2011年第25号）和《国家税务总局关于企业所得税资产损失资料留存备查有关事项的公告》（国家税务总局公告2018年第15号）作为资产损失扣除。本期收到的已作为坏账损失在税前扣除的应收款项，应当并入所得额征税。但前期会计上已做坏账损失处理未获得税前扣除的坏账损失，在实际收到时，无须确认所得，否则会导致重复征税。

本期按税法规定允许扣除的金额＝本期允许扣除的坏账损失－本期收回前期已作为坏账损失在税前扣除的应收款项

纳税调整方法为：

应调整应纳税所得额＝（年末坏账准备余额－年初坏账准备余额）－（本期允许扣除的坏账损失－本期收回前期已作为坏账损失在税前扣除的应收款项）

计算结果大于零，调增所得；计算结果小于零，调减所得。

(2) 贷款损失准备

根据《财政部、国家税务总局关于金融企业贷款损失准备金企业所得税税前扣除有关政策的通知》（财税〔2015〕9号）等的规定，金融企业允许按照相关资产余额的规定比例计提呆账准备（贷款损失准备）。金融企业符合规定核销条件的呆账损失，应先冲减已经扣除的呆账准备，呆账准备不足冲减的部分，准予直接扣除。金融企业收回已扣除的呆账损失时，应计入当期应纳税所得额。

纳税调整方法如下：

本年度允许扣除的呆账准备（A）=本年末允许提取呆账准备的资产余额税法规定的比例-（上年末已经扣除的呆账准备余额-金融企业符合规定核销条件允许在当期扣除的呆账损失+金融企业收回以前年度已扣除的呆账损失）

本年度贷款损失准备余额（B）=年末贷款损失准备余额-年初贷款损失准备余额

若B＞A，应调增应纳税所得=B-A，并确认递延所得税资产。

若A＞B，应首先在前期已调增的应纳税所得额范围内，调减所得，并相应转回递延所得税资产；当递延所得税资产余额为零时，说明企业实际计提数没有超过税法规定的标准，只能按照计提数扣除，不再调减所得。

根据《国家税务总局关于金融企业涉农贷款和中小企业贷款损失税前扣除问题的公告》（国家税务总局公告2015年第25号）的规定，金融企业涉农贷款、中小企业贷款逾期一年以上，经追索无法收回的，应依据涉农贷款、中小企业贷款分类证明，按下列规定计算确认贷款损失进行税前扣除：

①单户贷款余额不超过300万元（含300万元）的，应依据向借款人和担保人的有关原始追索记录（包括司法追索、电话追索、信件追索和上门追索等原始记录之一，并由经办人和负责人共同签章确认），计算确认损失进行税前扣除。

②单户贷款余额超过300万元至1 000万元（含1 000万元）的，应依据有关原始追索记录（应当包括司法追索记录，并由经办人和负责人共同签章确认），计算确认损失进行税前扣除。

③单户贷款余额超过1 000万元的，仍按《国家税务总局关于发布〈企业资产损失所得税税前扣除管理办法〉的公告》（国家税务总局公告2011年第25号）的有关规定计算确认损失进行税前扣除。

3.3.3 典型案例解析

【案例3-3】持有至到期投资纳税调整及申报

甲公司为上市公司，于每年年末计提债券利息。2016年12月31日，甲公司以21 909.19万元（包括交易费用9.19万元）的价格购入乙公司于2016年1月1日发行的5年期一次还本、分期付息债券，债券面值总额为20 000万元，付息日为每年1月5日，票面年利率为6%。甲公司将债券划分为持有至到期投资。已知：(P/F, 5%, 4)=0.8227，(P/A, 5%, 4)=3.546。

计算实际利率r：

1 200+20 000×6%×（P/A, r, 4）+20 000×（P/F, r, 4）=21 909.19（万元）

当r=5%时，1 200+20 000×6%×3.546+20 000×0.822 7≈21 909.19（万元）。

由此得出，r=5%。

【案例分析】（以下会计分录和计算的单位均为"万元"）

（1）2016年12月31日，甲公司购入债券

1）会计处理

借：持有至到期投资——成本　　　　20 000
　　应收利息　　　　　　　　　　　1 200
　　持有至到期投资——利息调整　　 709.19
　　贷：银行存款　　　　　　　　　21 909.19

2016年12月31日购入时，该债券的摊余成本=20 000+709.19=20 709.19（万元）。

2）税务处理

该债券的计税基础为20 709.19万元，此处税会无差异。

（2）2017年1月5日，甲公司收到乙公司发放的债券利息并存入银行

1）会计处理

借：银行存款　　　　　　　　　　1 200
　　贷：应收利息　　　　　　　　 1 200

2）税务处理

此处税务无须处理。

各年摊余成本、实际利息和应收利息如表3.3所示。

表3.3　各年摊余成本、实际利息和应收利息

单位：万元

年份	期初摊余成本（a）	实际利息（b）（按5%算）	现金流量（c）	期末摊余成本（d=a+b-c）
2017	20 709.19	1 035.46	1 200	20 544.65
2018	20 544.65	1 027.23	1 200	20 371.88
2019	20 371.88	1 018.59	1 200	20 190.47
2020	20 190.47	1 009.53	21 200	0

（3）2017年12月31日，甲公司确认实际利息收入

1）会计处理

应收利息=20 000×6%=1 200（万元）

实际利息收入=20 709.19×5%=1 035.46（万元）

利息调整=1 200-1 035.46=164.54（万元）

2017年12月31日该债券的摊余成本=20 709.19-164.54=20 544.65（万元）

相关会计分录为：

借：应收利息　　　　　　　　　　　1 200
　　贷：持有至到期投资——利息调整　164.54
　　　　投资收益　　　　　　　　　　1 035.46

2）税务处理

根据税法的规定，利息收入应在应付利息日确认收入的实现；而会计根据权责发生制确认收入，应在年终汇算清缴时调减应纳税所得额。

3）纳税申报

填报《投资收益纳税调整明细表》（A105030）第 3 行第 1 列 1 035.46 万元、第 2 列 0 元、第 3 列 -1 035.46 万元、第 11 列 -1 035.46 万元，如表 3.4 所示。

表 3.4　《投资收益纳税调整明细表》（A105030）

单位：万元

行次	项目	持有收益			处置收益						
		账载金额	税收金额	纳税调整金额	会计确认的处置收入	税收计算的处置收入	处置投资的账面价值	处置投资的计税基础	会计确认的处置所得或损失	税收计算的处置所得	纳税调整金额	纳税调整金额
		1	2	3(2-1)	4	5	6	7	8(4-6)	9(5-7)	10(9-8)	11(3+10)
3	三、持有至到期投资	1 035.46	0	-1 035.46								-1 035.46

填报《纳税调整项目明细表》（A105000）第 1 行第 3 列 1 035.46 万元，第 4 行第 1 列 1 035.46 万元、第 2 列 0 元、第 3 列 1 035.46 万元，如表 3.5 所示。

表 3.5　《纳税调整项目明细表》（A105000）

单位：万元

行次	项目	账载金额	税收金额	调增金额	调减金额
		1	2	3	4
1	一、收入类调整项目(2+3+…+8+10+11)	*	*	1 035.46	
4	（三）投资收益（填写 A105030）	1 035.46	0	1 035.46	*

(4) 2018年1月5日，甲公司收到乙公司发放的债券利息并存入银行

1) 会计处理

借：银行存款　　　　　　　　　　1 200
　　贷：应收利息　　　　　　　　　　1 200

2) 税务处理

在应付利息日（2018年1月5日），须确认企业所得税收入1 200万元。而会计根据权责发生制确认收入，这将形成税会差异，须在年终汇算清缴时调增应纳税所得额。

(5) 2018年12月31日，甲公司确认实际利息收入

1) 会计处理

应收利息=20 000×6%=1 200（万元）

实际利息收入=20 544.65×5%=1 027.23（万元）

利息调整=1 200-1 027.23=172.77（万元）

2018年12月31日该债券的摊余成本=20 544.65-172.77=20 371.88（万元）

相关会计分录为：

借：应收利息　　　　　　　　　　1 200
　　贷：持有至到期投资——利息调整　　172.77
　　　　投资收益　　　　　　　　　　1 027.23

2) 税务处理

根据税法的规定，利息收入应在应付利息日确认收入的实现，因此，2018年甲公司企业所得税应确认利息收入1 200万元。而会计根据权责发生制，确认的计入"投资收益"科目的金额为1 027.23万元，税会之间存在差额172.77万元。对此，应在年终汇算清缴时调增应纳税所得额。

3) 纳税申报

填报《投资收益纳税调整明细表》（A105030）第3行第1列1 027.23万元、第2列1 200万元、第3列172.77万元、第11列172.77万元，如表3.6所示。

填报《纳税调整项目明细表》（A105000）第1行第3列172.77万元，第4行第1列1 027.23万元、第2列1 200万元、第3列172.77万元，如表3.7所示。

表 3.6 《投资收益纳税调整明细表》(A105030)

单位:万元

行次	项目	持有收益			处置收益						
		账载金额	税收金额	纳税调整金额	会计确认的处置收入	税收计算的处置收入	处置投资的账面价值	处置投资的计税基础	会计确认的处置所得或损失	税收计算的处置所得	纳税调整金额	纳税调整金额
		1	2	3 (2-1)	4	5	6	7	8 (4-6)	9 (5-7)	10(9-8)	11(3+10)
3	三、持有至到期投资	1 027.23	1 200	172.77								172.77

表 3.7 《纳税调整项目明细表》(A105000)

单位:万元

行次	项目	账载金额	税收金额	调增金额	调减金额
		1	2	3	4
1	一、收入类调整项目(2+3+…+8+10+11)	*	*	172.77	
4	(三)投资收益(填写 A105030)	1 027.23	1 200	172.77	*

(6) 2019 年 1 月 5 日,甲公司收到乙公司发放的债券利息并存入银行

1) 会计处理

借:银行存款　　　1 200

　贷:应收利息　　　　1 200

2) 税务处理

在应付利息日(2019 年 1 月 5 日),须确认企业所得税收入 1 200 万元。而会计根据权责发生制确认收入,这将形成税会差异,须在年终汇算清缴时调增应纳税所得额。

(7) 2019 年 12 月 31 日,甲公司确认实际利息收入

1) 会计处理

应收利息 =20 000×6%=1 200(万元)

实际利息收入 =20 371.88×5%=1 018.59(万元)

利息调整 -1 200-1 018.59=181.41（万元）

2019 年 12 月 31 日，该债券的摊余成本 =20 371.88-181.41=20 190.47（万元）

相关会计分录为：

借：应收利息　　　　　　　　　　　1 200
　　贷：持有至到期投资——利息调整　　181.41
　　　　投资收益　　　　　　　　　　1 018.59

2）税务处理

根据税法的规定，利息收入应在应付利息日确认收入的实现，因此，2019 年甲公司企业所得税应确认利息收入 1 200 万元。而会计根据权责发生制，确认的计入"投资收益"科目的金额为 1 018.59 万元，税会之间存在差额 181.41 万元。对此，应在年终汇算清缴时调增应纳税所得额。

3）纳税申报

填报《投资收益纳税调整明细表》（A105030）第 3 行第 1 列 1 018.59 万元、第 2 列 1 200 万元、第 3 列 181.41 万元、第 11 列 181.41 万元，如表 3.8 所示。

表 3.8　《投资收益纳税调整明细表》（A105030）

单位：万元

行次	项目	持有收益			处置收益						纳税调整金额
		账载金额	税收金额	纳税调整金额	会计确认的处置收入	税收计算的处置收入	处置投资的账面价值	处置投资的计税基础	会计确认的处置所得或损失	税收计算的处置所得	纳税调整金额	
		1	2	3（2-1）	4	5	6	7	8（4-6）	9（5-7）	10（9-8）	11（3+10）
3	三、持有至到期投资	1 018.59	1 200	181.41								181.41

填报《纳税调整项目明细表》（A105000）第 1 行第 3 列 181.41 万元，第 4 行第 1 列 1 018.59 万元、第 2 列 1 200 万元、第 3 列 181.41 万元，如表 3.9 所示。

表 3.9 《纳税调整项目明细表》（A105000）

单位：万元

行次	项目	账载金额	税收金额	调增金额	调减金额
		1	2	3	4
1	一、收入类调整项目(2+3+…+8+10+11)	*	*	181.41	
4	（三）投资收益（填写 A105030）	1 018.59	1 200	181.41	*

（8）2020 年 1 月 5 日，甲公司收到乙公司发放的债券利息并存入银行

1）会计处理

借：银行存款　　　　　　　　　　1 200

　　贷：应收利息　　　　　　　　　1 200

2）税务处理

在应付利息日（2020 年 1 月 5 日），须确认企业所得税收入 1 200 万元。而会计根据权责发生制确认收入，这将形成税会差异，须在年终汇算清缴时调增应纳税所得额。

（9）2020 年 12 月 31 日，甲公司确认实际利息收入

1）会计处理

应收利息 =20 000×6%=1 200（万元）

利息调整 =709.19-164.54-172.77-181.41=190.47（万元）

实际利息收入 =1 200-190.47=1 009.53（万元）

相关会计分录为：

借：应收利息　　　　　　　　　　1 200

　　贷：持有至到期投资——利息调整　　190.47

　　　　投资收益　　　　　　　　1 009.53

2）税务处理

根据税法的规定，利息收入应在应付利息日确认收入的实现，因此，2020 年甲公司企业所得税应确认利息收入 1 200 万元。而会计根据权责发生制，确认的计入"投资收益"科目的金额为 1 009.53 万元，税会之间存在差额 190.47 万元。对此，应在年终汇算清缴时调增应纳税所得额。

（10）2021 年 1 月 5 日，收到利息和本金

1）会计处理

借：银行存款　　　　　　　　　　21 200

　　贷：应收利息　　　　　　　　　1 200

　　　　持有至到期投资——成本　　20 000

2）税务处理

在应付利息日（2021年1月5日），须确认利息收入1 200万元，在年终汇算清缴时调增应纳税所得额。

3.3.4 综合自测

【问题】 间接投资收益能否免征企业所得税？

2018年3月1日，A公司购买中国人寿资管——工商银行——国寿资产——B系列专项产品（简称"B系列专项产品"），将其划分为可供出售金融资产，以摊余成本进行后续计量。A公司通过B系列专项产品投资上市公司C公司股票，并于2018年11月取得C公司分红300万元。A公司认为，投资上市公司C公司股票，未超过12个月，取得股息、红利所得300万元属于免税收入，应依法享受免征企业所得税的优惠政策。请问A公司在2019年度汇算清缴时能否将上述300万元分红按免税收入进行2018年度企业所得税纳税申报？

【分析】

《企业所得税法》第二十六条规定："企业的下列收入为免税收入：（一）……（二）符合条件的居民企业之间的股息、红利等权益性投资收益。"《企业所得税法实施条例》第八十三条规定："企业所得税法第二十六条第（二）项所称符合条件的居民企业之间的股息、红利等权益性投资收益，是指居民企业直接投资于其他居民企业取得的投资收益。企业所得税法第二十六条第（二）项和第（三）项所称股息、红利等权益性投资收益，不包括连续持有居民企业公开发行并上市流通的股票不足12个月取得的投资收益。"

资管产品，包括银行理财产品、资金信托（包括集合资金信托、单一资金信托）、财产权信托、公开募集证券投资基金等，其本质是由发行单位自行设计并发行，将募集到的资金根据产品合同约定投入相关金融市场及购买相关金融产品，获取投资收益后，根据合同约定分配给投资人的一类产品。A公司通过资管产品投资上市公司股票，属于间接投资而非直接投资，取得股息红利不属于"直接投资于其他居民企业取得的投资收益"。

【解答】

A公司在2019年度汇算清缴时不应将上述300万元分红按免税收入进行纳税申报，应将其并入应税收入缴纳企业所得税。

3.4 以公允价值计量且其变动计入其他综合收益的金融资产

以公允价值计量且其变动计入其他综合收益的金融资产在会计处理中一般被划分为股权投资和债券投资，其利息和股息、公允价值变动、重分类、减值是其重点、难点所在。本节将重点分析解读其税会差异及纳税调整。

3.4.1 会计规定

1. 初始计量

（1）股权投资

企业取得的以公允价值计量且其变动计入其他综合收益的金融资产为股权投资的，应按其公允价值与交易费用之和，借记"其他权益工具投资——成本"科目；按支付的价款中包含的已宣告但尚未发放的现金股利，借记"应收股利"科目；按实际支付的金额，贷记"银行存款"等科目。

（2）债券投资

企业取得的以公允价值计量且其变动计入其他综合收益的金融资产为债券投资的，应按债券的面值，借记"其他债权投资——成本"科目；按支付的价款中包含的已到付息期但尚未领取的利息，借记"应收利息"科目；按实际支付的金额，贷记"银行存款"等科目；按其差额，借记或贷记"其他债权投资——利息调整"科目。

2. 持有期间

（1）利息收入

资产负债表日，可供出售债券为分期付息、一次还本债券投资的，应按票面利率计算确定的应收未收利息，借记"应收利息"科目；按可供出售债券的摊余成本和实际利率计算确定的利息收入，贷记"投资收益"科目；按其差额，借记或贷记"其他债权投资——利息调整"科目。

可供出售债券为一次还本付息债券投资的，应于资产负债表日按票面利率计算确定的应收未收利息，借记"其他债权投资——应计利息"科目；按可供出售债券的摊余成本和实际利率计算确定的利息收入，贷记"投资收益"科目；按其差额，借记或贷记"其他债权投资——利息调整"科目。

（2）公允价值变动

资产负债表日，以公允价值计量且其变动计入其他综合收益的金融资产的公允价值高于其账面余额的差额，借记"其他债权投资（股权投资的则为其他权益工具投资）——公允价值变动"科目，贷记"其他综合收益"科目；公允价值低于其账面余额的差额，做相反的会计分录。

（3）减值及利得

对于以公允价值计量且其变动计入其他综合收益的金融资产，企业应当在其他综合收益中确认其损失准备，并将减值损失或利得计入当期损益，且不应减少该金融资产在资产负债表中列示的账面价值。

3. 重分类

将以摊余成本计量的金融资产重分类为以公允价值计量且其变动计入其他综合收益的金融资产的，应在重分类日按其公允价值，借记"以公允价值计量且其变动计入其他综合收益的金融资产"科目；按其账面余额，贷记"以摊余成本计量的金融资产"科目；按其差额，贷记或借记"其他综合收益"科目。

4. 处置

出售以公允价值计量且其变动计入其他综合收益的金融资产，应按实际收到的金额，借记"银行存款""存放中央银行款项"等科目；按其账面余额，贷记"其他债权投资（股权投资的则为其他权益工具投资）——成本、公允价值变动、利息调整、应计利息"科目；按应从所有者权益中转出的其他综合收益累计变动额，借记或贷记"其他综合收益"科目；按其差额，计入"投资收益"科目。

3.4.2 税会差异

1. 初始计量与计税基础

以公允价值计量且其变动计入其他综合收益的金融资产的初始计量与计税基础相同，均按照实际支付的价款（公允价值及交易费用之和），但不含已到付息期尚未领取的利息，或已宣告分配尚未支付的股息。

2. 利息和股息

购入以公允价值计量且其变动计入其他综合收益的金融资产支付的价款中包

含已到付息期而尚未支付的利息，或者包含已宣告分配尚未支付的股息，应作为应收利息或应收股息处理，不计入资产成本，在实际收到时冲减应收利息或应收股息。这一点税务处理与会计处理相同。

3. 公允价值变动

以公允价值计量且其变动计入其他综合收益的金融资产公允价值变动，既不确认所得也不确认损失，计税基础不变。由于公允价值变动金额直接计入所有者权益，不涉及损益的变化，因此无须做纳税调整。

4. 减值

以公允价值计量且其变动计入其他综合收益的金融资产发生减值，由于计入了企业当期损益，应将"资产减值损失"科目的金额，做纳税调增或调减处理。

5. 股息

以公允价值计量且其变动计入其他综合收益的金融资产在持有期间，被投资方宣告分配的股息，免征所得税。在申报所得税时，应将"投资收益"科目的金额做纳税调减处理。

6. 重分类

以摊余成本计量的金融资产重分类为以公允价值计量且其变动计入其他综合收益的金融资产时，计税基础按照以摊余成本计量的金融资产的计税基础结转。公允价值与账面价值之间的差额计入所有者权益，不涉及当期损益，故不做纳税调整。

7. 处置

转让以公允价值计量且其变动计入其他综合收益的金融资产时，按账面价值结转计算损益，同时将公允价值变动金额由"其他综合收益"科目余额转入"投资收益"科目。资产转让所得按照转让收入扣除计税基础确定。两者的差额，应做纳税调整处理。

3.4.3 典型案例解析

【案例 3-4】持有至到期投资计提资产减值准备的纳税调整及申报

A 公司于 2019 年 1 月 2 日从证券市场上以银行存款购入 B 公司于 2019 年 1 月 1 日发行的债券，购入债权的面值为 1 000 万元，实际支付价款为 947.5 万元，另支付相关费用20万元。A公司购入该项债券后，将其划分为持有至到期投资。

2019年年末，B公司发生重大违约事项，估计该项债券的未来现金流量现值为900万元。

【案例分析】（以下会计分录和计算的单位均为"万元"）

(1) A公司于2019年1月2日购入B公司债券

1) 会计处理

借：其他权益工具投资——成本　　967.5
　　贷：银行存款　　　　　　　　　　　967.5

2) 税务处理

持有至到期投资属于税法上的投资资产。《企业所得税法实施条例》第五十六条规定，企业的各项资产，包括固定资产、生物资产、无形资产、长期待摊费用、投资资产、存货等，以历史成本为计税基础。前款所称历史成本，是指企业取得该项资产时实际发生的支出。企业持有各项资产期间资产增值或者减值，除国务院财政、税务主管部门规定可以确认损益外，不得调整该资产的计税基础。

由于历史成本是指企业取得该资产时实际发生的支出，因此，该项债券的计税基础为967.5万元，此处税会无差异。

(2) 2019年年末，B公司发生重大违约事项

1) 会计处理

借：资产减值损失　　　　　　　67.5
　　贷：持有至到期投资减值准备　　　67.5

2) 税务处理

当持有至到期投资发生减值时，会计上计入资产减值损失，而税法上不允许扣除，上述税会差异需要进行纳税调整。

3) 纳税申报

填报《纳税调整项目明细表》（A105000）第31行第3列67.5万元，第33行第1列67.5万元、第3列67.5万元，如表3.10所示。

表3.10　《纳税调整项目明细表》（A105000）

单位：万元

行次	项目	账载金额	税收金额	调增金额	调减金额
		1	2	3	4
31	三、资产类调整项目（32+33+34+35）	*	*	67.5	
33	（二）资产减值准备金	67.5	*	67.5	

3.4.4 综合自测

【问题】 处置收益能否免征企业所得税？

某公司于2018年1月从公开发行的证券市场购入股票100万股，将其作为以公允价值计量且其变动计入综合收益的金融资产核算。2019年12月，该公司通过大宗交易减持上述股票100万股，交易价格为12.02元，交易金额为1 202万元。该公司在支付手续费0.8万元、印花税1.2万元后，取得银行存款1 200万元，扣除股票成本700万元，净收入500万元。2020年4月，该公司向税务机关申报2019年度企业所得税，在填报《中华人民共和国企业所得税年度纳税申报表（A类）》时，将前述净收入500万元作为2019年度投资收益填报《投资收益纳税调整明细表》，同时又将该投资收益作为纳税调整项目全额调减2019年度应税所得，最终申报2019年度纳税调整后所得-25万元，应纳税0元。请问上述申报正确吗？

【分析】

根据会计准则的规定，出售以公允价值计量且其变动计入其他综合收益的金融资产，应按实际收到的金额，借记"银行存款"科目，贷记"其他权益工具投资——成本、公允价值变动、利息调整、应计利息"等科目；按应从所有者权益中转出的其他综合收益累计变动额，借记或贷记"其他综合收益"科目；按其差额，计入"投资收益"科目。

《企业所得税法》第二十六条规定："企业的下列收入为免税收入：（一）……（二）符合条件的居民企业之间的股息、红利等权益性投资收益。"《企业所得税法实施条例》第八十三条规定："企业所得税法第二十六条第（二）项所称符合条件的居民企业之间的股息、红利等权益性投资收益，是指居民企业直接投资于其他居民企业取得的投资收益。企业所得税法第二十六条第（二）项和第（三）项所称股息、红利等权益性投资收益，不包括连续持有居民企业公开发行并上市流通的股票不足12个月取得的投资收益。"此外，《投资收益纳税调整明细表》中分两栏，分别为"持有收益"和"处置收益"，其中"处置收益"纳税，"持有收益"暂免税。

【解答】

该公司在申报纳税时将相关股权的"处置收益"申报为"持有收益"并全额调减2019年度应纳税所得额的做法是错误的，应将其计入应纳税所得额并补缴企业所得税。

3.5 长期股权投资

长期股权投资是会计准则和税法共同的难点所在，本节聚焦于长期股权投资的分类、计量、转换、处置等重要内容，集中分析讲解其税会差异及纳税调整。

需要注意的是，本节中多次提到"企业合并"和"控股合并"两个概念，从实质上看，企业合并包括"控股合并""非控股合并"等内容，"控股合并"和"企业合并"在文中指代的内容不一致，不易统一成一种说法；而且，从字面上看，这两个词都是现有会计准则和税法规定中的官方用词，它们所在的句子也是摘自会计准则和税法的原文。由于会计准则和税法在概念界定和词语选用上都不是很精准，因此本文不做更改。

3.5.1 长期股权投资初始计量

根据是否构成合并，长期股权投资可以划分为对子公司的投资和对合营企业、联营企业的投资。其中，对子公司的投资又可以划分为同一控制下控股合并形成的长期股权投资和非同一控制下控股合并形成的长期股权投资。此外，税法以单个纳税人为单位，故长期股权投资的税会差异是指税法与个别财务报表会计处理方法的差异，不涉及合并报表。本节将主要分析长期股权投资初始计量的差异。

1. 对合营企业及联营企业投资初始计量的差异

（1）会计规定

对联营企业、合营企业的投资成本按照公允价值计量。支付对价中包含的已宣告但尚未发放的现金股利或利润应计入应收股利，不列入投资成本。为取得长期股权投资而发生的审计、评估等费用，不应计入投资成本，而应与合并方式取得的长期股权投资一致，计入当期损益（管理费用）。

①支付现金取得的长期股权投资，其初始投资成本包括实际支付的价款、直接相关费用（如股票交易手续费）、税金及其他必要支出。

②发行权益性证券取得的长期股权投资，其初始投资成本按照发行的权益性证券的公允价值计量，为发行权益性证券支付给有关证券承销机构的手续费、佣

金等与权益性证券发行直接相关的费用，不构成取得长期股权投资的成本，该部分费用应在权益性证券的溢价发行收入中扣除，溢价收入不足冲减的，应冲减盈余公积和未分配利润。

③以非货币性资产对外投资取得的长期股权投资，按照长期股权投资的公允价值确定投资成本。

④以非货币性资产交换或债务重组方式取得的长期股权投资，按照长期股权投资的公允价值确定投资成本，但在交易不具有商业实质或公允价值无法取得时，以投出资产账面价值以及支付的增值税（销项税额或简易计税金额）确定。取得投资的直接相关费用计入投资成本。

⑤企业进行公司制改建取得的长期股权投资，对资产、负债的账面价值按照评估价值调整的，长期股权投资应以评估价值作为改制时的认定成本，评估值与原账面价值的差异应计入资本公积（资本溢价或股本溢价）。

(2) 税法规定及税会差异

对合营企业、联营企业投资的计税基础与初始计量基本是一致的，均以投资资产的公允价值和支付的相关税费确定。但是，下列情形除外：

①企业改制按照评估价值调整长期股权投资成本的，长期股权投资的计税基础不变，仍按照原有计税基础确定。

②以非货币性资产交换和非货币性资产抵偿债务方式取得的长期股权投资，在交易不具有商业实质或公允价值无法取得的情况下，会计上以投出资产的账面价值与相关税费进行初始计量，税收上划分为转让非货币性资产和购买长期股权投资两项交易分别处理，相应地，长期股权投资的计税基础应当按照非货币性资产的公允价值与相关税费之和确定。

③以非货币性资产（包括长期股权投资）作为对价取得长期股权投资需划分为视同销售和购买长期股权投资处理，当视同销售但选择适用递延纳税政策时，其取得长期股权投资的计税基础按照下列情形执行：

第一，根据《财政部、国家税务总局关于企业重组业务企业所得税处理若干问题的通知》（财税〔2009〕59号）第六条的规定，非货币性资产增资方式取得长期股权投资，符合资产收购特殊性税务处理条件的，长期股权投资计税基础按照投出资产的原计税基础确定；以控股子公司的股权作为对价取得的长期股权投资，符合股权收购特殊性税务处理条件的，取得长期股权投资的计税基础按照转让方原持有该项股权的计税基础确定。

第二，根据《财政部、国家税务总局关于非货币性资产投资企业所得税政策问题的通知》（财税〔2014〕116号）及《国家税务总局关于非货币性资产投资企业所得税有关征管问题的公告》（国家税务总局公告2015年第33号）的规定，非货币性资产对外投资选择按五年平均确认资产转让所得的,长期股权投资的计税基础按照投出非货币性资产的计税基础与已确认应税所得之和确定。

第三,根据《财政部、国家税务总局关于完善股权激励和技术入股有关所得税政策的通知》(财税〔2016〕101号)第三条第(一)项的规定,企业以技术成果投资入股到境内居民企业,被投资企业支付的对价全部为股票(权)的,经向主管税务机关备案,投资入股当期可暂不纳税,长期股权投资的计税基础按照技术成果原值确定。

第四,根据《财政部、国家税务总局关于促进企业重组有关企业所得税处理问题的通知》(财税〔2014〕109号)第三条的规定,对100%直接控制的居民企业之间,以及受同一或相同多家居民企业100%直接控制的居民企业之间按账面净值划转股权或资产,凡具有合理商业目的、不以减少、免除或者推迟缴纳税款为主要目的,股权或资产划转后连续12个月内不改变被划转股权或资产原来实质性经营活动,且划出方企业和划入方企业均未在会计上确认损益的,可以选择按以下规定进行特殊性税务处理:划出方企业和划入方企业均不确认所得;划入方企业取得被划转股权或资产的计税基础,以被划转股权或资产的原计税基础确定;划入方企业取得的被划转资产,应按其原账面净值原计税基础计算折旧扣除。

2. 同一控制下控股合并形成的长期股权投资初始计量的差异

(1)会计规定

同一控制下控股合并形成的长期股权投资,不以公允价值计量,不确认损益。

基本原则为:长期股权投资的初始投资成本是取得的被合并方所有者权益在最终控制方合并财务报表中的账面价值(包含商誉)的份额。合并方所支付的合并对价账面价值与初始投资成本之间的差额,调整资本公积(资本溢价或股本溢价),资本公积(资本溢价或股本溢价)不足冲减的,调整留存收益。

其他需要注意的事项为:

①被合并方在合并日的净资产账面价值为负数的,长期股权投资成本按零确定,同时在备查账簿中予以登记。

②如果被合并方在被合并以前,是最终控制方通过非同一控制下的企业合并所控制的,则合并方长期股权投资的初始投资成本还应包括相应的商誉金额(商誉不需要考虑母公司的持股比例)。

③如果子公司按照改制时确定的资产、负债经评估确认的价值调整资产、负债账面价值的,合并方应当按照取得子公司经评估确认的可辨认净资产账面价值的份额作为长期股权投资的初始投资成本。

④合并方发生的审计、法律服务、评估咨询等中介费用及其他相关管理费用

于发生时计入管理费用,但以下两种情况除外:一是与发行债务性工具作为合并对价直接相关的佣金、手续费,应当计入债务性工具的初始确认金额(应付债券——利息调整);二是与发行的权益性工具作为合并对价直接相关的交易费用(支付给券商的股票承销费或佣金),应当冲减资本公积(资本溢价或股本溢价),资本公积不足冲减的,依次冲减盈余公积和未分配利润。

⑤通过多次交换交易,分步取得股权最终形成控股合并的,区别情况处理:属于"一揽子交易"的,合并方应当将各项交易作为一项取得控制权的交易进行会计处理;不属于"一揽子交易"的,取得控制权日,投资企业应按照一定的步骤进行会计处理。

第一步,确定同一控制下企业合并形成的长期股权投资的初始投资成本。在个别财务报表中,应当以持股比例计算的合并日应享有被合并方账面所有者权益份额作为该项投资的初始投资成本。

第二步,长期股权投资初始投资成本与合并对价账面价值之间差额的处理,即调整资本公积(资本溢价或股本溢价),资本公积不足冲减的,冲减留存收益。

第三步,合并日之前持有的股权投资,因采用权益法核算或金融工具确认和计量准则核算而确认的其他综合收益,暂不进行会计处理。

(2) 税法规定及税会差异

同一控制下控股合并形成的长期股权投资的计税基础与会计初始计量金额不同,计税基础按照合并方实际支付对价的公允价值及支付的增值税(销项税额或简易计税金额)确定,其中以非货币性资产作为对价的,应视同销售处理,相应地,合并方实际支付对价的公允价值应以非货币性资产的公允价为基础确定。

合并方发生的费用的税务处理与会计处理一致,即审计、评估等中介费用及其他相关管理费用,可在发生的当期据实扣除,支付给券商的股票承销费、佣金不得在税前扣除。

长期股权投资的计税基础与初始计量的差异在处置股权时做纳税调整。

3. 非同一控制下控股合并形成的长期股权投资初始计量的差异

(1) 会计规定

非同一控制下的企业合并以公允价值计量,可以确认损益。非同一控制下控股合并形成的长期股权投资的初始投资成本为合并对价或合并成本,合并成本为购买日购买方支付资产、承担债务、发行权益性证券的公允价值。其中:

合并成本 = 支付价款或付出资产(含税)的公允价值 + 发生或承担的负债的公允价值 + 发行的权益性证券的公允价值

①非同一控制下的企业合并以及合营、联营方式取得的长期股权投资,投出

资产为非货币性资产时,投出资产公允价值与其账面价值的差额应区分不同资产进行会计处理:合并对价为固定资产、无形资产的,公允价值与账面价值的差额,计入资产处置损益;合并对价为长期股权投资或金融资产的,公允价值与其账面价值的差额,计入投资收益;合并对价为存货的,应当作为销售处理,以其公允价值确认收入,同时结转相应的成本;合并对价为投资性房地产的,以其公允价值确认其他业务收入,同时结转其他业务成本。

②换出资产为长期股权投资的,还应将计入"其他综合收益"(可以转损益部分)、"资本公积——其他资本公积"科目金额对应部分转入"投资收益"科目;换出资产为以公允价值计量且其变动计入其他综合收益金融资产的,还应将原计入"其他综合收益"科目金额对应部分转入"投资收益"科目。

③为合并发生的相关费用的会计处理与同一控制下的企业合并相同,即非同一控制下的企业合并中,购买方为企业合并发生的审计、法律服务、评估咨询等中介费用,应当于发生时计入当期损益(管理费用)。购买方作为合并对价发行的权益性工具或债务性工具的交易费用,应当计入权益性工具的初始确认金额(依次冲减资本公积、盈余公积、未分配利润)或债务性工具的初始确认金额(应付债券——利息调整)。

④企业合并成本与合并中取得的被购买方可辨认净资产公允价值份额的差额,个别报表不做处理,合并报表正差列示为商誉,负差应计入合并当期损益(营业外收入)。

⑤多次交易分步实现非同一控制下企业合并的会计处理,具体按以下两种情况处理:

第一种情况,购买日之前持有的股权采用权益法核算的,应当按照原持有的股权投资的账面价值加上新增投资成本之和,作为改按成本法核算的初始投资成本。相关其他综合收益和其他所有者权益变动,暂不进行会计处理。

第二种情况,购买日之前持有的股权投资采用公允价值计量的,应当将按照原持有的股权投资的公允价值加上新增投资成本之和,作为改按成本法核算的初始投资成本。原持有股权的公允价值与账面价值之间的差额以及原计入其他综合收益的累计公允价值变动,应当全部转入改按成本法核算的当期投资收益。

(2)税法规定及税会差异

非同一控制下企业合并形成的长期股权投资的计税基础与个别财务报表初始计量金额一致,但下列情形除外:

①多次交易分步实现非同一控制下的企业合并,其长期股权投资计税基础按照原计税基础与追加投资计税基础之和确定,原计税基础与追加投资计税基础均按照为取得股权实际支付对价的公允价值确定。购买日之前持有的股权投资采用

公允价值计量的，会计上视同"先卖出，再买入"确认的投资收益，不确认应税所得，需做纳税调减处理。

②如果以非货币性资产（包括长期股权投资）作为对价按视同销售处理且适用递延纳税政策的，其取得长期股权投资的计税基础按照《财政部、国家税务总局关于企业重组业务企业所得税处理若干问题的通知》（财税〔2009〕59号）、《财政部、国家税务总局关于非货币性资产投资企业所得税政策问题的通知》（财税〔2014〕116号）、《财政部、国家税务总局关于完善股权激励和技术入股有关所得税政策的通知》（财税〔2016〕101号）执行。

3.5.2　长期股权投资后续计量成本法核算

投资方持有的对子公司投资应当采用成本法核算，投资方为投资性主体且子公司不纳入其合并财务报表的除外。

1. 会计规定

（1）追加投资后的账面价值

在追加投资时，按照追加投资支付的成本的公允价值及发生的相关交易费用增加长期股权投资的账面价值。

（2）现金股利或利润

被投资方宣告分派现金股利或利润的，投资方根据应享有的部分确认当期投资收益，不再划分是否属于投资前和投资后被投资方实现的净利润。

投资方按照上述规定确认自被投资方应分得的现金股利或利润后，应当考虑长期股权投资是否发生减值。在判断该类长期股权投资是否存在减值迹象时，应当关注长期股权投资的账面价值是否大于享有被投资方净资产（包括相关商誉）账面价值的份额等类似情况。

（3）转增股本

子公司将未分配利润或盈余公积直接转增股本（实收资本），且未向投资方提供等值现金股利或利润的选择权时，投资方并没有获得收取现金股利或者利润的权利，该类交易通常属于子公司自身权益结构的重分类，投资方不应确认相关的投资收益。

2. 税法规定及税会差异

（1）追加投资后的计税基础

企业在追加投资时应按照实际出资额的公允价值追加投资计税基础，税务处理与会计处理一致。

(2) 股息所得

被投资方宣告分配股息时，投资方确认股息所得。居民企业从直接投资的另一居民企业取得的股息，除持有上市公司股票不满 12 个月期间宣告分配的股息外，均可免征企业所得税。对于免税的股息，应将"投资收益"科目的金额做纳税调减处理。

居民企业从境外取得的股息所得按税法规定计算应纳税额，并允许按税法规定计算抵免境外已纳税款。年度企业所得税申报时，将"投资收益"科目的金额做纳税调减，同时计算境外所得应纳税额及抵免税额，填报纳税申报表。

(3) 转增股本

被投资方用留存收益转增股本（实收资本），投资方不做会计处理，税务上视同"先分配，再增资"，按股息所得进行税务处理的同时，允许追加投资计税基础。本期计提的长期股权投资减值准备不得在企业所得税税前扣除，企业也不因计提长期股权投资减值而调整计税基础。

3.5.3 长期股权投资后续计量权益法核算

权益法将投资企业与被投资企业作为一个整体对待，权益法区别于成本法的核算特点为：投资方以初始投资成本计量后，在投资持有期间根据投资企业享有被投资企业所有者权益份额的变动对长期股权投资的账面价值进行调整。

1. 会计规定

(1) "长期股权投资——投资成本"明细科目的核算

①长期股权投资的初始投资成本大于投资时，应享有被投资企业可辨认净资产公允价值份额，不调整长期股权投资的初始投资成本。

②长期股权投资的初始投资成本小于投资时，应享有被投资企业可辨认净资产公允价值份额的差额计入当期损益，同时调整长期股权投资的成本。

相关会计处理为：

借：长期股权投资——投资成本

　贷：营业外收入（差额）

投资方追加投资但仍采用权益法核算时，应当综合考虑与原持有投资和追加投资相关的商誉或计入损益的金额。

(2) "长期股权投资——损益调整"明细科目的核算

投资收益的确认应以取得投资时被投资企业可辨认净资产的公允价值为基础，即应按投资时被投资企业可辨认净资产的公允价值，调整被投资企业净利润后，再按权益法确认投资收益。

相关会计处理为：

借：长期股权投资——损益调整

  贷：投资收益（调整后净利润投资份额）

如果为净亏损，则做相反的会计分录。

如果投资方无法合理取得被投资方各项可辨认净资产等的公允价值，则按照账面净利润确认投资收益。在实务中，如果净利润无法调整或调整意义不大时，可以不调整。此外，由于被投资方的企业所得税是按照个别财务报表中资产的计税基础计算的，按可辨认净资产公允价值为基础计算净利润时，通常不涉及企业所得税的调整。

(3)"长期股权投资——其他综合收益"明细科目的核算

被投资企业其他综合收益发生变动的，投资企业应当按照归属于本企业的部分，相应调整长期股权投资的账面价值，同时增加或减少其他综合收益。

相关会计处理为：

借：长期股权投资——其他综合收益

  贷：其他综合收益

或做相反的会计分录。

投资方全部处置权益法核算的长期股权投资，原权益法核算的相关其他综合收益应当在终止采用权益法核算时全部计入投资收益；投资方部分处置权益法核算的长期股权投资，剩余股权仍采用权益法核算的，原权益法核算的相关其他综合收益按比例结转计入投资收益，但由于被投资方重新计量设定受益计划净负债或净资产变动而产生的其他综合收益除外。

(4)"长期股权投资——其他权益变动"明细科目的核算

①投资方应按所持股权比例计算应享有的份额，借记"长期股权投资——其他权益变动"科目，贷记"资本公积——其他资本公积"科目。投资方在后续处置股权投资但对剩余股权仍采用权益法核算时，应按处置比例将这部分资本公积转入当期投资收益；对剩余股权终止权益法核算时，应将这部分资本公积全部转入当期投资收益。

②如果在投资后被投资企业仅就所有者权益各项目做调整，并不影响所有者权益总额的变化，则长期股权投资账面价值保持不变。

2. 税法规定及税会差异

对于股权投资业务而言，持有股权期间只涉及股息、红利所得的税务处理。当被投资方宣告分配现金股利或用留存收益转增股本（实收资本）时，投资方按照股息、红利所得进行税务处理。投资计税基础＝初始投资计税基础＋追加投资计税基础（含被投资方用留存收益转增股本的份额）。

在权益法核算下，投资方涉及的纳税调整主要有以下四种：

第一种，初始投资成本小于被投资方可辨认净资产公允价值份额的金额，计入营业外收入，不确认所得，做纳税调减处理。

第二种，被投资方宣告分配股利或用留存收益转增股本，投资方需调增所得，符合免税条件的，再做纳税调减处理。

第三种，投资方按照被投资方实现的净利润或净亏损确认的投资收益，不确认所得或损失，需做纳税调整。

第四种，长期股权投资减值准备不得扣除，当期提取金额需做纳税调增处理。

3.5.4　长期股权投资的转换

会计方面，长期股权投资核算方法在成本法、权益法、公允价值计量之间转换，共有六种情形。税法方面，除股权处置需确认资产转让所得或损失外，持有投资资产的计税基础不因会计核算方法的转换而改变。

1. 公允价值计量转权益法

（1）会计规定

①权益法核算的初始投资成本按照原持有的股权投资的公允价值与新增投资成本（公允价值）之和确定。

②原持有的股权投资分类为以公允价值计量且其变动计入其他综合收益的金融资产的，其公允价值与账面价值之间的差额转入改按权益法核算的当期损益。

③原计入其他综合收益的累计公允价值变动应当转改按权益法核算的当期损益。

相关会计处理为：

借：长期股权投资——投资成本（原持有股权投资公允价值＋新增投资支付对价公允价值）

　　贷：其他权益工具投资（原持有的股权投资的账面价值）

　　　　投资收益（原持有的股权投资的公允价值与账面价值的差额）

　　　　银行存款等（新增投资应支付对价的公允价值）

借：其他综合收益（原计入其他综合收益的累计公允价值变动）

　　贷：投资收益（或做相反的会计分录）

比较上述计算所得的初始投资成本与按照追加投资后全新的持股比例计算确定的应享有被投资方在追加投资日可辨认净资产公允价值份额之间的差额：

前者大于后者的,不调整长期股权投资的账面价值;

前者小于后者的,差额应调整长期股权投资的账面价值,并计入当期营业外收入。

(2) 税会差异

公允价值计量与权益法转换,因股权投资未转让,故不确认所得,会计上确认的投资收益及营业外收入需做纳税调整处理,投资计税基础按照原有计税基础与新增投资计税基础之和确定。

2. 公允价值计量转成本法

(1) 同一控制下企业合并

1) 会计规定

按照被合并方所有者权益在最终控制方合并财务报表中的账面价值(包含商誉)的份额确定合并日长期股权投资的初始投资成本。

合并日长期股权投资的初始投资成本与达到合并前的金融资产账面价值加上合并日进一步取得股份新支付对价的账面价值之和的差额,调整资本公积(溢价),资本公积不足冲减的,冲减留存收益。

合并日之前持有股权投资,因采用金融工具确认和计量准则核算而确认的其他综合收益,暂不进行会计处理。

2) 税会差异

公允价值计量转换为成本法核算,会计上不涉及损益科目核算,税法上亦不确认所得,不涉及纳税调整。但是,长期股权投资的计税基础与会计初始成本不同,投资计税基础按照原有计税基础与新增投资计税基础之和确定,未来处置股权时,计税基础与账面价值的差额需做纳税调整处理。

(2) 非同一控制下企业合并

1) 会计规定

应当将股权投资的公允价值加上新增投资成本之和,作为改按成本法核算的初始投资成本。

原持有股权的公允价值与账面价值之间的差额以及原计入其他综合收益的累计公允价值变动,应当全部转入改按成本法核算的当期投资收益。

相关会计处理为:

借:长期股权投资(原持有的股权投资公允价值 + 新增投资公允价值)

贷:其他权益工具投资

银行存款等

投资收益(原持有股权的公允价值与账面价值之间的差额)

借：其他综合收益
  贷：投资收益
或做相反的会计分录。

2）税会差异

公允价值计量与成本法转换，因金融资产未转让，故不确认所得，会计上确认的投资收益需做纳税调整。长期股权投资的计税基础与会计初始成本也有所不同，投资计税基础按照原计税基础与新增计税基础之和确定。

3. 权益法核算转成本法

(1) 同一控制下企业合并

1）会计规定

按照购买日购买方支付资产、承担债务、发行权益性证券的公允价值确定长期股权投资的初始投资成本。

合并日长期股权投资的初始投资成本与达到合并前的长期股权投资账面价值加上合并日进一步取得股份新支付对价的账面价值之和的差额，调整资本公积（溢价），资本公积不足冲减的，冲减留存收益。

合并日之前持有的股权投资，因采用权益法核算而确认的其他综合收益，暂不进行会计处理。

2）税会差异

权益法核算转换为成本法核算，会计上不涉及损益，税法上因股权未转让，故不确认所得，不涉及纳税调整。

长期股权投资的计税基础按照原计税基础与新增计税基础之和确定，未来处置股权时，计税基础与账面价值的差额需做纳税调整。

(2) 非同一控制下企业合并

1）会计规定

应当将按照原股权投资的账面价值加上新增投资成本（公允价值）之和，作为改按成本法核算的初始投资成本。

相关会计处理为：

借：长期股权投资（原持有的股权投资账面价值＋新增投资公允价值）
  贷：长期股权投资——投资成本
      ——损益调整
      ——其他综合收益
      ——其他权益变动
    银行存款等

此外，购买日之前持有的股权采用权益法核算的，相关其他综合收益、其他资本公积不做会计处理，在实际处置该项投资时相应转入处置期间的当期损益。

2）税会差异

权益法核算转换为成本法核算，会计上不涉及损益，税法上因投资未转让，故不确认所得，不涉及纳税调整。

长期股权投资的计税基础按照原计税基础与追加投资计税基础之和确定，未来处置股权时，计税基础与账面价值的差额需做纳税调整。

4. 权益法核算转公允价值计量

（1）会计规定

①投资方因处置部分股权投资等原因丧失对被投资单位的共同控制或重大影响的，处置后的剩余股权应改按《企业会计准则第22号——金融工具确认和计量》的规定核算。

②剩余部分在丧失共同控制或重大影响之日的公允价值与账面价值之间的差额计入当期损益。

相关会计处理为：

借：银行存款

　　其他权益工具投资（原持有的股权投资的公允价值）

贷：长期股权投资（原持有的股权投资的账面价值）

　　投资收益（或在借方）

③原采用权益法核算的相关其他综合收益应当在终止采用权益法核算时转入投资收益，但由于被投资方重新计量设定受益计划净负债或净资产变动而产生的其他综合收益除外。

④因被投资方除净损益、其他综合收益和利润分配以外的其他所有者权益变动而确认的所有者权益，应当在终止采用权益法核算时全部转入当期损益。

相关会计处理为：

借：其他综合收益

　　资本公积——其他资本公积

贷：投资收益

或做相反的会计分录。

（2）税会差异

会计上视同全部处置长期股权投资，确认投资收益，再按照公允价值购买金融资产，而税法上按照实际处置的金额扣除处置部分股权的计税基础计算资产转让所得，资产转让所得与投资收益的差额做纳税调整处理。企业持有其他权益工具投资的计税基础与处置部分股权的计税基础按照比例划分。

5. 成本法核算转公允价值计量

(1) 会计规定

①因处置投资等原因导致对被投资方由能够实施控制转为公允价值计量的，首先应按处置投资的比例结转应终止确认的长期股权投资成本。

②在丧失控制权之日剩余股权的公允价值与账面价值之间的差额计入当期投资收益。

相关会计处理为：

借：银行存款
　　其他权益工具投资（公允价值）
　贷：长期股权投资（账面价值）
　　　投资收益

(2) 税会差异

会计上视同全部处置长期股权投资再按照公允价购买金融资产，而税法上按照实际处置的金额扣除处置部分股权的计税基础计算资产转让所得，资产转让所得与投资收益的差额做纳税调整处理。

剩余股权的账面初始成本与计税基础也有所不同，剩余股权的计税基础与处置部分股权的计税基础按比例对原计税基础划分确定。

6. 成本法核算转权益法核算

(1) 会计规定

①按处置或收回投资的比例结转应终止确认的长期股权投资成本。

②比较剩余长期股权投资的成本与按照剩余持股比例计算原投资时应享有被投资企业可辨认净资产公允价值的份额，前者大于后者的，属于投资作价中体现的商誉部分，不调整长期股权投资的账面价值；前者小于后者的，在调整长期股权投资成本的同时，调整留存收益。

相关会计处理为：

借：长期股权投资——投资成本
　贷：盈余公积
　　　利润分配——未分配利润

③对于原取得投资时至处置投资时被投资方实现净损益中投资方应享有的份额，应当调整长期股权投资的账面价值；同时，对于原取得投资时至处置投资当期期初被投资方实现的净损益（扣除已宣告发放的现金股利和利润）中投资方应

享有的份额,调整留存收益。

④对于处置投资当期期初至处置投资之日被投资方实现的净损益中享有的份额,调整当期损益;在被投资方其他综合收益变动中应享有的份额,在调整长期股权投资账面价值的同时,应当计入其他综合收益;除净损益、其他综合收益和利润分配以外的其他原因导致被投资方其他所有者权益变动中应享有的份额,在调整长期股权投资账面价值的同时,应当计入资本公积(其他资本公积)。

相关会计处理为:

借:长期股权投资——损益调整
　　　　　　　　——其他综合收益
　　　　　　　　——其他权益变动
　贷：盈余公积
　　　利润分配——未分配利润
　　　投资收益
　　　其他综合收益
　　　资本公积——其他资本公积

或做相反的会计分录。

(2) 税会差异

会计上视同全部处置长期股权投资,确认投资收益,再按照公允价值购买金融资产,而税法上按照实际处置的金额扣除处置部分股权的计税基础计算资产转让所得,资产转让所得与投资收益的差额做纳税调整处理。剩余股权的计税基础与处置股权的计税基础按比例划分。

3.5.5 长期股权投资的处置

长期股权投资的处置包括转让、撤资或减资、清算,会计处置损益与应纳税所得额计算的口径不同,两者差额需做纳税调整处理。

1. 会计规定

长期股权投资的处置应按账面价值结转,处置收入与账面价值的差额计入投资收益。处置权益法核算的长期股权投资时,其他综合收益、资本公积(其他资本公积)的处理如下:

一是投资方全部处置权益法核算的长期股权投资,原权益法核算的相关其他综合收益应当在终止采用权益法核算时采用与被投资方直接处置相关资产或负债相同的基础进行会计处理。

如果被投资方存在设定受益性质的离职后福利计划，其在每期期末按照职工薪酬准则的规定重新计量设定受益计划净负债或净资产导致的变动所形成的其他综合收益，投资方在权益法核算时按股权比例计算应享有或承担的部分，在后续处置投资或终止采用权益法核算时，投资方将这部分其他综合收益不允许转回全损益，但可以在权益范围内将原计入其他综合收益的部分全部结转至未分配利润。

除上述情况外，与长期股权投资权益法核算相关的其他综合收益在后续处置投资或终止采用权益法核算时，应当转入损益（投资收益）。

二是因被投资方除净损益、其他综合收益和利润分配以外的其他所有者权益变动而确认的所有者权益，应当在终止采用权益法核算时全部转入当期投资收益。

被投资方除净损益、其他综合收益和利润分配以外的所有者权益的其他变动的因素，主要包括被投资方接受其他股东的非货币性资本性投入、被投资方发行可分离交易的可转债中包含的权益成分、以权益结算的股份支付、其他股东对被投资方增资导致投资方持股比例变动等。投资方应按所持股权比例计算应享有的份额，调整长期股权投资的账面价值，同时计入资本公积（其他资本公积），并在备查簿中予以登记，投资方在后续处置股权投资但对剩余股权仍采用权益法核算时，应按处置比例将这部分资本公积转入当期投资收益；对剩余股权终止权益法核算时，将这部分资本公积全部转入当期投资收益。

三是投资方部分处置权益法核算的长期股权投资。

剩余股权仍采用权益法核算的，原权益法核算的相关其他综合收益应当采用与被投资方直接处置相关资产或负债相同的基础处理并按比例结转，因被投资方除净损益、其他综合收益和利润分配以外的其他所有者权益变动而确认的所有者权益，应当按比例转入当期投资收益。

终止采用权益法核算的，原权益法核算的相关其他综合收益应当在终止采用权益法核算时采用与被投资方直接处置相关资产或负债相同的基础进行会计处理。因被投资方除净损益、其他综合收益和利润分配以外的其他所有者权益变动而确认的所有者权益，应当在终止采用权益法核算时全部转入当期投资收益。

四是企业通过同一控制下企业合并取得的股权投资，其初始投资成本与合并对价之间的差额，应当调整资本公积；资本公积不足冲减的，调整留存收益。企业在以后期间将该股权投资处置给控股股东或其控制的子公司时，其账面价值与转让对价之间的差额，应当按照以上相反的顺序分别计入留存收益和资本公积。同时，对于处置后的剩余股权（如有），应当按其账面价值确认为长期股权投资或其他相关金融资产。处置后的剩余股权能够对原有子公司实施共同控制或重大影响的，按照成本法转权益法的规定进行会计处理。

2. 税法规定及税会差异

（1）股权转让

根据《国家税务总局关于贯彻落实企业所得税法若干税收问题的通知》（国税函〔2010〕79号）的规定，企业转让股权收入，应于转让协议生效且完成股权变更手续时，确认收入的实现。转让股权收入扣除为取得该股权所发生的成本后，为股权转让所得。企业在计算股权转让所得时，不得扣除被投资企业未分配利润等股东留存收益中按该项股权所可能分配的金额。其中：

股权转让所得＝股权转让收入－投资计税基础

（2）撤资或减资

《国家税务总局关于企业所得税若干问题的公告》（国家税务总局公告2011年第34号）规定，投资企业从被投资企业撤回或减少投资，其取得的资产中，相当于初始出资的部分，应确认为投资收回；相当于被投资企业累计未分配利润和累计盈余公积按减少实收资本比例计算的部分，应确认为股息所得；其余部分确认为投资资产转让所得。

（3）清算

《财政部、国家税务总局关于企业清算业务企业所得税处理若干问题的通知》（财税〔2009〕60号）规定，被清算企业的股东分得的剩余资产的金额，其中相当于被清算企业累计未分配利润和累计盈余公积中按该股东所占股份比例计算的部分，应确认为股息所得；剩余资产减除股息所得后的余额，超过或低于股东投资成本的部分，应确认为股东的投资转让所得或损失。

3.5.6 纳税调整

在权益法下，长期股权投资在持有阶段税会存在以下两项差异：

一是由于投资收益确认时间不一致导致的差异。会计上按照被投资方所有者权益的变化确认投资收益，而税法上则按照被投资方做出利润分配决定的时间确认投资收益的实现。对此，投资方需要填写《投资收益纳税调整明细表》（A105030），之后将该项差异转入《纳税调整项目明细表》（A105000）的第4行"（三）投资收益"。

二是根据税法的相关规定，符合条件的居民企业之间的股息、红利等权益性投资收益属于免税收入，因此税法要做纳税调减处理，该项差异属于永久性差异，一经形成便不会消失。投资方需要在企业实际做出利润分配决定时，填写《符合条件的居民企业之间的股息、红利等权益性投资收益优惠明细表》（A107011），体现该差异。

3.5.7 典型案例解析

【案例3-5】长期股权投资纳税调整及申报

A公司2018年7月从B公司购买C公司30%的股份，同时用银行存款支付B公司12 000万元，并办妥股权变更手续。A公司能够对C公司的生产经营施加重大影响，采用权益法核算对C公司的投资，C公司2018年6月30日的可辨认净资产的公允价值为50 000万元（假设C公司的可辨认净资产的公允价值与账面价值相等）。

2019年12月31日，C公司所有者权益总和为15 000万元，其中2019年实现的净损益为3 000万元。但C公司股东会尚未宣告分派股息、红利。

2020年5月10日，C公司股东会做出利润分配决策，分配1 250万元的利润，其中A公司可以获得375万元。2020年5月15日，A公司收到股息款。

【案例分析】（以下会计分录和计算的单位均为"万元"）

（1）A公司2018年7月从B公司购买C公司30%的股份

1）会计处理

本案例中，A公司应享有C公司可辨认净资产的公允价值的份额为15 000万元（50 000×30%）。

初始投资成本12 000万元小于应享有C公司可辨认净资产的公允价值的份额15 000万元，差额为3 000万元，因此A公司2018年7月对C公司投资时，应当进行的会计处理为：

借：长期股权投资——C公司（投资成本）　　12 000
　　贷：银行存款　　　　　　　　　　　　　　　12 000

借：长期股权投资——C公司（投资成本）　　3 000
　　贷：营业外收入　　　　　　　　　　　　　　3 000

2）税务处理

根据《企业所得税法实施条例》第五十四条的规定，企业的各项资产，包括固定资产、生物资产、无形资产、长期待摊费用、投资资产、存货等，以历史成本为计税基础。前款所称历史成本，是指企业取得该项资产时实际发生的支出。A公司对C公司投资确认的长期股权投资计税成本为12 000万元。

根据《会计准则第2号——长期股权投资》的规定，A公司对C公司投资确认的长期股权投资成本为15 000万元，根据《企业所得税法实施条例》第五十四条的规定，A公司对C公司投资确认的长期股权投资计税成本为12 000万元，形成税会差异 3 000 万元。A 公司需要填写《纳税调整项目明细表》(A105000) 进行调整。

3) 纳税申报

填报《纳税调整项目明细表》(A105000) 第 1 行第 4 列 3 000 万元，第 5 行第 4 列 3 000 万元，如表 3.11 所示。

表 3.11 《纳税调整项目明细表》(A105000)

单位：万元

行次	项目	账载金额 1	税收金额 2	调增金额 3	调减金额 4
1	一、收入类调整项目（2+3+…+8+10+11）	*	*		3 000
5	（四）按权益法核算长期股权投资对初始投资成本调整确认收益	*	*	*	3 000

(2) 2019 年，C 公司实现的净损益为 3 000 万元

1) 会计处理

公司应该按照被投资方净损益 3 000 万元的 30%，即 900 万元确认投资收益。

相关会计分录为：

借：长期股权投资——损益调整　　900
　　贷：投资收益　　　　　　　　　　900

2) 税务处理

在权益法下，长期股权投资在持有阶段税会存在因投资收益确认时间不一致导致的差异。会计上按照被投资方所有者权益的变化确认投资收益，而税法上则按照被投资方做出利润分配决定的时间确认投资收益的实现。对此，A 公司需要填写《投资收益纳税调整明细表》(A105030)，之后将该项差异转入《纳税调整项目明细表》(A105000) 的第 4 行"（三）投资收益"。

3) 纳税申报

填报《投资收益纳税调整明细表》(A105030) 第 6 行第 1 列 900 万元、第 2 列 0 元、第 3 列 -900 万元、第 11 列 -900 万元，如表 3.12 所示。

表 3.12 《投资收益纳税调整明细表》（A105030）

单位：万元

行次	项目	持有收益			处置收益							纳税调整金额
		账载金额	税收金额	纳税调整金额	会计确认的处置收入	税收计算的处置收入	处置投资的账面价值	处置投资的计税基础	会计确认的处置所得或损失	税收计算的处置所得	纳税调整金额	
		1	2	3 (2-1)	4	5	6	7	8 (4-6)	9 (5-7)	10 (9-8)	11 (3+10)
6	六、长期股权投资	900	0	-900								-900

填报《纳税调整项目明细表》（A105000）第1行第4列900万元，第4行第1列900万元、第2列0元、第4列900万元，如表3.13所示。

表 3.13 《纳税调整项目明细表》（A105000）

单位：万元

行次	项目	账载金额	税收金额	调增金额	调减金额
		1	2	3	4
1	一、收入类调整项目（2+3+…+8+10+11）	*	*		900
4	（三）投资收益（填写A105030）	900	0		900

（3）2020年5月10日，C公司做出利润分配决策

1）会计处理

C公司做出利润分配决策时，A公司的会计分录为：

借：应收股利　　　　　　　　　375

　　贷：长期股权投资——损益调整　　375

A公司收到股利时的会计分录为：

借：银行存款　　　　　　　　　375

　　贷：应收股利　　　　　　　　　375

2）税务处理

当C公司做出利润分配决策时，会计上无须再确认投资收益375万元，但是税法上需要确认375万元投资收益，因此需要纳税调增375万元。该项差异是由于投资收益的确认时间不一致导致的，需要填写《投资收益纳税调整明细表》

(A105030)，之后将该项差异转入《纳税调整项目明细表》(A105000)的第5行"(四)按权益法核算长期股权投资对初始投资成本调整确认收益"。同时，由于税法对于符合条件的股息、红利有免税待遇，因此A公司还需要填写《符合条件的居民企业之间的股息、红利等权益性投资收益优惠明细表》(A107011)。

3）纳税申报

填报《投资收益纳税调整明细表》(A105030)第6行第1列0元、第2列375万元、第3列375万元、第11列375万元，如表3.14所示。

表3.14 《投资收益纳税调整明细表》(A105030)

单位：万元

行次	项目	持有收益			处置收益						纳税调整金额
		账载金额	税收金额	纳税调整金额	会计确认的处置收入	税收计算的处置收入	处置投资的账面价值	处置投资的计税基础	会计确认的处置所得或损失	税收计算的处置所得	纳税调整金额	
		1	2	3 (2-1)	4	5	6	7	8 (4-6)	9 (5-7)	10 (9-8)	11 (3+10)
6	六、长期股权投资	0	375	375								375

填报《纳税调整项目明细表》(A105000)第1行第3列375万元，第4行第1列0元、第2列375万元、第3列375万元，如表3.15所示。

表3.15 《纳税调整项目明细表》(A105000)

单位：万元

行次	项目	账载金额	税收金额	调增金额	调减金额
		1	2	3	4
1	一、收入类调整项目(2+3+…+8+10+11)	*	*	375	
4	（三）投资收益（填写A105030）	0	375	375	

填报《符合条件的居民企业之间的股息、红利等权益性投资收益优惠明细表》(A107011)第1行第1列C公司、第3列直接投资、第4例3 000万元、第5列30%、第6列2020年5月10日、第7列375万元、第17列375万元，如表3.16所示。

第3章 投资篇 109

表3.16 《符合条件的居民企业之间的股息、红利等权益性投资收益优惠明细表》(A107011)

单位：万元

行次	被投资企业	被投资企业统一社会信用代码（纳税人识别号）	投资性质	投资成本	投资比例	被投资企业利润分配确认金额		被投资企业清算确认金额			撤回或减少投资确认金额				合计
						被投资企业做出利润分配或转股决定时间	依决定归属于本公司的股息、红利等权益性投资收益金额	分得的被投资企业清算剩余资产	被清算企业累计未分配利润和累计盈余公积应享有部分	应确认的股息所得金额	从被投资企业撤回或减少投资取得的资产	收回初始投资成本	取得资产中超过初始投资成本部分回收	撤回或减少投资应享有被投资企业累计未分配利润和累计盈余公积	应确认的股息所得	
	1	2	3	4	5	6	7	8	9	10 (8与9孰小)	11	12	13 (4×12)	14 (11-13)	15	16 (14与15孰小)	17 (7+10+16)
1	C公司		直接投资	3 000	30%	2020年5月10日	375										375

3.5.8 综合自测

【问题】 如何计算股权转让所得？

甲公司与乙公司共同出资设立丙公司，甲公司持股23%。最近，因对丙公司新上投资项目意见不统一，经协商，甲公司将所持丙公司全部股权转让给丁公司。该长期股权投资账面价值为168万元，其中成本为139万元，损益调整为29万元。甲公司取得转让收入180万元。甲公司按股权转让所得12万元计提企业所得税，请问上述股权转让所得计算正确吗？

【分析】

根据会计准则的规定，甲公司对丙公司持股具有重大影响，对该长期股权投资应采取权益法核算，其账面价值包含两部分：一部分是初始投资成本，该项初始投资成本等于投资时应享有丙公司可辨认净资产公允价值份额；另一部分是按照应享有丙公司实现的净损益的份额，确认投资损益并调整该投资的账面价值。

根据《企业所得税法实施条例》第七十一条的规定，企业在转让或者处置投资资产时，投资资产的成本，准予扣除。投资资产按照以下方法确定成本：通过支付现金方式取得的投资资产，以购买价款为成本；通过支付现金以外的方式取得的投资资产，以该资产的公允价值和支付的相关税费为成本。该项投资的计税基础仅指购买价款，不包含该投资的损益调整部分。鉴于此，甲公司对丙公司股权的取得成本为139万元。

《国家税务总局关于贯彻落实企业所得税法若干税收问题的通知》（国税函〔2010〕79号）对股权转让进一步明确，转让股权收入扣除为取得该股权所发生的成本后，为股权转让所得。企业在计算股权转让所得时，不得扣除被投资企业未分配利润等股东留存收益中按该项股权所可能分配的金额。

【解答】

甲公司对丙公司股权的取得成本为139万元，股权转让收入为180万元，因此，股权转让所得=180-139=41（万元）。

第4章

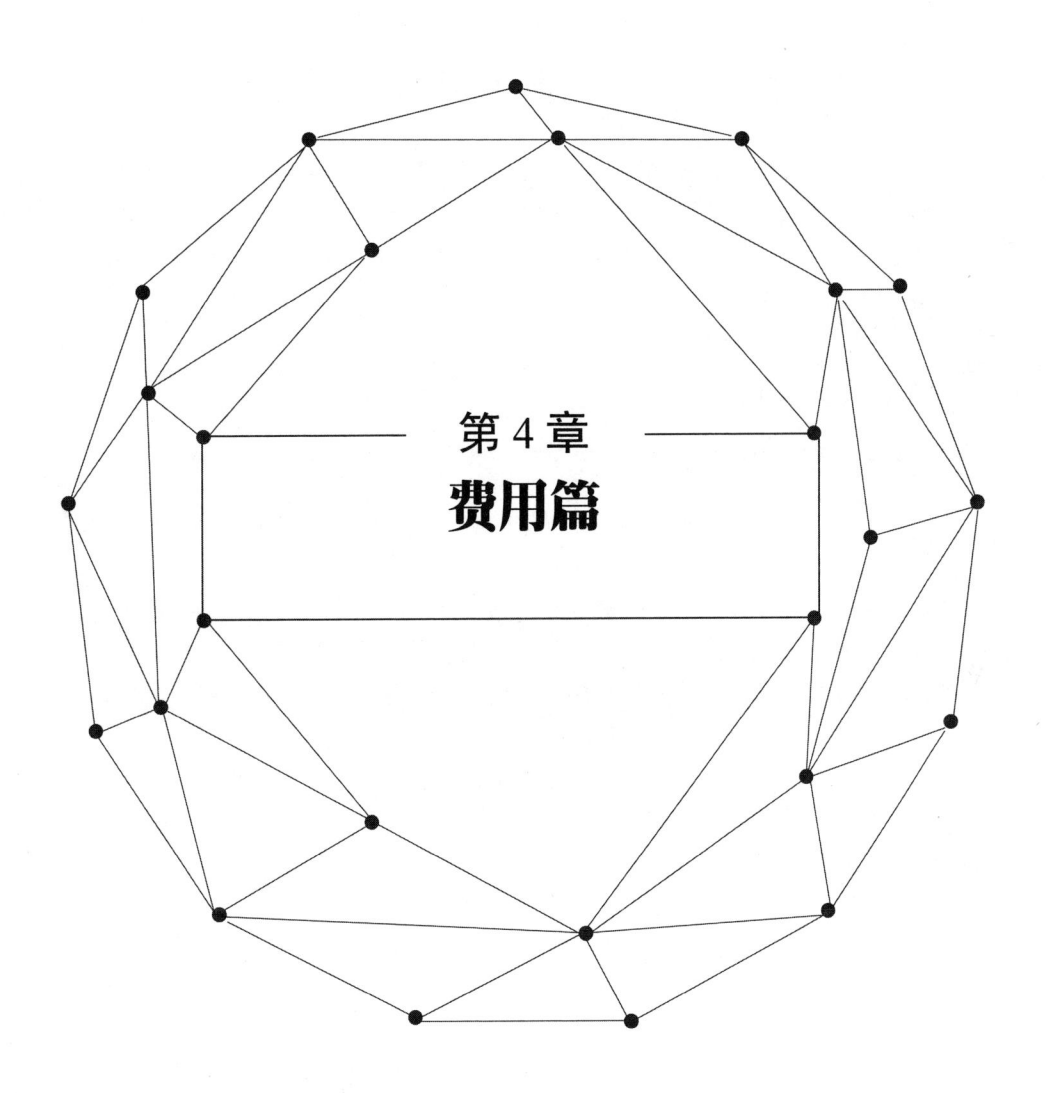

费用篇

4.1 人工费用

税法中的人工费用，包括职工薪酬、三项经费（职工福利费、职工教育经费和福利费）及保险费。上述内容相对应的会计准则是《企业会计准则第9号——职工薪酬准则》（以下简称《职工薪酬准则》）。本节将重点分析人工费用的税会差异及纳税调整。

4.1.1 会计规定

1. 职工薪酬的内容

职工薪酬，是指企业为获得职工提供的服务或解除劳动关系而给予的各种形式的报酬或补偿。其中，职工是指与企业订立劳动合同的所有人员，含全职、兼职和临时职工，也包括虽未与企业订立劳动合同但由企业正式任命的人员。未与企业订立劳动合同或未由其正式任命，但向企业所提供服务与职工所提供服务类似的人员，也属于职工的范畴，包括通过企业与劳务代理公司签订用工合同而向企业提供服务的人员。

从内容来看，职工薪酬包括短期薪酬、离职后福利、辞退福利和其他长期职工福利。企业提供给职工配偶、子女、受赡养人、已故员工遗属及其他受益人等的福利，也属于职工薪酬。

（1）短期薪酬

短期薪酬，是指企业在职工提供相关服务的年度报告期间结束后12个月内需要全部予以支付的职工薪酬，因解除与职工的劳动关系给予的补偿除外。短期薪酬具体包括职工工资、奖金、津贴和补贴，职工福利费、医疗保险费、工伤保险费和生育保险费等社会保险费，住房公积金，工会经费和职工教育经费，短期带薪缺勤，短期利润分享计划，非货币性福利及其他短期薪酬。

（2）离职后福利

离职后福利，是指企业为获得职工提供的服务而在职工退休或与企业解除劳动关系后，提供的各种形式的报酬和福利，短期薪酬和辞退福利除外。

(3) 辞退福利

辞退福利，是指企业在职工劳动合同到期之前解除与职工的劳动关系，或者为鼓励职工自愿接受裁减而给予职工的补偿。

(4) 其他长期职工福利

其他长期职工福利，是指除短期薪酬、离职后福利、辞退福利之外所有的职工薪酬，包括长期带薪缺勤、长期残疾福利、长期利润分享计划等。

2. 职工薪酬的确认和计量

(1) 短期薪酬的会计处理

企业应当在职工为其提供服务的会计期间，将实际发生的短期薪酬确认为负债，并计入当期损益，其他会计准则要求或允许计入资产成本的除外。

1) 职工福利费

企业发生的职工福利费，应当在实际发生时根据实际发生额计入当期损益或相关资产成本。职工福利费为非货币性福利的，应当按照公允价值计量。企业将拥有的房屋等资产无偿提供给职工使用的，应当根据受益对象，将该住房每期应计提的折旧计入相关资产成本或当期损益，同时确认应付职工薪酬。租赁住房等资产供职工无偿使用的，应当根据受益对象，将每期应付的租金计入相关资产成本或当期损益，并确认应付职工薪酬。难以认定受益对象的非货币性福利，直接计入当期损益和应付职工薪酬。

2) 三险一金等费用

企业为职工缴纳的医疗保险费、工伤保险费、生育保险费等社会保险费和住房公积金，以及按规定提取的工会经费和职工教育经费，应当在职工为其提供服务的会计期间，根据规定的计提基础和计提比例计算确定相应的职工薪酬金额，并确认相应负债，计入当期损益或相关资产成本。

3) 带薪缺勤

带薪缺勤分为累积带薪缺勤和非累积带薪缺勤。累积带薪缺勤，是指带薪缺勤权利可以结转下期的带薪缺勤，本期尚未用完的带薪缺勤权利可以在未来期间使用。企业应当在职工提供服务从而增加了其未来享有的带薪缺勤权利时，确认与累积带薪缺勤相关的职工薪酬，并以累积未行使权利而增加的预期支付金额计量。

非累积带薪缺勤，是指带薪缺勤权利不能结转下期的带薪缺勤，本期尚未用完的带薪缺勤权利将予以取消，并且职工离开企业时也无权获得现金支付。企业应当在职工实际发生缺勤的会计期间确认与非累积带薪缺勤相关的职工薪酬。

4) 利润分享计划

利润分享计划同时满足下列条件的，企业应当确认相关的应付职工薪酬：

第一，企业因过去事项导致现在具有支付职工薪酬的法定义务或推定义务。

第二，因利润分享计划所产生的应付职工薪酬义务金额能够可靠估计。属于下列三种情形之一的，视为义务金额能够可靠估计：一是在财务报告批准报出之前企业已确定应支付的薪酬金额；二是该短期利润分享计划的正式条款中包括确定薪酬金额的方式；三是过去的惯例为企业确定推定义务金额提供了明显证据。

职工只有在企业工作一段特定期间才能分享利润的，企业在计量利润分享计划产生的应付职工薪酬时，应当反映职工因离职而无法享受利润分享计划福利的可能性。如果企业在职工为其提供相关服务的年度报告期间结束后12个月内，不需要全部支付利润分享计划产生的应付职工薪酬，该利润分享计划应作为其他长期职工福利处理。

(2) 离职后福利的会计处理

企业应当将离职后福利计划分类为设定提存计划和设定受益计划，并做不同的会计处理。离职后福利计划，是指企业与职工就离职后福利达成的协议，或者企业为向职工提供离职后福利制定的规章或办法等。

设定提存计划，是指向独立的基金缴存固定费用后，企业不再承担进一步支付义务的离职后福利计划，如社会养老保险。企业应当在职工为其提供服务的会计期间，将根据设定提存计划计算的应缴存金额确认为负债，并计入当期损益或相关资产成本。根据设定提存计划，预期不会在职工提供相关服务的年度报告期结束后12个月内支付全部应缴存金额的，企业应当将全部应缴存金额以折现后的金额计量应付职工薪酬。

设定受益计划，是指除设定提存计划以外的离职后福利计划，如企业年金。

(3) 辞退福利的会计处理

①辞退福利是在职工劳动合同尚未到期前，企业决定解除与职工的劳动关系而给予的补偿，或者为鼓励职工自愿接受裁减而给予的补偿。企业应当按照辞退计划条款的规定，合理预计并确认辞退福利产生的应付职工薪酬。辞退福利必须同时满足下列两个条件，才能确认预计负债：第一，企业已经制定正式的解除劳动关系计划或提出自愿裁减建议，并即将实施；第二，企业不能单方面撤回解除劳动关系计划或裁减建议。

②企业如有实施的职工内部退休计划，虽然职工未与企业解除劳动关系，但由于这部分职工未来不能给企业带来经济利益，企业承诺提供实质上类似于辞退福利的补偿，符合上述辞退福利计划确认预计负债条件的，比照辞退福利处理。企业应当将自职工停止提供服务日至正常退休日的期间拟支付的内退人员工资和缴纳的社会保险费等，确认为应付职工薪酬（辞退福利），不得在职工内退后各期分期确认因支付内退职工工资和为其缴纳社会保险费而产生的义务。

③辞退工作在一年内实施完毕、补偿款项超过一年支付的辞退计划（含内退计划），企业应当选择恰当的折现率，以折现后的金额进行计量，计入当期管理费用。折现后的金额与实际应支付的辞退福利的差额，作为未确认融资费用，在以后各期实际支付辞退福利款项时计入财务费用。应付辞退福利款项与其折现后金额相差不大的，也可不予折现。

4.1.2 税法规定及税会差异

1. 工资薪金

根据《企业所得税法实施条例》第三十四条的规定，工资薪金，是指企业每一纳税年度支付给在本企业任职或者受雇的员工的所有现金形式或者非现金形式的劳动报酬，包括基本工资、奖金、津贴、补贴、年终加薪、加班工资，以及与员工任职或者受雇有关的其他支出。下文将从工资薪金支出的对象、核算范围等方面分析税法规定及税会差异。

2. 工资薪金支出的对象

（1）税法规定

工资薪金支出的对象是在本单位任职或受雇的员工。

根据《国家税务总局关于企业所得税应纳税所得额若干税务处理问题的公告》（国家税务总局公告2012年第15号）的规定，除一般用工外，企业员工也包括季节工、临时工、实习生、返聘离退休人员。

需要注意的是，企业雇员与独立劳务相区别，员工受到单位的支配管理，并对其劳动时间而非劳动成果负责。雇员取得的工资薪金不征增值税，应采用自制内部凭证处理。企业接受外单位（单位外）个人提供的独立劳务，属于增值税的征收范围，根据《企业所得税税前扣除凭证管理办法》（国家税务总局公告2018年第28号）的规定，金额未超过起征点的，可采用内部凭证处理。否则，需要凭税务机关开具的发票入账。

关于劳务派遣用工问题，根据《国家税务总局关于企业工资薪金和职工福利费等支出税前扣除问题的公告》（国家税务总局公告2015年第34号）的规定，企业接受外部劳务派遣用工所实际发生的费用，应分两种情况按规定在税前扣除：按照协议（合同）约定直接支付给劳务派遣公司的费用，应作为劳务费支出；直接支付给员工个人的费用，应作为工资薪金支出和职工福利费支出。其中，属于工资薪金支出的费用，准予计入企业工资薪金总额的基数，作为计算其他各项相关费用扣除的依据。

（2）税会差异

税法强调在本单位任职或受雇的员工，其中"任职"一般指的是企业的法人代表，"受雇"指的是同时符合下列条件的雇佣关系：一是受雇人员与单位签订劳动合同协议，存在雇佣关系；二是受雇人员因事假、病假、休假等原因不能正常出勤时，仍享受固定或基本工资收入；三是受雇人员与单位其他正式职工享受同等福利、社保、培训及其他待遇；四是受雇人员的职务晋升、职称评定等由雇佣单位负责组织。

会计确认的职工有三种类型：一是与企业订立劳动合同的所有人员；二是未与企业订立劳动合同，但由企业正式任命的人员；三是在企业的计划和控制下，虽未与企业订立劳动合同或未由其正式任命，但为其提供与职工类似服务的人员，如劳务派遣人员。税会差异主要集中在此类人员上，对于劳务派遣人员的工资，根据《国家税务总局关于企业工资薪金和职工福利费等支出税前扣除问题的公告》（国家税务总局公告2015年第34号）的规定，直接支付给劳务派遣公司的费用，应作为劳务费支出；直接支付给员工个人的费用，应作为工资薪金支出和职工福利费支出。

3. 工资薪金核算范围

（1）工资薪金支出的差异

①根据《职工薪酬准则》的规定，凡是企业为获得职工提供的服务所给予或付出的所有代价（对价），均构成职工薪酬，如职工福利支出、工会经费、教育经费、住房公积金、各种保险费、支付给职工配偶或子女的支出，这些属于会计确认的职工薪酬，但是不属于税法标准下的职工薪酬概念。

上述规定从薪酬的实质出发，强调支付职工薪酬的合理性。

②税法规定则从薪酬的形式出发，强调支付职工薪酬的合法性，且必须实际支付后才能税前扣除。相关依据为：

《国家税务总局关于企业工资薪金及职工福利费扣除问题的通知》（国税函〔2009〕3号）规定："《企业所得税法实施条例》第三十四条所称的'合理工资薪金'，是指企业按照股东大会、董事会、薪酬委员会或相关管理机构制定的工资薪金制度规定实际发放给员工的工资薪金。税务机关在对工资薪金进行合理性确认时，可按以下原则掌握：

"（一）企业制定了较为规范的员工工资薪金制度；

"（二）企业所制定的工资薪金制度符合行业及地区水平；

"（三）企业在一定时期所发放的工资薪金是相对固定的，工资薪金的调整是有序进行的；

"（四）企业对实际发放的工资薪金，已依法履行了代扣代缴个人所得税义务；

"（五）有关工资薪金的安排，不以减少或逃避税款为目的。"

实际发放是指收付实现制，并且根据《国家税务总局关于企业工资薪金和职工福利费等支出税前扣除问题的公告》（国家税务总局公告 2015 年第 34 号）的规定，已预提汇缴年度工资薪金，只要企业在年度汇算清缴结束前向员工实际支付，准予在汇缴年度按规定扣除；在汇算清缴前未实际发放的，一律做纳税调整。

(2) 职工福利费的差异

1) 会计规定

根据《关于企业加强职工福利费财务管理的通知》（财企〔2009〕242 号）的规定，企业为职工提供的交通、住房、通信待遇，已经实行货币化改革的，分月按标准发放或支付的住房补贴、交通补贴或者车改补贴、通信补贴，应当纳入职工工资总额，不再纳入职工福利费管理。

2) 税法规定

根据《国家税务总局关于企业工资薪金和职工福利费等支出税前扣除问题的公告》（国家税务总局公告 2015 年第 34 号）的规定，列入企业员工工资薪金制度、固定与工资薪金一起发放的福利性补贴，符合《国家税务总局关于企业工资薪金及职工福利费扣除问题的通知》（国税函〔2009〕3 号）第一条规定的，可作为企业发生的工资薪金支出，按规定在税前扣除，否则应作为职工福利费，按规定计算限额税前扣除。

根据上述规定，国税函〔2009〕3 号文件规定的为职工卫生保健、生活、住房、交通等所发放的各项补贴，财务上作为工资发放的，应列入工资总额计算扣除。

《企业所得税法实施条例》第四十条规定，企业发生的职工福利费支出，不超过工资薪金总额 14% 的部分，准予扣除。这里的"工资薪金总额"，是指工资薪金总额全年实际支出数。

3) 税会差异

职工福利费包括的内容，会计与税法的规定基本一致，但是个别内容存在差异。

比如，为职工发放的交通、住房、通信补贴等支出，按照税法的规定，属于工资薪金支出。按照会计规定要区别对待：已经实行货币化改革的，分月按标准发放或支付的住房补贴、交通补贴或者车改补贴、通信补贴，应当纳入职工工资总额，不再纳入职工福利费管理；尚未实行货币化改革的，企业发生的相关支出作为职工福利费管理。

(3) 工会经费的差异

1) 会计规定

根据会计准则的规定，工会经费仍实行计提、划拨办法，即财务上按照计提工资总额的2%计提工会经费。根据《关于企业职工教育经费提取与使用管理的意见》（财建〔2006〕317号）的规定，计提工会经费和职工教育经费的基数，是工资总额中的计时工资、计件工资、奖金、津贴补贴、加班加点工资、特殊情况下支付的工资，即"应付职工薪酬——工资、奖金、津贴和补贴"科目的贷方累计发生额。

相关会计处理为：

借：成本费用类科目

　　贷：应付职工薪酬——工会经费

2）税法规定

根据《企业所得税法实施条例》第四十一条的规定，企业拨缴的工会经费，不超过工资薪金总额2%的部分，准予扣除。也就是说，企业拨缴的工会经费，不得超过税法口径的工资薪金实际发放数的2%，超过部分不得扣除。

根据《国家税务总局关于工会经费企业所得税税前扣除凭据问题的公告》（国家税务总局公告2010年第24号）和《国家税务总局关于税务机关代收工会经费企业所得税税前扣除凭据问题的公告》（国家税务总局公告2011年第30号）的规定，企业凭工会组织开具的"工会经费收入专用收据"在企业所得税税前扣除。在委托税务机关代收工会经费的地区，企业拨缴的工会经费，也可凭合法、有效的工会经费代收凭据依法在税前扣除。

3）税会差异

工会经费的提取比例税会没有差异，差异主要体现在期末是否实际支付。

税法实行收付实现制，强调必须实际拨缴，即必须依据合法、有效的凭证才能够税前扣除，包括工会组织开具的"工会经费收入专用收据"和委托税务机关代收工会经费的代收凭据。

会计依据权责发生制，工会经费在计提时即计入资产成本或当期损益，不考虑是否实际向工会组织上缴。

(4) 职工教育经费的差异

1）会计规定

根据会计准则的规定，职工教育经费仍实行计提使用办法。计提基数的口径与工会经费一致，从2008年1月1日起，可按2.5%的比例计提。

企业职工教育经费列支范围包括：上岗和转岗培训；各类岗位适应性培训；岗位培训、职业技术等级培训、高技能人才培训；专业技术人员继续教育；特种作业人员培训；企业组织的职工外送培训的经费支出；职工参加的职业技能鉴定、职业资格认证等经费支出；购置教学设备与设施；职工岗位自学成才奖励费用；职工教育培训管理费用；有关职工教育的其他开支。

2) 税法规定

《企业所得税法实施条例》第四十二条规定，除国务院财政、税务主管部门另有规定外，企业发生的职工教育经费支出，不超过工资薪金总额 2.5% 的部分，准予扣除；超过部分，准予在以后纳税年度结转扣除。

根据《财政部、税务总局关于企业职工教育经费税前扣除政策的通知》（财税〔2018〕51号）的规定，自 2018 年 1 月 1 日起，企业发生的职工教育经费支出，不超过工资薪金总额 8% 的部分，准予在计算企业所得税应纳税所得额时扣除；超过部分，准予在以后纳税年度结转扣除。

3) 税会差异

在是否要求实际支付方面：税法依据收付实现制原则，只有实际支付的职工教育经费才可以税前扣除；会计遵循权责发生制原则，要求企业按照工资的一定比例按期计提职工教育经费，并计入相关资产成本或者费用账户，不考虑计提的职工教育经费是否实际支付。

在扣除比例方面：税法自 2018 年 1 月 1 日起，将职工教育经费的扣除比例由工资薪金总额的 2.5% 提升至 8%；而会计准则从 2008 年 1 月 1 日起，一直按 2.5% 的比例计提。

(5) 五险一金的差异

1) 会计规定

根据会计准则的规定，五险一金即医疗保险费、养老保险费、失业保险费、工伤保险费、生育保险费和住房公积金。企业应当按照国务院、所在地政府或企业年金计划规定的标准，计量应付职工薪酬义务和应计入成本费用的薪酬金额。

2) 税法规定

《企业所得税法实施条例》第三十五条第一款规定，企业依照国务院有关主管部门或者省级人民政府规定的范围和标准为职工缴纳的基本养老保险费、基本医疗保险费、失业保险费、工伤保险费、生育保险费等基本社会保险费和住房公积金，准予扣除。

根据《财政部、国家税务总局关于补充养老保险费、补充医疗保险费有关企业所得税政策问题的通知》（财税〔2009〕27号）的规定，企业根据国家有关政策规定，为在本企业任职或者受雇的全体员工支付的补充养老保险费、补充医疗保险费，分别在不超过职工工资总额 5% 标准内的部分，在计算应纳税所得额时准予扣除；超过的部分，不予扣除。超过标准的部分本期及以后年度均不得扣除，本期提而未缴的不得扣除，提取数未超过税法规定的标准，允许在实际缴纳的年度扣除。

3）税会差异

税法规定，只有根据国务院有关主管部门或省级人民政府规定的范围为职工缴纳的"五险一金"、补充养老保险和补充医疗保险在不超过职工工资总额5%标准内的部分，可以税前扣除，商业保险不能税前扣除。而会计准则允许企业按照国务院、所在地政府或企业年金计划规定的标准，将"五险一金"计入相关资产成本或当期损益。

(6) 商业保险费的差异

1）会计规定

根据《职工薪酬准则》第七条的规定，企业为职工缴纳的医疗保险费、工伤保险费、生育保险费等社会保险费和住房公积金，以及按规定提取的工会经费和职工教育经费，应当在职工为其提供服务的会计期间，根据规定的计提基础和计提比例计算确定相应的职工薪酬金额，并确认相应负债，计入当期损益或相关资产成本。

2）税法规定

《企业所得税法实施条例》第三十六条规定，为特殊工种职工支付的人身安全保险费可以据实扣除。特殊工种人员是指《中华人民共和国建筑法》《中华人民共和国煤炭法》等法律规定的高空作业、井下挖掘、海底勘探、远洋捕捞等高危作业人员。

《企业所得税法实施条例》第三十六条规定，除企业依照国家有关规定为特殊工种职工支付的人身安全保险费和国务院财政、税务主管部门规定可以扣除的其他商业保险费外，企业为投资者或者职工支付的商业保险费，不得扣除。

《国家税务总局关于单位为员工支付有关保险缴纳个人所得税问题的批复》（国税函〔2005〕318号）规定，依据《中华人民共和国个人所得税法》及有关规定，对企业为员工支付各项免税之外的保险金，应在企业向保险公司缴付时（该保险落到被保险人的保险账户）并入员工当期的工资收入，按"工资、薪金所得"项目计征个人所得税，税款由企业负责代扣代缴。对于职工出差而购买的人身意外险支出，根据《国家税务总局关于企业所得税有关问题的公告》（国家税务总局公告2016年第80号）的规定，准予扣除。

3）税会差异

会计允许企业根据需要为职工购买商业保险，并允许全额计入相关资产成本或当期损益。税法仅允许职工缴纳的"五险一金"及补充养老保险和补充医疗保险在税前扣除，商业保险不能税前扣除。

此外，企业以工资薪金的名义列支职工的商业保险，可以视同工资薪金在税前扣除，但需并入个人工资薪金所得总额计征个人所得税。企业为个人股东支付的任何商业保险均不得扣除。

(7) 辞退福利的差异

辞退福利属于会计准则中职工薪酬核算的范围，但不属于税法中规定的工资薪金范畴。

会计准则从资产负债表的角度出发，按照权责发生制原则，规定当辞退计划满足会计准则规定的预计负债确认条件时，应当确认一项预计负债。由于职工被辞退后不再为企业带来经济利益，所以辞退福利均应于满足确认条件时，计入当期费用。

根据《企业所得税法》第八条的规定，企业实际发生的与取得收入有关的、合理的支出，包括成本、费用、税金、损失和其他支出，准予在计算应纳税所得额时扣除。企业与职工解除劳动合同而支付的合理的补偿费，属于与生产经营有关的必要而合理的支出，在实际发生时允许据实扣除。本期提而未付的金额，属于会计上的预计负债，不得在本期扣除。实际支付时，做纳税调减处理。

4.1.3 纳税调整

1. 职工薪酬

如果是不合理的工资薪酬，税法不允许税前扣除，直接做纳税调增处理；如果是汇算清缴时未实际支付的工资薪酬，会计确认当期费用先做纳税调增处理，以后实际支付时再做纳税调减处理。

2. 职工福利费

如果不属于税法规定的职工福利费支出范畴，税法不允许税前扣除，直接全额做纳税调增处理；如果超过税法规定的扣除限额，超过限额部分做纳税调增处理。

3. 职工教育经费

当期实际支付额未超过税法规定的扣除限额时，按实际支付额扣除；当期实际支付额超过税法规定的扣除限额时，按扣除限额扣除，超过部分递延到以后年度结转扣除。会计本期计提数与税法允许本期扣除金额之差，即本期纳税调整额。

4. 工会经费

当期实际支付额未超过税法规定的扣除限额时，按实际支付额扣除；当期实际支付额超过税法规定的扣除限额时，按扣除限额扣除。会计本期计提数与税法允许本期扣除金额之差，即本期纳税调整额。

5. 保险费

当期实际支付的保险费金额未超过税法规定的扣除限额时，按实际支付额扣除；当期实际支付金额超过税法规定的扣除限额时，按扣除限额扣除。会计本期确认金额与税法允许本期扣除金额之差，即本期纳税调整金额。

6. 纳税申报

企业应填报《职工薪酬纳税调整明细表》（A105050）、《纳税调整项目明细表》（A105000）和《中华人民共和国企业所得税年度纳税申报表（A类）》（A100000）。

4.1.4 典型案例解析

【案例4-1】工资及三项经费纳税调整及申报

某公司2020年所发生的职工薪酬及三项经费均符合税法规定的支出范围，并取得相应的扣除凭证。其中：工资薪酬计提1 200万元，全年实际发放1 000万元；职工福利费计提210万元，全年实际支付200万元；职工教育经费计提90万元，全年实际支付80万元；工会经费计提16万元，全年实际支付15万元。请分析2020年该公司纳税申报时，关于应付职工薪酬的纳税调整及申报情况。

【案例分析】（以下会计分录和计算的单位均为"万元"）

（1）会计处理

该公司的职工薪酬及三项经费的会计账载金额=1 200+210+90+16=1 516（万元）

（2）税务处理

职工薪酬的允许税前列支的金额为实际发放额1 000万元，需要纳税调增应纳税所得额=1 200-1 000=200（万元）。

职工福利费的允许税前列支的限额=1 000×14%=140（万元），应在税前实际列支的金额为140万元，需要纳税调增应纳税所得额=210-140=70（万元）。

职工教育经费的允许税前列支的限额=1 000×8%=80（万元），应在税前实际列支的金额为80万元，需要纳税调增应纳税所得额=90-80=10（万元）。

职工工会经费的允许税前列支的限额=1 000×2%=20（万元），应在税前实际列支的金额为15万元（由于实际支付额15万元小于限额20万元，因此按照实际支付额15万元在税前列支），需要纳税调增应纳税所得额=16-15=1（万元）。

（3）纳税申报

填报《职工薪酬纳税调整明细表》（A105050）第1行第1列1 200万元、第2列1 000万元、第5列1 000万元、第6列200万元，第3行第1列210万元、第2列200万元、第3列14%、第5列140万元、第6列70万元，第4行第1列90

万元、第2列80万元、第3列8%、第4列0元、第5列80万元、第6列10万元、第7列0元，第5行第1列90万元、第2列80万元、第3列8%、第4列0元、第5列80万元、第6列10万元、第7列0元，第7行第1列16万元、第2列15万元、第3列2%、第5列15万元、第6列1万元，如表4.1所示。

表4.1 《职工薪酬纳税调整明细表》（A105050）

单位：万元

行次	项目	账载金额	实际发生额	税收规定扣除率	以前年度累计结转扣除额	税收金额	纳税调整金额	累计结转以后年度扣除额
		1	2	3	4	5	6 (1-5)	7 (1+4-5)
1	一、工资薪金支出	1 200	1 000	*	*	1 000	200	*
3	二、职工福利费支出	210	200	14%	*	140	70	*
4	三、职工教育经费支出	90	80	8%	0	80	10	0
5	其中：按税收规定比例扣除的职工教育经费	90	80	8%	0	80	10	0
7	四、工会经费支出	16	15	2%	*	15	1	*

注：虽然企业计提的教育经费为90元，但是实际支付80元，而且这80元已经在税前全部列支了，因此不需要结转到以后年度，即第4行第7列和第5行第7列均填报0元。

填报《纳税调整项目明细表》（A105000）第14行第1列1 516万元、第2列1 235万元、第3列281万元，如表4.2所示。

表4.2 《纳税调整项目明细表》（A105000）

单位：万元

行次	项目	账载金额	税收金额	调增金额	调减金额
		1	2	3	4
12	二、扣除类调整项目（13+14+…+24+26+27+28+29+30）	*	*		
14	（二）职工薪酬（填写A105050）	1 516	1 235	281	

填报《中华人民共和国企业所得税年度纳税申报表（A类）》（A100000）第15行281万元，如表4.3所示。

表4.3 《中华人民共和国企业所得税年度纳税申报表（A类）》（A100000）

单位：万元

行次	类别	项目	金额
13		三、利润总额（10+11-12）	
14	应纳税所得额计算	减：境外所得（填写A108010）	
15		加：纳税调整增加额（填写A105000）	281
16		减：纳税调整减少额（填写A105000）	

4.1.5 综合自测

【问题】福利费如何扣除？

甲公司于2020年计提职工福利费30万元，当年工资薪金总额为500万元。当年实际发生福利费支出为27万元，其余3万元为已计提并在管理费用中列支，但未实际发生。该公司在2020年所得税汇算清缴时，将福利费30万元全额在税前列支，请问上述操作正确吗？

【分析】

根据《企业所得税法实施条例》第四十条的规定，企业发生的职工福利费支出，不超过工资、薪金总额的14%的部分，准予扣除。在职工福利费的税前扣除方面，旧税法允许按税前工资总额的14%计算提取，而从2008年1月1日起施行的新税法及其实施条例更强调按实际发生额在不超过工资薪金总额14%的部分据实扣除。因此，题目中未实际发生的3万元不得在税前列支。

【解答】

甲公司上述操作不正确。根据《企业所得税法》第四十条的规定，甲公司仅可就未超过工资薪金总额的14%且实际发生的27万元福利费在税前列支，就未发生的3万元调增应纳税所得额，并补缴企业所得税，加收滞纳金。

4.2 股份支付

股份支付，是指企业为获取职工和其他方提供服务而授予权益工具或者承担以权益工具为基础确定的负债的交易。股份支付的实质是企业以股份或者期权作为代价换取接受职工的服务。本节主要依据《企业会计准则第 11 号——股份支付》及其相关准则解释和税法相关规定，分析讲解股份支付的税会差异及纳税调整。

4.2.1 "一次授权、分期行权"的股份支付计划

1. 会计规定

除立即可行权的股份支付外，企业在授予日均不做会计处理。等待期内，《企业会计准则第 11 号——股份支付》第六条规定，完成等待期内的服务或达到规定业绩条件才可行权的换取职工服务的以权益结算的股份支付，在等待期内的每个资产负债表日，应当以对可行权权益工具的最佳估计为基础，按照权益工具授予日的公允价值，将当期取得的服务计入相关成本或费用和资本公积。待实际可行权日，根据实际行权的权益工具数量与金额，转入实收资本（股本）或资本溢价（股本溢价）。

相关会计处理如下：

(1) 股权激励授予日

企业不做任何会计处理。

(2) 等待期内每个资产负债表日

借：管理费用、生产成本等科目
　　贷：资本公积——其他资本公积

(3) 实际行权日

借：银行存款
　　资本公积——其他资本公积
　　贷：实收资本（或股本）
　　　　资本公积——资本溢价（或股本溢价）

2. 税法规定

①根据《国家税务总局关于我国居民企业实行股权激励计划有关企业所得税处理问题的公告》（国家税务总局公告2012年第18号）的规定，企业建立的职工股权激励计划，其企业所得税的处理，按以下规定执行：

对股权激励计划实行后立即可以行权的，上市公司可以根据实际行权时该股票的公允价格与激励对象实际行权支付价格的差额和数量，计算确定作为当年上市公司工资薪金支出，依照税法规定进行税前扣除。

对股权激励计划实行后，需待一定服务年限或者达到规定业绩条件方可行权的，上市公司等待期内会计上计算确认的相关成本费用，不得在对应年度计算缴纳企业所得税时扣除。在股权激励计划可行权后，上市公司方可根据该股票实际行权时的公允价格与当年激励对象实际行权支付价格的差额及数量，计算确定作为当年上市公司工资薪金支出，依照税法规定进行税前扣除。

上述所称股票实际行权时的公允价格，以实际行权日该股票的收盘价格确定。

②根据《财政部、国家税务总局关于完善股权激励和技术入股有关所得税政策的通知》（财税〔2016〕101号）的规定，对技术成果投资入股实施选择性税收优惠政策。企业或个人以技术成果投资入股到境内居民企业，被投资企业支付的对价全部为股票（权）的，企业或个人可选择继续按现行有关税收政策执行，也可选择适用递延纳税优惠政策。

选择技术成果投资入股递延纳税政策的，经向主管税务机关备案，投资入股当期可暂不纳税，允许递延至转让股权时，按股权转让收入减去技术成果原值和合理税费后的差额计算缴纳所得税。

企业或个人选择适用上述任一项政策，均允许被投资企业按技术成果投资入股时的评估值入账并在企业所得税前摊销扣除。

③根据《国家税务总局关于股权激励和技术入股所得税征管问题的公告》（国家税务总局公告2016年第62号）关于企业所得税征管问题的规定，选择适用《通知》［上文中的《财政部、国家税务总局关于完善股权激励和技术入股有关所得税政策的通知》（财税〔2016〕101号），下文同］中递延纳税政策的，应当为实行查账征收的居民企业以技术成果所有权投资。

企业适用递延纳税政策的，应在投资完成后首次预缴申报时，将相关内容填入技术成果投资入股企业所得税递延纳税备案表。

企业接受技术成果投资入股，技术成果评估值明显不合理的，主管税务机关有权进行调整。

3. 税会差异

对股权激励计划实行后立即可以行权的，税会不存在差异。对股权激励计划实行后，需待一定服务年限或者达到规定业绩条件方可行权的，税会在确认时间上存在差异。

4.2.2 涉及集团内公司的股份支付计划

公司在涉及股份支付安排时通常需要考虑员工被授予权益工具的退出机制，即职工将以何种方式实现权益工具的增值。如果集团内有一家公司是上市公司，则这家上市公司的股票或者期权将是一个比较好的授予工具。因此，对于为集团内的非上市公司提供服务的员工，也有可能被授予的是上市公司的股份或期权，这就产生了集团内公司股份支付的问题。在集团内，通常会有结算职工权益工具的一方和接受职工服务的一方，需要根据交易的安排考虑双方在其财务报表中的会计处理。

1. 会计规定

集团内股份支付主要考虑的是在集团内接受服务的主体和结算的主体在各自报表中如何列报。关于企业集团内涉及不同公司股份支付交易的会计处理，《企业会计准则解释第 4 号》明确企业集团（由母公司和其全部子公司构成）内发生的股份支付交易，应当按照以下规定进行会计处理：

①结算企业以其本身权益工具结算的，应当将该股份支付交易作为权益结算的股份支付处理；除此之外，应当作为现金结算的股份支付处理。结算企业是接受服务企业的投资者的，应当按照授予日权益工具的公允价值或应承担负债的公允价值确认为对接受服务企业的长期股权投资，同时确认资本公积（其他资本公积）或负债。

②接受服务企业没有结算义务或授予本企业职工的是其本身权益工具的，应当将该股份支付交易作为权益结算的股份支付处理；接受服务企业具有结算义务且授予本企业职工的是企业集团内其他企业权益工具的，应当将该股份支付交易作为现金结算的股份支付处理。

2. 税法规定

《国家税务总局关于我国居民企业实行股权激励计划有关企业所得税处理问题的公告》（国家税务总局公告 2012 年第 18 号）针对的是激励对象为上市公司的董事、监事、高级管理人员及其他员工。对上市公司子公司、孙公司员工进行激励的情形没有做出具体规定。

4.2.3 以现金结算的股份支付

1. 会计规定

以现金结算的股份支付,应当按照企业承担的以股份或其他权益工具为基础计算确定的负债的公允价值计量。

授予后立即可行权的以现金结算的股份支付,应当在授予日以企业承担负债的公允价值计入相关成本或费用,相应增加负债。完成等待期内的服务或达到规定业绩条件以后才可行权的以现金结算的股份支付,在等待期内的每个资产负债表日,应当以对可行权情况的最佳估计为基础,按照企业承担负债的公允价值金额,将当期取得的服务计入成本、费用和相应的负债。

在资产负债表日,后续信息表明企业当期承担债务的公允价值与以前估计不同的,应当进行调整,并在可行权日调整至实际可行权水平。企业应当在相关负债结算前的每个资产负债表日及结算日,对负债的公允价值重新计量,其变动计入当期损益。

2. 税法规定

《企业所得税法》及其实施条例未直接规定以现金结算的股份支付的税收政策。根据《企业所得税法实施条例》第三十四条的规定,企业发生的合理的工资、薪金支出,准予扣除。前款所称工资、薪金,是指企业每一纳税年度支付给在本企业任职或者受雇的员工的所有现金形式或者非现金形式的劳动报酬,包括基本工资、奖金、津贴、补贴、年终加薪、加班工资,以及与员工任职或者受雇有关的其他支出。

企业以现金结算的股份支付,属于应付职工薪酬,实际支付的当期在计算应纳税所得额时允许在税前扣除。

《财政部、国家税务总局关于执行〈企业会计准则〉有关企业所得税政策问题的通知》(财税〔2007〕80号)规定,企业以公允价值计量的金融资产、金融负债以及投资性房地产等,持有期间公允价值的变动不计入应纳税所得额,在实际处置或结算时,处置取得的价款扣除其历史成本后的差额应计入处置或结算期间的应纳税所得额。

3. 税会差异

根据税法的规定,企业以现金结算的股份支付在行权时才属于实际发生的费用，应在实际行权时确认为职工薪酬税前扣除。所以，对于授予后立即可行权的以现金结算的股份支付，应当在授予日以企业承担负债的公允价值计入相关成本或费用，相应增加负债。如果负债确认时间与实际支付时间属于同一个会计年度，则税会没有差异，不需要进行纳税调整。

对于完成等待期内的服务或达到规定业绩条件以后才可行权的以现金结算的股份支付，在等待期内的每个资产负债表日，以对可行权情况的最佳估计为基础，按照企业承担负债的公允价值金额，将当期取得的服务计入成本或费用和相应负债的，税会存在确认时间的差异，需要进行纳税调整。

4.2.4　纳税调整

对于完成等待期内的服务或达到规定业绩条件以后才可行权的以现金结算的股份支付，在等待期内及实际行权之前，会计确认的成本费用应纳税调增，实际行权时再进行纳税调整。

纳税申报时通过填报《职工薪酬纳税调整明细表》（A105050）和《纳税调整项目明细表》（A105000）完成。在可行权日至实际行权日之间，对应付职工薪酬公允价值重新计量，其变动计入当期"公允价值变动损益"科目，但是纳税申报时不通过《纳税调整项目明细表》（A105000）第7行调整，而是通过《职工薪酬纳税调整明细表》（A105050）第2行调整。

4.2.5　典型案例解析

【案例4-2】以现金结算的股份支付纳税调整及申报

2016年年初，甲公司授予股票期权的情况为：

①股票期权的授予日：2016年1月1日。

②授予对象：董事、总经理、副总经理、董事会秘书、财务总监，以及核心技术及业务人员等200人。

③授予数量：授予激励对象每人100份现金股票增值权。上述工作人员从2016年1月1日起在甲公司连续服务3年，即可按照当时股价的增长幅度获得现金，该增值权应在2020年12月31日之前行使。

甲公司估计，该增值权在负债结算之前的每一个资产负债表日及结算日的公允价值和可行权后的每份增值权现金支出额，如表4.4所示。

表4.4 每份增值权现金支出额

单位：元

年份	公允价值	支付现金
2016	14	
2017	15	
2018	18	16
2019	21	20
2020		25

第一年有20名工作人员离开公司，甲公司估计三年中还将有15名工作人员离开；第二年又有10名工作人员离开公司，甲公司估计还将有10名工作人员离开；第三年又有15名工作人员离开。第三年年末，有70人行使股份增值权取得了现金；第四年年末，有50人行使了股份增值权；第五年年末，剩余35人也行使了股份增值权。

【案例分析】

（1）费用和应付职工薪酬计算过程

费用和应付职工薪酬计算过程如表4.5所示。

表4.5 费用和应付职工薪酬计算过程

单位：元

年份	负债计算 ①	支付现金计算 ②	负债 ③	支付现金 ④	当期费用 ⑤
2016	（200-35）×100×14×1/3		77 000		77 000
2017	（200-40）×100×15×2/3		160 000		83 000
2018	（200-45-70）×100×18	70×100×16	153 000	112 000	105 000
2019	（200-45-70-50）×100×21	50×100×20	73 500	100 000	20 500
2020		35×100×25	0	87 500	14 000
总额				299 500	299 500

注：①计算得③，②计算得④；当期③ - 前一期③ + 当期④ = 当期⑤。

（2）各年的会计处理、纳税调整及申报

1）2016年12月31日

借：管理费用　　　　　　　　77 000

　　贷：应付职工薪酬——股份支付　　77 000

该项股份支付在实际支付之前不可以税前扣除,需要纳税调增 77 000 元。

填报《职工薪酬纳税调整明细表》(A105050)第 1 行第 1 列 77 000 元、第 5 列 0 元、第 6 列 77 000 元,第 2 行第 1 列 77 000 元、第 5 列 0 元、第 6 列 77 000 元,如表 4.6 所示。

表 4.6 《职工薪酬纳税调整明细表》(A105050)

单位:元

行次	项目	账载金额	实际发生额	税收规定扣除率	以前年度累计结转扣除额	税收金额	纳税调整金额	累计结转以后年度扣除额
		1	2	3	4	5	6(1-5)	7(1+4-5)
1	一、工资薪金支出	77 000	*	*	*	0	77 000	*
2	其中:股权激励	77 000	*	*	*	0	77 000	*

填报《纳税调整项目明细表》(A105000)第 12 行第 3 列 77 000 元,第 14 行第 1 列 77 000 元、第 2 列 0 元、第 3 列 77 000 元,如表 4.7 所示。

表 4.7 《纳税调整项目明细表》(A105000)

单位:元

行次	项目	账载金额	税收金额	调增金额	调减金额
		1	2	3	4
12	二、扣除类调整项目(13+14+…+24+26+27+28+29+30)	*	*	77 000	
14	(二)职工薪酬(填写 A105050)	77 000	0	77 000	

2)2017 年 12 月 31 日

借:管理费用　　　　　　　　　　83 000

　　贷:应付职工薪酬——股份支付　　83 000

该项股份支付没有实际支付不可以税前扣除,需要纳税调增 83 000 元。

填报《职工薪酬纳税调整明细表》(A105050)第 1 行第 1 列 83 000 元、第 5 列 0 元、第 6 列 83 000 元,第 2 行第 1 列 83 000 元、第 5 列 0 元、第 6 列 83 000 元,如表 4.8 所示。

表4.8 《职工薪酬纳税调整明细表》（A105050）

单位：元

行次	项目	账载金额	实际发生额	税收规定扣除率	以前年度累计结转扣除额	税收金额	纳税调整金额	累计结转以后年度扣除额
		1	2	3	4	5	6(1-5)	7(1+4-5)
1	一、工资薪金支出	83 000		*	*	0	83 000	*
2	其中：股权激励	83 000	*	*	*	0	83 000	*

填报《纳税调整项目明细表》(A105000)第12行第3列83 000元，第14行第1列83 000元、第2列0元、第3列83 000元，如表4.9所示。

表4.9 《纳税调整项目明细表》（A105000）

单位：元

行次	项目	账载金额	税收金额	调增金额	调减金额
		1	2	3	4
12	二、扣除类调整项目（13+14+…+24+26+27+28+29+30）	*	*	83 000	
14	（二）职工薪酬（填写A105050）	83 000	0	83 000	

3）2018年12月31日

借：管理费用　　　　　　　　　　105 000
　　贷：应付职工薪酬——股份支付　　105 000
借：应付职工薪酬——股份支付　　112 000
　　贷：银行存款　　　　　　　　　112 000

该项股份支付实际支付后可以税前扣除，需要纳税调减7 000元（112 000-105 000）。

填报《职工薪酬纳税调整明细表》（A105050）第1行第1列105 000元、第5列112 000元、第6列-7 000元，第2行第1列105 000元、第5列112 000元、第6列-7 000元，如表4.10所示。

表4.10 《职工薪酬纳税调整明细表》(A105050)

单位：元

行次	项目	账载金额	实际发生额	税收规定扣除率	以前年度累计结转扣除额	税收金额	纳税调整金额	累计结转以后年度扣除额
		1	2	3	4	5	6(1-5)	7(1+4-5)
1	一、工资薪金支出	105 000		*	*	112 000	-7 000	*
2	其中：股权激励	105 000	*	*	*	112 000	-7 000	*

填报《纳税调整项目明细表》(A105000) 第12行第4列7 000元，第14行第1列105 000元、第2列112 000元、第4列7 000元，如表4.11所示。

表4.11 《纳税调整项目明细表》(A105000)

单位：元

行次	项目	账载金额	税收金额	调增金额	调减金额
		1	2	3	4
12	二、扣除类调整项目（13+14+…+24+26+27+28+29+30）	*	*		7 000
14	（二）职工薪酬（填写A105050）	105 000	112 000		7 000

4）2019年12月31日

借：公允价值变动损益　　　　　　20 500
　　贷：应付职工薪酬——股份支付　　20 500
借：应付职工薪酬——股份支付　　100 000
　　贷：银行存款　　　　　　　　　100 000

该项股份支付实际支付的部分可以税前扣除，没有支付的不可以扣除，需要纳税调减100 000元，应付职工薪酬公允价值变动损失不能税前扣除，需要纳税调增20 500元。综上所述，应纳税调增-79 500元（20 500-100 000）。

填报《职工薪酬纳税调整明细表》(A105050) 第1行第1列20 500元、第5列100 000元、第6列79 500元，第2行第1列20 500元、第5列100 000元、第6列79 500元，如表4.12所示。

表 4.12 《职工薪酬纳税调整明细表》（A105050）

单位：元

行次	项目	账载金额	实际发生额	税收规定扣除率	以前年度累计结转扣除额	税收金额	纳税调整金额	累计结转以后年度扣除额
		1	2	3	4	5	6(1-5)	7(1+4-5)
1	一、工资薪金支出	20 500		*	*	100 000	79 500	
2	其中：股权激励	20 500	*	*	*	100 000	79 500	*

填报《纳税调整项目明细表》（A105000）第 12 行第 4 列 79 500 元，第 14 行第 1 列 20 500 元、第 2 列 100 000 元、第 4 列 79 500 元，如表 4.13 所示。

表 4.13 《纳税调整项目明细表》（A105000）

单位：元

行次	项目	账载金额	税收金额	调增金额	调减金额
		1	2	3	4
12	二、扣除类调整项目（13+14+…+24+26+27+28+29+30）	*	*		79 500
14	（二）职工薪酬（填写 A105050）	20 500	100 000		79 500

5）2020 年 12 月 31 日

借：公允价值变动损益　　　　　14 000
　　贷：应付职工薪酬——股份支付　　14 000
借：应付职工薪酬——股份支付　　87 500
　　贷：银行存款　　　　　　　　　87 500

该项股份支付实际支付的部分可以税前扣除，没有支付的不可以扣除，需要纳税调减 87 500 元，应付职工薪酬公允价值变动损失不能税前扣除，需要纳税调增 14 000 元。

填报《职工薪酬纳税调整明细表》（A105050）第 1 行第 1 列 14 000 元、第 5 列 87 500 元、第 6 列 -73 500 元，第 2 行第 1 列 14 000 元、第 5 列 87 500 元、第 6 列 -73 500 元，如表 4.14 所示。

表 4.14 《职工薪酬纳税调整明细表》（A105050）

单位：元

行次	项目	账载金额	实际发生额	税收规定扣除率	以前年度累计结转扣除额	税收金额	纳税调整金额	累计结转以后年度扣除额
		1	2	3	4	5	6 (1-5)	7 (1+4-5)
1	一、工资薪金支出	14 000		*	*	87 500	-73 500	*
2	其中：股权激励	14 000	*	*	*	87 500	-73 500	*

填报《纳税调整项目明细表》（A105000）第 12 行第 4 列 73 500 元，第 14 行第 1 列 14 000 元、第 2 列 87 500 元、第 4 列 73 500 元，如表 4.15 所示。

表 4.15 《纳税调整项目明细表》（A105000）

单位：元

行次	项目	账载金额	税收金额	调增金额	调减金额
		1	2	3	4
12	二、扣除类调整项目（13+14+…+24+26+27+28+29+30）	*	*		73 500
14	（二）职工薪酬（填写 A105050）	14 000	87 500		73 500

4.2.6 综合自测

【问题】以权益结算的股份支付形成的成本费用能否税前扣除？

甲公司为上市公司。2018 年 1 月 1 日，甲公司向其 200 名管理人员每人授予 100 股股票期权，这些管理人员从 2018 年 1 月 1 日起在该公司连续服务 3 年，即可以 5 元每股购买 100 股甲公司股票，从而获益。甲公司估计该期权在授予日的公允价值为 18 元。第一年有 20 名管理人员离开公司，甲公司估计三年中离开的管理人员的比例将达到 20%；第二年又有 10 名管理人员离开公司，甲公司将估计的管理人员离开比例修正为 15%；第三年又有 15 名管理人员离开公司。

甲公司每年根据以上情况进行了会计核算，确认的管理费用如下：
2018 年的管理费用 =200×100×（1-20%）×18×1/3=96 000（元）
2019 年的管理费用 =200×100×（1-15%）×18×2/3-96 000=108 000（元）
2020 年的管理费用 =155×100×18-96 000-108 000=75 000（元）
请问甲公司确认的上述管理费用能在税前扣除吗？

【分析】

根据《企业所得税法》第八条的规定，允许税前扣除的成本、费用为"实际发生"的支出，而以权益结算的股份支付对企业来说实际并未发生支出，企业的资产没有减少，那么该"成本费用"不允许税前扣除。

鉴于此，从税法的角度来看，无论是授予后立即可行权的以权益结算的股份支付，还是完成等待期内的服务或达到规定业绩条件才可行权的以权益结算的股份支付，以及以权益结算的股份支付换取其他方服务的，以权益结算股份支付所形成的"成本费用"均不得税前扣除，都应进行纳税调整。

【解答】

甲公司在每个资产负债表日根据权益工具公允价值所确认的管理费用，属于甲公司未实际发生的支出，只是对原股东所有者权益进行了稀释，不能在税前扣除。

4.3 借款费用

借款费用是企业因借入资金所付出的代价,包括借款利息、折价或者溢价的摊销、辅助费用,以及因外币借款而发生的汇兑差额等。本节将重点分析讲解借款费用的税会差异及纳税调整。

4.3.1 会计规定

1. 借款费用的相关概念

借款费用,是指企业因借款而发生的利息及其他相关成本。借款费用包括借款利息、折价或者溢价的摊销、辅助费用,以及因外币借款而发生的汇兑差额四项内容。

①借款利息,包括企业向银行或者其他金融机构等借入资金发生的利息、发行公司债券发生的利息,以及为购建或者生产符合资本化条件的资产而发生的带息债务所承担的利息等。

②折价或者溢价的摊销,包括发行公司债券等所发生的折价或者溢价在每期的摊销金额。

③辅助费用,包括企业在借款过程中发生的诸如手续费、佣金、印刷费等交易费用。

④因外币借款而发生的汇兑差额,是指由于汇率变动导致市场汇率与账面汇率出现差异,从而对外币借款本金及其利息的记账本位币金额所产生的影响金额。

2. 借款费用的确认原则

企业发生的借款费用,可直接归属于符合资本化条件的资产的购建或者生产的,应当予以资本化,计入符合资本化条件的资产成本。其他借款费用,应当在发生时根据其发生额确认为财务费用,计入当期损益。

3. 借款费用应予资本化的借款范围

借款费用应予资本化的借款范围既包括专门借款，也包括一般借款。其中，对于一般借款，只有在购建或者生产符合资本化条件的资产占用了一般借款时，才将与该一般借款相关的借款费用资本化；否则，所发生的借款费用应当计入当期损益。

专门借款，是指为购建或者生产符合资本化条件的资产而专门借入的款项。专门借款应当有明确的专门用途，即为购建或者生产某项符合资本化条件的资产而专门借入的款项，通常应当有标明专门用途的借款合同。一般借款，是指除专门借款之外的借款，一般借款在借入时，通常没有特指必须用于符合资本化条件的资产的购建或者生产。

4. 借款费用资本化期间的确定

借款费用资本化期间的确定包括三个时间的确定，即借款费用开始资本化时间的确定、借款费用暂停资本化时间的确定和借款费用终止资本化时间的确定。

（1）借款费用开始资本化时间的确定

借款费用允许开始资本化必须同时满足三个条件，即资产支出已经发生、借款费用已经发生、为使资产达到预定可使用或者可销售状态所必要的购建或者生产活动已经开始。

1）资产支出已经发生的界定

资产支出包括支付现金、转移非现金资产和承担带息债务形式所发生的支出，其中：

支付现金，是指用货币资金支付符合资本化条件的资产的购建或者生产支出。

转移非现金资产，是指企业将自己的非现金资产直接用于符合资本化条件的资产的购建或者生产。

承担带息债务，是指企业为了购建或者生产符合资本化条件的资产所需用物资等而承担的带息应付款项（如带息应付票据）。

2）借款费用已经发生的界定

借款费用已经发生，是指企业已经发生了因购建或者生产符合资本化条件的资产而专门借入款项的借款费用或者占用了一般借款的借款费用。

3）为使资产达到预定可使用或者可销售状态所必要的购建或者生产活动已经开始的界定

为使资产达到预定可使用或者可销售状态所必要的购建或者生产活动已经开始，是指符合资本化条件的资产的实体建造或者生产工作已经开始。

企业只有在上述三个条件同时满足的情况下，有关借款费用才可以开始资本化，只要其中的任何一个条件没有满足，借款费用就不可以开始资本化。

(2) 借款费用暂停资本化时间的确定

符合资本化条件的资产在购建或者生产过程中发生非正常中断，且中断时间连续超过3个月的，应当暂停借款费用的资本化。中断的原因必须是非正常中断，属于正常中断的，相关借款费用仍可资本化。

非正常中断，通常是由于企业管理决策上的原因或者其他不可预见的原因等所导致的中断。

非正常中断与正常中断有显著不同。正常中断通常仅限于因购建或者生产的资产达到预定可使用或者可销售状态时，或者事先可预见的不可抗力因素（如北方冬季冰冻、沿海台风等）导致的中断。

(3) 借款费用终止资本化时间的确定

购建或者生产符合资本化条件的资产达到预定可使用或者可销售状态时，借款费用应当停止资本化。在符合资本化条件的资产达到预定可使用或者可销售状态之后所发生的借款费用，应当在发生时根据其发生额确认为费用，计入当期损益。

资产达到预定可使用或者可销售状态，是指所购建或者生产的符合资本化条件的资产已经达到建造方、购买方或者企业自身等预先设计、计划或者合同约定的可以使用或者可以销售的状态。企业在确定借款费用停止资本化的时间时，需要运用职业判断，应当遵循实质重于形式的原则，针对具体情况，依据经济实质判断所购建或者生产的符合资本化条件的资产达到预定可使用或者可销售状态的时间。

5. 借款费用资本化金额的确定

在借款费用资本化期间内，每一会计期间的利息（包括折价或者溢价的摊销，下同）资本化金额，应当按照下列原则确定：

为购建或者生产符合资本化条件的资产而借入专门借款的，应当以专门借款当期实际发生的利息费用，减去将尚未动用的借款资金存入银行取得的利息收入或者进行暂时性投资取得的投资收益后的金额确定。

为购建或者生产符合资本化条件的资产而占用了一般借款的，企业应当根据累计资产支出超过专门借款部分的资产支出加权平均数乘以所占用一般借款的资本化率，计算确定一般借款应予资本化的利息金额。资本化率应当根据一般借款利息费用资本化金额一般借款加权平均利率计算确定，即企业占用一般借款购建或者生产符合资本化条件的资产时，一般借款的借款费用资本化金额的确定应当与资产支出挂钩。

借款存在折价或者溢价的，应当按照实际利率法确定每一会计期间应摊销的折价或溢价金额，调整每期利息金额。每一会计期间的利息资本化金额，不应当超过当期相关借款实际发生的利息金额。

6. 借款辅助费用资本化金额的确定

辅助费用是企业为了安排借款而发生的必要费用，包括借款手续费（如发行债券手续费）、佣金等。

对于企业发生的专门借款辅助费用，在所购建或者生产的符合资本化条件的资产达到预定可使用或者可销售状态之前发生的，应当在发生时根据其发生额予以资本化；在所购建或者生产的符合资本化条件的资产达到预定可使用或者可销售状态之后发生的，应当在发生时根据其发生额确认为费用，计入当期损益。上述资本化或计入当期损益的辅助费用的发生额，是指根据《企业会计准则第22号——金融工具确认和计量》，按照实际利率法所确定的金融负债交易费用对每期利息费用的调整额。借款实际利率与合同利率差异较小的，也可以采用合同利率计算确定利息费用。一般借款发生的辅助费用，也应当按照上述原则确定其发生额并进行处理。

考虑到借款辅助费用与金融负债交易费用是一致的，其会计处理也应当保持一致。根据《企业会计准则第22号——金融工具确认和计量》的规定，除以公允价值计量且其变动计入当期损益的金融负债外，其他金融负债相关的交易费用应当计入金融负债的初始确认金额。为购建或者生产符合资本化条件的资产的专门借款或者一般借款，通常都属于除以公允价值计量且其变动计入当期损益的金融负债之外的其他金融负债。对于这些金融负债所发生的辅助费用需要计入借款的初始确认金额，即抵减相关借款的初始金额，从而影响以后各期实际利息的计算。

7. 外币专门借款汇兑差额资本化金额的确定

当企业为购建或者生产符合资本化条件的资产所借入的专门借款为外币借款时，由于企业取得外币借款日、使用外币借款日和会计结算日往往并不一致，而外汇汇率又在随时发生变化，因此，外币借款会产生汇兑差额。相应地，在借款费用资本化期间内，为购建固定资产而专门借入的外币借款所产生的汇兑差额，是购建固定资产的一项代价，应当予以资本化，计入固定资产成本。出于简化核算的考虑，借款费用准则规定，在资本化期间内，外币专门借款本金及其利息的汇兑差额，应当予以资本化，计入符合资本化条件的资产的成本。而除外币专门借款之外的其他外币借款本金及其利息所产生的汇兑差额，应当作为财务费用，计入当期损益。

4.3.2 税法规定

对于借款费用,企业所得税处理采用一次或分次扣除办法。

其中,需要资本化的借款费用,应当计入有关资产的计税基础:计入存货计税基础的,在存货转让或处置时一次性扣除;计入固定资产计税基础的,采用折旧方式分次扣除;计入自行开发的无形资产计税基础的,采用摊销方式分次扣除,对于用来研究开发的,按照无形资产计税基础的 150% 或 175% 摊销扣除。相关规定如下:

《企业所得税法实施条例》第三十七条规定,企业在生产经营活动中发生的合理的不需要资本化的借款费用,准予扣除。企业为购置、建造固定资产、无形资产和经过 12 个月以上的建造才能达到预定可销售状态的存货发生借款的,在有关资产购置、建造期间发生的合理的借款费用,应当作为资本性支出计入有关资产的成本,并依照本条例的规定扣除。

《企业所得税法实施条例》第三十八条规定,企业在生产经营活动中发生的下列利息支出,准予扣除:①非金融企业向金融企业借款的利息支出、金融企业的各项存款利息支出和同业拆借利息支出、企业经批准发行债券的利息支出;②非金融企业向非金融企业借款的利息支出,不超过按照金融企业同期同类贷款利率计算的数额的部分。

企业在按照合同要求首次支付利息并进行税前扣除时,应提供金融企业的同期同类贷款利率情况说明,以证明其利息支出的合理性。《国家税务总局关于企业所得税若干问题的公告》(国家税务总局公告 2011 年第 34 号)规定,金融企业的同期同类贷款利率情况说明中,应包括在签订该借款合同当时,本省任何一家金融企业提供同期同类贷款利率情况。该金融企业应为经政府有关部门批准成立的可以从事贷款业务的企业,包括银行、财务公司、信托公司等金融机构。"同期同类贷款利率"是指在贷款期限、贷款金额、贷款担保及企业信誉等条件基本相同下,金融企业提供贷款的利率。它既可以是金融企业公布的同期同类平均利率,也可以是金融企业对某些企业提供的实际贷款利率。

《企业所得税法实施条例》第三十九条规定,企业在货币交易中,以及纳税年度终了时将人民币以外的货币性资产、负债按照期末即期人民币汇率中间价折算为人民币时产生的汇兑损失,除已经计入有关资产成本以及与向所有者进行利润分配相关的部分外,准予扣除。

混合性投资业务融资方利息扣除的条件。现行企业所得税制对权益性投资与债权性投资的处理办法不同。权益性投资取得回报,一般体现为股息收入,按照规定可以免征企业所得税,同时被投资企业支付的股息不能作为费用在税前扣除;

债权性投资取得回报为利息收入，按照规定应当缴纳企业所得税，同时被投资企业支付的利息也准予在税前扣除。企业混合性投资业务，是指兼具权益和债权双重特性的投资业务。混合性投资业务，在法律形式上采取名股实债，在会计上采取实质重于形式原则，按照债务融资处理，计算企业所得税时只有满足了税法规定条件，融资费用方可在税前扣除。

《国家税务总局关于企业投资者投资未到位而发生的利息支出企业所得税前扣除问题的批复》（国税函〔2009〕312号）规定，凡企业投资者在规定期限内未缴足其应缴资本额的，该企业对外借款所发生的利息，相当于投资者实缴资本额与在规定期限内应缴资本额的差额应计付的利息，其不属于企业合理的支出，应由企业投资者负担，不得在计算企业应纳税所得额时扣除。具体计算不得扣除的利息，应以企业一个年度内每一账面实收资本与借款余额保持不变的期间作为一个计算期，每一计算期内不得扣除的借款利息按该期间借款利息发生额乘以该期间企业未缴足的注册资本占借款总额的比例计算。计算公式为：

企业每一计算期不得扣除的借款利息＝该期间借款利息额×该期间未缴足注册资本额／该期间借款额

其中，企业一个年度内不得扣除的借款利息总额为该年度内每一计算期不得扣除的借款利息额之和。

《企业所得税法》第四十六条和《企业所得税法实施条例》第一百一十九条规定，企业从其关联方接受的债权性投资与权益性投资的比例超过规定标准而发生的利息支出，不得在计算应纳税所得额时扣除。

其中，债权性投资是指企业直接或者间接从关联方获得的，需要偿还本金和支付利息或者需要以其他具有支付利息性质的方式予以补偿的融资。企业间接从关联方获得的债权性投资，包括：关联方通过无关联第三方提供的债权性投资；无关联第三方提供的、由关联方担保且负有连带责任的债权性投资；其他间接从关联方获得的具有负债实质的债权性投资。

权益性投资，是指企业接受的不需要偿还本金和支付利息，投资人对企业净资产拥有所有权的投资。

《财政部、国家税务总局关于企业关联方利息支出税前扣除标准有关税收政策问题的通知》（财税〔2008〕121号）规定，在计算应纳税所得额时，企业实际支付给关联方的利息支出，不超过以下规定比例和税法及其实施条例有关规定计算的部分，准予扣除，超过的部分不得在发生当期和以后年度扣除。

企业实际支付给关联方的利息支出，企业如果能够按照税法及其实施条例的有关规定提供相关资料，并证明相关交易活动符合独立交易原则的，或者该企业的实际税负不高于境内关联方的，其实际支付给境内关联方的利息支出，在计算应纳税所得额时准予扣除。其余利息，其接受关联方债权性投资与其权益性投资比例为：金融企业 5∶1，其他企业 2∶1。企业同时从事金融业务和非金融业务，其实际支付给关联方的利息支出，应按照合理方法分开计算；没有按照合理方法分开计算的，一律按 2∶1 的比例计算准予税前扣除的利息支出。

需要注意的是，上述关联方包括自然人。《国家税务总局关于企业向自然人借款的利息支出企业所得税税前扣除问题的通知》（国税函〔2009〕777 号）规定，企业向股东或其他与企业有关联关系的自然人借款的利息支出，应根据《企业所得税法》第四十六条及《财政部、国家税务总局关于企业关联方利息支出税前扣除标准有关税收政策问题的通知》（财税〔2008〕121 号）规定的条件，计算企业所得税扣除额。

上述不得扣除的借款费用，如果已按借款费用准则进行资本化处理，会导致固定资产、开发产品等的计税基础小于会计成本，以后期间，按计税基础计算的固定资产折旧、营业成本与会计折旧、主营业务成本的差异，需做纳税调增处理。

4.3.3 税会差异

会计的规定较为客观，对实际发生的借款费用应据实列支，不区分债权人的身份、性质和与债务人是否为关联关系。利息费用根据实际借入本金与约定利率（或实际利率）计算，据实列支。

税法基于公平原则，同时兼顾防止资本弱化的管理需要，对于从非金融企业或个人以及从关联方借入的款项形成的利息，税法均做出了特别规定，如果违背这些规定，所支付的利息则不能税前扣除。

4.3.4 纳税调整

利息费用的纳税调整包括金额的调整和确认时间的调整两个方面。如果会计确认的利息支出超过税法允许的扣除金额，则超出部分做纳税调增处理。如果会计确认的时间早于税法规定的时间，则会计确认时做纳税调增处理，当符合税法规定的确认条件时再做纳税调减处理。

利息费用的纳税调整在《纳税调整项目明细表》（A105000）第 18 行中反映。

4.3.5 典型案例解析

【案例 4-3】利息支出纳税调整及申报

甲公司因经营活动需要，于 2020 年 7 月 1 日从关联企业取得短期借款 100 000 元，年利率为 10%（银行同期利率为 5%），期限为 1 年，合同约定每半年付息到期还本。该公司能够提供材料证明借款活动符合独立交易原则。2020 年 12 月 31 日按期付息 5 000 元。请编制甲公司借款利息确认的会计分录，并分析纳税调整及纳税申报事项。

【案例分析】

（1）会计处理

甲公司从关联企业借款利息支出按照约定的年利率 10% 计算利息，每半年应支付利息 =100 000×10%×6/12=5 000（元），相关会计分录为：

借：财务费用　　　5 000
　　贷：应付利息　　　5 000

（2）税务处理

《企业所得税法实施条例》第三十八条第二项规定，非金融企业向非金融企业借款的利息支出，不超过按照金融企业同期同类贷款利率计算的数额的部分。2020 年甲公司应按照银行同期利率 5% 计算可以税前扣除的利息，即按照税法规定可税前扣除的利息 =100 000×5%×6/12=2 500（元）。同时，甲公司年末如果未支付上述 2 500 元利息，则不得税前扣除；由于该公司已经实际支付，所以可以税前扣除。

鉴于此，甲公司在 2020 年纳税申报时可以按照税法计算的方式扣除利息 2 500 元，纳税调增 2 500 元（5 000-2 500）。

（3）纳税申报

填报《纳税调整项目明细表》（A105000）第 12 行第 3 列 2 500 元，第 18 行第 1 列 5 000 元、第 2 列 2 500 元、第 3 列 2 500 元，如表 4.16 所示。

表 4.16　《纳税调整项目明细表》（A105000）

单位：元

行次	项目	账载金额 1	税收金额 2	调增金额 3	调减金额 4
12	二、扣除类调整项目（13+14+…+24+26+27+28+29+30）	*	*	2 500	
18	（六）利息支出	5 000	2500	2 500	

填报《中华人民共和国企业所得税年度纳税申报表（A 类）》（A100000）第 15 行 2 500 元，如表 4.17 所示。

表 4.17 《中华人民共和国企业所得税年度纳税申报表（A 类）》（A100000）

单位：元

行次	类别	项目	金额
13		三、利润总额（10+11-12）	
14	应纳税所得额计算	减：境外所得（填写 A108010）	
15		加：纳税调整增加额（填写 A105000）	2 500
16		减：纳税调整减少额（填写 A105000）	

4.3.6 综合自测

【问题】借款费用如何资本化？

甲公司 2019 年 12 月向银行借款改造工程设备，计入"在建工程"科目，于 2021 年 1 月竣工，发生借款利息 8 万元。因为甲公司业务单一，财务核算制度也比较简单，大多数费用性支出都是一次性列支的，所以该公司将这笔借款利息支出直接计入"财务费用——利息净支出"科目一次列支，在申报企业所得税时未进行纳税调整。稽查人员认为甲公司应对该财务费用进行资本化处理，并进行纳税调整。请问甲公司的做法正确吗？

【分析】

根据《企业所得税法实施条例》第三十七条的规定，企业在生产经营活动中发生的合理的不需要资本化的借款费用，准予扣除。企业为购置、建造固定资产、无形资产和经过 12 个月以上的建造才能达到预定可销售状态的存货发生借款的，在有关资产购置、建造期间发生的合理的借款费用，应当作为资本性支出计入有关资产的成本，并依照本条例的规定扣除。甲公司因建造固定资产而产生的借款利息，按上述规定，在税务处理方面应予以资本化再计提折旧，并结合税会差异进行纳税调整。

借款费用资本化涉税问题在实务中较多，不同的企业往往根据自己的目的将应该费用化的资本化，或将应该资本化的费用化，这些做法可能会违反会计和税法规定。在处理借款费用时首先要准确判断其性质，根据资本化或费用化的标准，提前避免核算风险，防范事后涉税争议。

【解答】

甲公司的做法是错误的。甲公司应将借款计入在建工程成本。为了准确反映企业在建工程成本中借款费用所占的金额比重，应在"在建工程"科目中，单设一个"借款费用"明细科目，以反映企业每期资本化的借款费用，企业应当就该项目进行资本化处理，调增应纳税所得额并补缴税款。

4.4 其他费用

会计在计算经营成果时，会将费用与损失都作为利润总额的抵减项目。相对于会计规定，《企业所得税法》第八条则强调，企业实际发生的与取得收入有关的、合理的支出，包括成本、费用、税金、损失和其他支出，准予在计算应纳税所得额时扣除。这一条款的规定凸显了税法对"与取得收入有关的、合理的"这两个条件的限定。本节涉及的是人工、财务费用之外的其他费用，上述"与取得收入有关的、合理的"条件限定是本节主要税会差异所在。本节将重点结合会计与税法的规定，分析讲解其他费用的税会差异及纳税调整。

4.4.1 业务招待费

1. 会计规定

根据客观性原则，会计核算中将企业发生的全部业务招待费，按照实际发生额直接确认。如果是经营活动中发生的，直接计入发生当期的"管理费用——业务招待费"明细科目；如果是筹建期间发生的，直接计入筹建期间的"管理费用——开办费"明细科目。

2. 税法规定

《企业所得税法实施条例》第四十三条规定，企业发生的与生产经营活动有关的业务招待费支出，按照发生额的60%扣除，但最高不得超过当年销售（营业）收入的5‰。这里的销售（营业）收入包括"主营业务收入""其他业务收入"，以及按照税法规定确定的"视同销售收入"三部分内容。

《国家税务总局关于贯彻落实企业所得税法若干税收问题的通知》（国税函〔2010〕79号）第八条规定，对从事股权投资业务的企业（包括集团公司总部、创业投资企业等），其从被投资企业所分配的股息、红利以及股权转让收入，可以按规定的比例计算业务招待费扣除限额。

《国家税务总局关于企业所得税应纳税所得额若干税务处理问题的公告》（国家税务总局公告2012年第15号）第五条规定，企业在筹建期间，发生的与筹办活动有关的业务招待费支出，可按实际发生额的60%计入企业筹办费，并按有关规定在税前扣除。

3. 税会差异

业务招待费业务中会计与税法存在的差异表现为计量的差异，会计核算按照实际发生的金额全额确认；税法根据相关规定按比例确认，并且存在最高限额的限定。此外，对于特殊企业（投资公司），或企业的特殊阶段（筹建期间）有单独的规定。

4. 纳税调整

企业发生的与生产经营活动有关的业务招待费支出，会计按照全额确认，税法按照一定计算方法确认，二者之差调增当期应纳税所得额，通过填报《纳税调整项目明细表》（A105000）第15行调整。

属于筹建期间发生的业务招待费支出，按实际发生额的60%计入企业筹办费，按照筹办费的规定进行纳税调整，通过填报《纳税调整项目明细表》（A105000）第30行调整。

4.4.2 广告费和业务宣传费

1. 会计规定

根据会计准则的规定，广告费和业务宣传费主要用于核算企业发生的与销售有关的部分支出，包括企业在销售商品过程中，为了拓展市场、推广产品、增加销售量而发生的相关费用，支付给广告公司制作广告的费用，支付给新闻媒体传播广告费用，设置销售机构发生的机构经费、折旧费、销售人员工资薪酬等费用，还包括在促销过程中的礼品、赠品费用等。上述费用均通过"销售费用"账户核算，计入当期损益。

2. 税法规定

《企业所得税法实施条例》第四十四条规定，企业发生的符合条件的广告费和业务宣传费支出，除国务院财政、税务主管部门另有规定外，不超过当年销售（营业）收入15%的部分，准予扣除；超过部分，准予在以后纳税年度结转扣除。一般情况下，广告费和业务宣传费的扣除就按照这一标准进行，但是对于一些特殊行业，税法有特别的规定。

《财政部、国家税务总局关于广告费和业务宣传费支出税前扣除政策的通知》

（财税〔2012〕48号）规定，自2011年1月1日起至2015年12月31日止，对化妆品制造与销售、医药制造和饮料制造（不含酒类制造，下同）企业发生的广告费和业务宣传费支出，不超过当年销售（营业）收入30%的部分，准予扣除；超过部分，准予在以后纳税年度结转扣除。对签订广告费和业务宣传费分摊协议（以下简称分摊协议）的关联企业，其中一方发生的不超过当年销售（营业）收入税前扣除限额比例内的广告费和业务宣传费支出可以在本企业扣除，也可以将其中的部分或全部按照分摊协议归集至另一方扣除。另一方在计算本企业广告费和业务宣传费支出企业所得税税前扣除限额时，可将按照上述办法归集至本企业的广告费和业务宣传费不计算在内。此外，烟草企业的烟草广告费和业务宣传费支出，一律不得在计算应纳税所得额时扣除。

3. 税会差异

根据《企业所得税法实施条例》的规定，不符合规定条件的广告费不能税前扣除，符合条件的广告费和业务宣传费允许在税前扣除，但是扣除的具体方式以销售收入为基数，按比例、分期扣除。这里的销售（营业）收入，即计算扣除金额的基数包括"主营业务收入""其他业务收入"，以及按照税法规定确认的"视同销售收入"三部分，与业务招待费扣除限额的计算基数相同。

4. 纳税调整

广告费和业务宣传费支出，在会计核算中被确认为收益性支出，在发生的当期一次性计入当期损益。不符合条件的广告费和业务宣传费形成的税会差异，在本期计算应纳税所得额时需要全额纳税调增。符合条件的广告费和业务宣传费，当期会计确认金额超过税法规定的扣除限额部分应纳税调增；本期扣除以前年度结转的尚未扣除的广告费和业务宣传费，本期应纳税调减。按照分摊协议归集至其他关联方的广告费和业务宣传费应纳税调增；按照分摊协议从其他关联方归集至本企业的广告费和业务宣传费应纳税调减。

广告费和业务宣传费支出纳税调整事项，应填报《广告费和业务宣传费跨年度纳税调整明细表》（A105060）和《纳税调整项目明细表》（A105000）。

4.4.3 风险准备金

1. 会计规定

根据会计准则的规定，期末要对各项资产进行减值测试。当资产出现减值状况时，要提取风险准备金，确认资产减值损失，并且将损失直接计入当期损益。

《企业会计准则第 22 号——金融工具确认和计量》第四十条规定，企业应当在资产负债表日对以公允价值计量且其变动计入当期损益的金融资产以外的金融资产的账面价值进行检查，有客观证据表明该金融资产发生减值的，应当计提减值准备，借记"资产减值损失"科目，贷记"坏账准备"科目。

金融资产发生减值的客观证据，是指金融资产初始确认后实际发生的、对该金融资产的预计未来现金流量有影响，且企业能够对该影响进行可靠计量的事项。金融资产发生减值的客观证据，包括下列各项：

发行方或债务人发生严重财务困难；

债务人违反了合同条款，如偿付利息或本金发生违约或逾期等；

债权人出于经济或法律等方面因素的考虑，对发生财务困难的债务人做出让步；

债务人很可能倒闭或进行其他财务重组；

因发行方发生重大财务困难，该金融资产无法在活跃市场继续交易；

无法辨认一组金融资产中的某项资产的现金流量是否已经减少，但根据公开的数据对其进行总体评价后发现，该组金融资产自初始确认以来的预计未来现金流量确已减少且可计量。

《企业会计准则第 1 号——存货》规定，资产负债表日，存货成本高于可变现净值的，要计提存货跌价准备，借记"资产减值损失"科目，贷记"存货跌价准备"科目。确认的资产减值损失，要计入当期损益。如果以后期间，导致存货减值的因素消失，曾经减计的金额应该予以恢复，做相反的会计分录，转回的金额计入当期损益，恢复的最大金额是将"存货跌价准备"账户余额冲至零为限。

《企业会计准则第 8 号——资产减值》规定了固定资产和无形资产等的减值损失的确认。当资产的可收回金额低于其账面价值时，应当将二者的差额确认为资产减值损失，借记"资产减值损失"科目，贷记"固定资产减值准备""无形资产减值准备"科目。计提了减值准备的资产，在未来计提折旧或者进行摊销时，应当重新计算其折旧额与摊销额，在剩余期限内摊销其剩余价值，即账面价值扣除预计净残值的差额。需要注意的是，固定资产和无形资产的减值损失一经确定不得转回，不论减值因素是否消失。

在处置或者出售资产时，已经提取的减值（或跌价）准备要同时转销，如果是将一部分资产出售，那么按照出售资产占全部资产的比例计算出售资产所对应的减值（跌价）准备金额，转销相应的部分。

2. 税法规定

《企业所得税法》第十条第七款规定，未经核定的准备金支出不能税前扣除。

《企业所得税法实施条例》第五十六条规定，企业的各项资产，包括固定资产、生物资产、无形资产、长期待摊费用、投资资产、存货等，以历史成本为计税基础。历史成本，是指企业取得该项资产时实际发生的支出。企业持有各项资产期间资产增值或者减值，除国务院财政、税务主管部门规定可以确认损益外，不得调整该资产的计税基础。

在资产计价和损益确认问题中，一般情况下，税法既不确认资产持有期间发生的减值，不能调整资产的计税基础，又不允许将未经核定的准备金支出在税前扣除。

3. 税会差异

会计根据谨慎性原则的要求，既不能高估资产也不能低估损失，要计提风险准备金抵减当期会计利润。会计核算强调风险预见的前瞻性，损失预计的充分性，计提风险准备金的额度要根据相关信息和会计职业判断合理预计。

税法出于公平原则，未实际发生的损失不可以提前估计扣除，实际发生的资产损失应根据损失发生的原因，选择恰当的申报形式，提交必要的证明材料进行税前扣除。税法强调损失确认程序的规范性，损失确认数据的准确性。

4. 纳税调整

除税法规定允许计提准备金的特殊行业外，一般企业因提取各项准备金而引起当期利润减少，在计算应纳税所得额时，均要进行纳税调增处理。同样，在冲减多提的准备金，或者因为处置资产而转销准备金时，会使当期利润增加，在计算应纳税所得额时要做纳税调减处理。计提准备金当期，根据《企业会计准则第18号——所得税》的规定，确认递延所得税资产的增加。

4.4.4 对外捐赠业务

1. 会计规定

对外捐赠是指将自己的财产无偿送给他人的行为，用于捐赠的资产包括货币资产和非货币资产等形式。在捐赠业务发生时，会计按照实际捐赠资产的账面价值和应支付的相关税费的合计数，计入"营业外支出"科目，抵减当期会计利润。

2. 税法规定

《企业所得税法》第九条规定，企业发生的公益性捐赠支出，在年度利润总额12%以内的部分，准予在计算应纳税所得额时扣除。这里的"年度利润总额"，是指企业按照国家统一会计制度的规定计算的年度会计利润,并且是大于零的数额。这里的"公益性捐赠",是指企业通过公益性社会团体或者县级以上人民政府及其部门,用于《中华人民共和国公益事业捐赠法》规定的公益事业的捐赠。

3. 税会差异

会计核算不考虑捐赠的受益对象、捐赠的途径及捐赠的金额,只要属于捐赠行为就按照捐赠资产的账面价值和相关税费确认捐赠支出总额,借记"营业外支出"科目,贷记"银行存款""库存商品"等科目。

税法要求企业捐赠的途径和接受捐赠的受益对象要符合规定,还要求按照会计利润的12%与捐赠额孰低确定税前可以扣除金额。不符合税法规定条件的捐赠支出均不可以税前扣除,在计算企业所得税时相关支出要进行纳税调增处理。

4. 纳税调整

不符合税法规定的捐赠支出不能税前扣除,发生时全额纳税调增;符合规定的捐赠支出,不超过税法规定的扣除限额部分可以据实扣除,超过部分纳税调增。

4.4.5 安全生产费和维简费

1. 会计规定

根据《企业会计准则解释第3号》的规定,高危行业企业按照国家规定提取的安全生产费,应当计入相关产品的成本或当期损益,同时计入"4301 专项储备"科目。

企业使用提取的安全生产费时,属于费用性支出的,直接冲减专项储备。企业使用提取的安全生产费形成固定资产的,应通过"在建工程"科目归集所发生的支出,待安全项目完工达到预定可使用状态时确认为固定资产;同时,按照形成固定资产的成本冲减专项储备,并确认相同金额的累计折旧。该固定资产在以后期间不再计提折旧。

企业提取的维持简单再生产资金(以下简称"维简费")和其他具有类似性质的费用,比照上述安全生产费的规定处理。

2. 税法规定

(1)煤矿企业维简费和高危行业企业安全生产费的扣除

自 2011 年 5 月 1 日起,《国家税务总局关于煤矿企业维简费和高危行业企业安全生产费用企业所得税税前扣除问题的公告》(国家税务总局公告 2011 年第 26

号）就煤矿企业维简费和高危行业企业安全生产费用支出、企业所得税税前扣除问题做出如下规定：

①煤矿企业实际发生的维简费支出和高危行业企业实际发生的安全生产费用支出，属于收益性支出的，可直接作为当期费用在税前扣除；属于资本性支出的，应计入有关资产成本，并按《企业所得税法》规定计提折旧或摊销费用在税前扣除。企业按照有关规定预提的维简费和安全生产费用，不得在税前扣除。

②2011年5月1日以前，企业按照有关规定提取的，且在税前扣除的煤矿企业维简费和高危行业企业安全生产费用，相关税务问题按以下规定处理：

一是本公告实施前提取尚未使用的维简费和高危行业企业安全生产费用，应用于抵扣该公告实施后的当年度实际发生的维简费和安全生产费用，仍有余额的，继续用于抵扣以后年度发生的实际费用，至余额为零时，企业方可按上述规定执行。

二是已用于资产投资并计入相关资产成本的，该资产提取的折旧或费用摊销额，不得重复在税前扣除。已重复在税前扣除的，应调整作为2011年度应纳税所得额。

三是已用于资产投资并形成相关资产部分成本的，该资产成本扣除上述部分成本后的余额，作为该资产的计税基础，按照《企业所得税法》规定的资产折旧或摊销年限，从该公告实施之日的次月（2011年6月1日）开始，就该资产剩余折旧年限计算折旧或摊销费用，并在税前扣除。

(2) 其他企业维简费的扣除

除煤矿企业以外的其他企业的维简费支出，根据《国家税务总局关于企业维简费支出企业所得税税前和除问题的公告》（国家税务总局公告2013年第67号）的规定执行。

①自2013年1月1日起，企业实际发生的维简费支出，属于收益性支出的，可作为当期费用税前扣除；属于资本性支出的，应计入有关资产成本，并按《企业所得税法》的规定计提折旧或摊销费用并在税前扣除。

企业按照有关规定预提的维简费，不得在当期税前扣除。（上述①为该公告第一条规定）

②2013年1月1日之前，企业按照有关规定提取且已在当期税前扣除的维简费，按以下规定处理：

尚未使用的维简费，并未做纳税调整的，可不做纳税调整，应首先抵减2013年实际发生的维简费，仍有余额的，继续抵减以后年度实际发生的维简费，至余额为零时，企业方可按照本公告第一条规定执行；已做纳税调整的，不再调回，直接按照本公告第一条规定执行。

已用于资产投资并形成相关资产全部成本的,该资产提取的折旧或费用摊销额,不得税前扣除。已用于资产投资并形成相关资产部分成本的,该资产提取的折旧或费用摊销额中与该部分成本对应的部分,不得税前扣除;已税前扣除的,应调整作为2013年度应纳税所得额。

4.4.6 预提费用

1. 会计规定

根据会计准则的规定,采用《企业会计制度》进行会计核算的单位应设置"预提费用"科目,核算企业按照规定从成本费用中预先提取但尚未支付的费用。

按规定预提计入本期成本费用的各项支出,借记"制造费用""营业费用""管理费用""财务费用"等科目,贷记"预提费用"科目;实际支出时,借记"预提费用"科目,贷记"银行存款"等科目。实际发生的支出大于已经预提的数额,应当视同待摊费用,分期摊入成本。

2. 税法规定

(1) 一般规定

根据《企业所得税法》及其实施条例的规定,除税法另有规定外[如《国家税务总局关于印发〈房地产开发经营业务企业所得税处理办法〉的通知》(国税发〔2009〕31号)第三十二条规定的房地产企业的预提费用],企业按照会计规定核算的在成本费用中预提的费用,不得在税前扣除。

(2) 房地产企业特殊的预提费用规定

根据《国家税务总局关于印发〈房地产开发经营业务企业所得税处理办法〉的通知》(国税发〔2009〕31号)第三十二条的规定,除以下几项预提(应付)费用外,计税成本均应为实际发生的成本:

①出包工程未最终办理结算而未取得全额发票的,在证明资料充分的前提下,其发票不足金额可以预提,但最高不得超过合同总金额的10%。

②公共配套设施尚未建造或尚未完工的,可按预算造价合理预提建造费用。此类公共配套设施必须符合已在售房合同、协议或广告、模型中明确承诺建造且不可撤销,或按照法律法规规定必须配套建造的条件。

③应向政府上交但尚未上交的报批报建费用、物业完善费用可以按规定预提。物业完善费用是指按规定应由企业承担的物业管理基金、公建维修基金或其他专项基金。

4.4.7 预计负债

1. 会计规定

(1) 概念

根据《企业会计准则第 13 号——或有事项》的规定，或有事项是指过去的交易或者事项形成的，其结果须由某些未来事项的发生或不发生才能决定的不确定事项。根据会计准则的规定，与或有事项相关的义务同时满足下列条件的，应当确认为预计负债：一是该义务是企业承担的现时义务；二是履行该义务很可能导致经济利益流出企业；三是该义务的金额能够可靠计量。

预计负债应当按照履行相关现时义务所需支出的最佳估计进行初始计量。所需支出存在一个连续范围，且该范围内各种结果发生的可能性相同的，最佳估计数应当按照该范围内的中间值确定。其他情况下，最佳估计数应当分别下列情况处理：或有事项涉及单个项目的，按照最可能发生金额确定；或有事项涉及多个项目的，按照各种可能结果及相关概率计算确定。

(2) 核算方式

根据会计准则的规定，采用《企业会计制度》进行会计核算的单位应设置"预计负债"科目，核算企业确认的对外提供担保、未决诉讼、产品质量保证、重组义务、亏损性合同等预计负债。本科目可按形成预计负债的交易或事项进行明细核算。

(3) 相关会计分录

①企业因对外提供担保、未决诉讼、重组义务产生的预计负债：

借：营业外支出

  贷：预计负债

②企业因产品质量保证产生的预计负债：

借：销售费用

  贷：预计负债

③企业因资产弃置义务产生的预计负债：

借：固定资产/油气资产

  贷：预计负债

在固定资产或油气资产的使用寿命内，按计算确定的各期应负担的利息费用：

借：财务费用

  贷：预计负债

④实际清偿或冲减的预计负债：

借：预计负债

  贷：银行存款等

⑤根据确凿证据需要对已确认的预计负债进行调整的，调整增加的预计负债：
借：有关科目
　　贷：预计负债
调整减少的预计负债做相反的会计分录。

2. 税法规定

（1）一般规定

根据《企业所得税法》第八条的规定，企业实际发生的与取得收入有关的、合理的支出，包括成本、费用、税金、损失和其他支出，准予在计算应纳税所得额时扣除。预计负债是根据或有事项确认的债务，尚未实际发生，因此税法不允许税前扣除。

（2）特殊规定

弃置费用是指根据国家法律和行政法规、国际公约等规定，企业承担的环境保护和生态恢复等义务所确定的支出。按规定提取的弃置费用可以按税法规定在税前扣除。

3. 税会差异

会计基于谨慎性原则的要求，为了防止高估资产或收益，低估负债或损失，应该在具备一定估计条件时确认预计负债，计入当期损益抵减当期利润。税法强调实际发生的支出才能够税前扣除，会计与税法之间存在差异。

4. 纳税调整

纳税人确认预计负债当期要做纳税调增处理，等到或有事项实际发生时再作纳税调减处理。

预计负债产生的纳税调整在《纳税调整项目明细表》（A105000）中的第30行反映。

4.4.8 罚款

1. 会计规定

各种罚款支出在会计核算中都作为损失进行确认，直接计入发生当期的"营业外支出"科目，抵减当期会计利润。

2. 税法规定

税法根据罚款的原因不同而区别对待，《企业所得税法》第十条规定，因违反法律、行政法规而交付的罚款、罚金、滞纳金，不可以税前扣除。纳税人按照经济合同规定支付的违约金（包括银行罚息）、罚款和诉讼费，可以税前扣除。

3. 税会差异及纳税调整

不得税前扣除的各项罚款支出，存在会计与税法差异问题，在依据会计利润计算应纳税所得额时应进行纳税调增处理。通过填报《纳税调整项目明细表》（A105000）第19行、第20行、第21行申报调整。可以税前扣除的各种罚款支出，不存在会计与税法差异，无须纳税调整。

4.4.9 典型案例解析

【案例4-4】 广告费和业务宣传费扣除的纳税调整及申报

甲公司为食品生产企业，属于增值税一般纳税人。2020年该公司主营业务收入为600万元，其他业务收入为80万元，营业外收入为10万元，投资收益为4万元。全年发生的符合条件的广告费和业务宣传费合计100万元。甲公司发生的全部广告费和业务宣传费中按照税法规定有1万元属于赞助支出，不能税前扣除。甲公司结转以前年度累计结转的尚未扣除的广告费和业务宣传费合计2万元。

【案例分析】（以下会计分录和计算的单位均为"万元"）

（1）会计处理

某公司广告费和业务宣传费的会计处理为：

借：销售费用　　　　100
　　贷：银行存款等　　　100

（2）税务处理

本期广告费和业务宣传费的扣除基数 =600+80=680（万元）

本期广告费和业务宣传费的扣除限额 =680×15%=102（万元）

根据税法的规定，有1万元的赞助支出不允许扣除，因此，税法允许扣除的广告费和业务宣传费金额为99万元。

税法允许扣除的广告费和业务宣传费金额小于限额3万元，因此，以前年度结转的尚未扣除的广告费和业务宣传费可以在本期扣除2万元。

（3）纳税申报

填报《广告费和业务宣传费跨年度纳税调整明细表》（A105060）第1行第1列100万元，第2行第1列1万元，第3行第1列99万元，第4行第1列680万元，第5行第1列15%，第6行第1列102万元，第7行第1列0元，第8行第1列2万元，第9行第1列2万元，第10行第1列0元，第11行第1列0元，第12行第1列-1万元，第13行第1列0元，如表4.18所示。

表4.18 《广告费和业务宣传费跨年度纳税调整明细表》（A105060）

单位：万元

行次	项目	广告费和业务宣传费	保险企业手续费及佣金支出
		1	2
1	一、本年支出	100	
2	减：不允许扣除的支出	1	
3	二、本年符合条件的支出（1-2）	99	
4	三、本年计算扣除限额的基数	680	
5	乘：税收规定扣除率	15%	
6	四、本企业计算的扣除限额（4×5）	102	
7	五、本年结转以后年度扣除额（3＞6，本行=3-6；3≤6，本行=0）	0	
8	加：以前年度累计结转扣除额	2	
9	减：本年扣除的以前年度结转额[3＞6，本行=0；3≤6，本行=8与（6-3）孰小值]	2	
10	六、按照分摊协议归集至其他关联方的金额（10≤3与6孰小值）	0	*
11	按照分摊协议从其他关联方归集至本企业的金额	0	*
12	七、本年支出纳税调整金额（3＞6，本行=2+3-6+10-11；3≤6，本行=2+10-11-9）	-1	
13	八、累计结转以后年度扣除额（7+8-9）	0	

填报《纳税调整项目明细表》（A105000）第12行第3列1万元，第16行第3列1万元，如表4.19所示。

表4.19 《纳税调整项目明细表》（A105000）

单位：万元

行次	项目	账载金额	税收金额	调增金额	调减金额
		1	2	3	4
12	二、扣除类调整项目（13+14+…+24+26+27+28+29+30）	*	*	1	
16	（四）广告费和业务宣传费支出（填写A105060）	*	*	1	

4.4.10 综合自测

【问题】抗疫捐款能否在企业所得税汇算清缴时一次性全额扣除？

2020年2月，北京市密云区某公司通过乡镇政府向武汉捐赠人民币5万元，请问该项捐赠能否在企业所得税汇算清缴时一次性全额扣除？

【分析】

从捐赠渠道来看，根据《企业所得税法实施条例》第五十一条的规定，《企业所得税法》第九条所称公益性捐赠，是指企业通过公益性社会团体或者县级以上人民政府及其部门，用于《中华人民共和国公益事业捐赠法》规定的公益事业的捐赠。按照行政级别，北京市乡镇政府与省以下的县级政府级别相同，因此该公司通过乡镇政府或其部门进行的捐赠符合公益性捐赠的要求。

从捐赠数额来看，《企业所得税法》第九条规定："企业发生的公益性捐赠支出，在年度利润总额12%以内的部分，准予在计算应纳税所得额时扣除；超过年度利润总额12%的部分，准予结转以后三年内在计算应纳税所得额时扣除。"因此，捐赠支出在税前扣除的前置性条件是在当年会计利润总额12%以内的部分；超过年度利润总额12%的部分，准予结转以后三年内在计算应纳税所得额时扣除。

同时，根据《关于加强企业对外捐赠财务管理的通知》（财企〔2003〕95号）第三条第二项"救济性捐赠，即向遭受自然灾害或者国家确认的'老、少、边、穷'等地区以及慈善协会、红十字会、残疾人联合会、青少年基金会等社会团体或者困难的社会弱势群体和个人提供的用于生产、生活救济、救助的捐赠"，以及第六条第二段"企业实际发生的对外捐赠支出，应当依据受赠方出具的省级以上财政部门统一印（监）制的捐赠收据或者捐赠资产交接清单确认；救灾、济贫等对困难的社会弱势群体和个人的捐赠，无法索取省级以上财政部门统一印（监）制的捐赠收据的，应当依据城镇街道、农村乡村等基层政府组织出具的证明和企业法定负责人审批的捐赠报告确认"的规定可知，上述捐赠可以在当年计算会计利润总额时作为"营业外支出"全额扣除。

【解答】

上述捐赠作为"营业外支出"全额扣除后，应当用"利润总额12%的部分"和5万元捐赠额进行比较。如果"利润总额12%的部分"大于5万元，则5万元捐赠额能够在企业所得税汇算清缴时一次性全额扣除；如果"利润总额12%的部分"小于5万元，则5万元扣除超过当年利润总额12%的部分，准予结转以后三年内在计算应纳税所得额时扣除。

第 5 章
资产篇

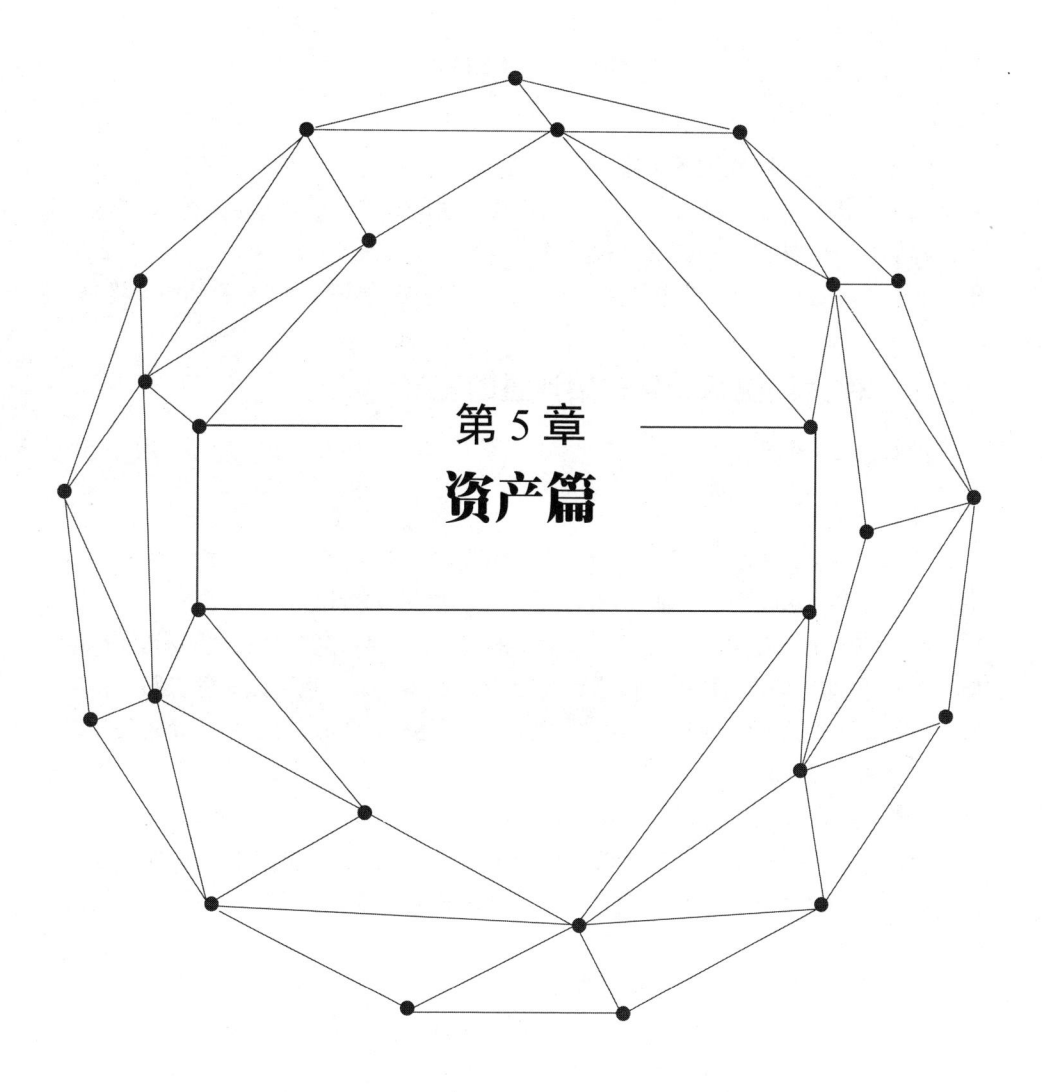

5.1 存货

根据《企业会计准则第 1 号——存货》的规定,存货是指企业在日常活动中持有以备出售的产成品或商品、处在生产过程中的在产品、在生产过程或提供劳务过程中耗用的材料、物料等。税法基本参照了会计准则的定义,并进一步延伸出其他相关规定。本节主要分析存货确认、计量等方面的税会差异和纳税调整。

5.1.1 存货计税基础与初始计量的差异

1. 外购存货

(1) 会计规定

根据企业会计准则的规定,存货的采购成本,包括购买价款、相关税费、运输费、装卸费、保险费及其他可归属于存货采购成本的费用。

商品流通企业在采购商品过程中发生的运输费、装卸费、保险费及其他可归属于存货采购成本的费用等,应当计入存货的采购成本,也可以先进行归集,期末再根据所购商品的存销情况进行分摊。对于已售商品的进货费用,计入当期损益;对于未售商品的进货费用,计入期末存货成本。企业采购商品的进货费用金额较小的,可以在发生时直接计入当期损益。

但是,对于采购过程中发生的物资毁损、短缺等,除合理的损耗应作为存货的"其他可归属于存货采购成本的费用"计入采购成本外,应区别不同情况进行处理:

①从供应单位外部运输机构等收回的赔款,冲减物资的采购成本;

②因遭受意外灾害发生的损失和尚待查明原因的途中损耗,不得增加物资的采购成本,应暂作为"待处理财产损溢"进行核算,在查明原因后再做处理。

(2) 税法规定

根据《企业所得税法实施条例》第三十条、第七十二条的规定,通过支付现金方式取得的存货,以购买价款和支付的相关税费为成本。

商业企业外购存货发生的费用,已计入存货成本的,不再作为营业费用扣除。

(3) 税会差异

外购存货的计税基础与初始计量采取了近乎一致的规定。但是，如果存货未按规定取得合法的税前扣除凭证，也没有按照《国家税务总局关于发布〈企业所得税税前扣除凭证管理办法〉的公告》（国家税务总局公告 2018 年第 28 号）换开发票或取得其他能证明其成本的证据，在实务中，其计税基础一般视同为零。

2. 自制存货

（1）会计规定

根据会计准则的规定，存货应当按照成本进行初始计量。自制存货成本包括采购成本、加工成本和其他成本。其他成本是指除采购成本、加工成本以外的，使存货达到目前场所和状态所发生的其他支出。

根据该规定，需要经过相当长时间（达 1 年以上）的购建或生产活动才能达到可使用或者可销售状态的存货，如大型设备、造船、开发产品等，也属于借款费用资本化的资产范围。

（2）税法规定

《企业所得税法实施条例》第三十七条规定，企业在生产经营活动中发生的合理的不需要资本化的借款费用，准予扣除。企业经过 12 个月以上的建造才能达到预定可销售状态的存货发生借款的，在有关资产购置、建造期间发生的合理的借款费用，应当作为资本性支出计入有关资产的成本，并依照本条例的规定扣除。

但是，如果计入存货成本的借款费用因下列原因导致超过税法规定的标准，则应将超过标准的部分从计税基础中扣除。相关依据为：

①《企业所得税法实施条例》第三十八条规定，非金融企业向非金融企业借款的利息支出，不超过按照金融企业同期同类贷款利率计算的数额的部分，允许在税前扣除，超过部分的利息支出不得在税前扣除。

②《国家税务总局关于企业投资者投资未到位而发生的利息支出企业所得税前扣除问题的批复》（国税函〔2009〕312 号）规定，凡企业投资者在规定期限内未缴足其应缴资本额的，该企业对外借款所发生的利息，相当于投资者实缴资本额与在规定期限内应缴资本额的差额应计付的利息，不得在计算企业应纳税所得额时扣除。

③《企业所得税法》第四十六条及《企业所得税法实施条例》第一百一十九条规定，企业从其关联方接受的债权性投资与权益性投资的比例超过规定标准而发生的利息支出，不得在计算应纳税所得额时扣除。

（3）税会差异

自制存货的计税基础与初始计量采取了基本一致的规定。但是，在企业所得税处理中因为超过税法规定的标准不得扣除的借款费用，如果已按借款费用准则进行资本化处理，会导致存货的计税基础小于会计成本，以后期间，当存货成本在会计上结转损益时，需做纳税调增处理。

3. 受赠的存货

（1）会计规定

接受捐赠的存货，应当按照公允价值计量；公允价值不能可靠取得的，按照名义金额计量。

受赠资产附带有关文件、协议、发票、报关单等凭证注明的价值与公允价值差异不大的，应当以有关凭证中注明的价值作为公允价值。

如没有注明价值或注明价值与公允价值差异较大但有活跃市场的，应当根据有确凿证据表明的同类或类似资产市场价格作为公允价值；如没有注明价值，且没有活跃市场、不能可靠取得公允价值的，应当按照名义金额计量，名义金额为1元。

（2）税法规定

根据《企业所得税法实施条例》的规定，企业接受的来自其他企业、组织或者个人无偿给予的货币性资产、非货币性资产，应当并入实际收到捐赠资产当年度的应纳税所得总额征收企业所得税。接受捐赠的非现金资产，按照公允价值和应支付的相关税费作为计税基础。

此外，根据《国家税务总局关于企业所得税应纳税所得额若干问题的公告》（国家税务总局公告2014年第29号）的规定，企业接收股东划入资产（包括股东赠予资产），凡合同、协议约定作为资本金（包括资本公积）且在会计上已做实际处理的，不计入企业的收入总额，企业应按公允价值确定该项资产的计税基础。企业接收股东划入资产，凡作为收入处理的，应按公允价值计入收入总额，计算缴纳企业所得税，同时按公允价值确定该项资产的计税基础。

（3）税会差异

受赠的存货的计税基础与初始计量的相关规定很接近。需要注意的是，会计准则基本按照公允价值计量，而税法在会计准则的基础上还强调计税基础须包含"应支付的相关税费"。

4. 接受投资的存货

（1）会计规定

根据会计准则的规定，投资者投入存货的成本，应当按照投资合同或协议约定的价值确定，但合同或协议约定价值不公允的除外。

（2）税法规定

①接受投资的存货，其计税基础与会计处理相同。

②按照原计税基础确定：企业以资产收购方式取得的存货，若适用特殊性税务处理办法，则收购方取得存货的计税基础按照转让方原持有存货的计税基础确定。

此外，根据《财政部、国家税务总局关于促进企业重组有关企业所得税处理问题的通知》（财税〔2014〕109号）的规定，对100%直接控制的居民企业之间，以及受同一或相同多家居民企业100%直接控制的居民企业之间按账面净值划转存货且符合相关条件的，则划入方企业取得被划存货的计税基础，以被划转存货的原计税基础确定。

（3）税会差异

接受投资存货的计税基础与初始计量的相关规定很接近。但是，如果纳税人通过非商业目的实施避税来增加被投资方资产的计税基础，税务机关可以依据《企业所得税法》第四十一条、第四十七条等的规定，对接受投资资产的计税基础进行合理调整。会计上也应按公允价值调整账面成本。

5. 以非货币性资产交换方式取得的存货

（1）会计规定

按照公允价值模式计量，具有商业实质且其换入或换出资产的公允价值能够可靠地计量的非货币性资产交换，不涉及补价的，应当按照换出资产的公允价值作为确定换入存货成本的基础；但有确凿证据表明换入存货的公允价值更加可靠的，则以换入存货的公允价值作为确定换入存货成本的基础。换出资产账面价值与其公允价值之间的差额，计入当期损益。

按照成本模式计量，如果非货币性资产交换交易不具有商业实质，换入存货的成本按照换出资产的账面价值加上应支付的相关税费确定，不确认损益；如果非货币性交易虽具有商业实质，但换入资产或换出资产的公允价值不能可靠计量的，按照不具有商业实质的非货币性资产交换的原则进行会计处理。

（2）税法规定

根据《企业所得税法实施条例》第七十二条的规定，以非货币性资产交换方式取得存货的计税基础按照公允价值和应支付的相关税费之和确定。

如果非货币性资产交换符合资产收购重组，则适用特殊性税务处理办法，收购方取得的存货按照转让方原持有存货的计税基础确定。

（3）税会差异

采用公允价值模式计量的存货，其计税基础与初始计量相同。

采用成本模式计量的存货，其计税基础与初始计量不同。换出资产需按视同销售调整应纳税所得，未来处置换入的存货时，做相反方向的纳税调整。

6. 以债务重组方式取得的存货

(1) 会计规定

根据《企业会计准则第 12 号——债务重组》第十条的规定，以存货清偿债务的，债权人应当对受让的存货按其公允价值入账，重组债权的账面余额与受让的存货的公允价值之间的差额，计入当期损益。债权人已对债权计提减值准备的，应当先将该差额冲减减值准备，减值准备不足以冲减的部分，计入当期损益。

(2) 税法规定

根据《企业所得税法实施条例》第二十五条、《国家税务总局关于企业处置资产所得税处理问题的通知》（国税函〔2009〕828 号）的规定，以存货抵偿债务，应视同销售计算资产转让所得，因此以债务重组方式取得的存货的计税基础，应当按照抵偿债务的金额确定。

(3) 税会差异

以债务重组方式取得存货的计税基础与初始计量基本一致。

在以非现金资产抵偿债务方式的债务重组业务中，债权人只涉及坏账准备的纳税调整，债务人可能涉及存货跌价准备的纳税调整。

5.1.2 存货发出计价方法的差异

1. 会计规定

根据会计准则的规定，除周转材料（包装物和低值易耗品）外，存货发出的计价方法，可以按实际成本核算，也可以按计划成本核算，但资产负债表日均应调整为按实际成本核算。

企业应当采用先进先出法、移动加权平均法、月末一次加权平均法、个别计价法确定发出存货的实际成本。

存货发出的计价方法变更属于会计政策问题，根据可比性要求，存货发出的计价方法一经选用，不得随意变更。

2. 税法规定

《企业所得税法实施条例》第七十三条规定，企业使用或者销售的存货的成本计算方法，可以在先进先出法、加权平均法、个别计价法中选用一种。计价方法一经选用，不得随意变更。

3. 税会差异

税法在存货发出的计价方法上采取了与会计准则一致的规定。

但是,根据《企业所得税法》第十五条的规定,企业使用或者销售存货,按照规定计算的存货成本,准予在计算应纳税所得额时扣除。由此可见,低值易耗品可以在实际领用时一次性扣除,如果会计选择五五摊销法,则会计与税法在低值易耗品的处理上会存在差异。

5.1.3 存货的盘盈

1. 会计规定

根据会计准则的规定,盘盈的存货通常是由企业日常收发计量或计算上的差错所造成的。按规定手续报经批准后,盘盈的存货可冲减管理费用。

相关会计处理如下:

(1) 批准前

借:原材料等科目

　　贷:待处理财产损溢——待处理流动资产损溢

(2) 批准后

借:待处理财产损溢——待处理流动资产损溢

　　贷:管理费用

2. 税法规定

根据《企业所得税法实施条例》第二十二条的规定,《企业所得税法》第六条第(九)项所称其他收入,是指企业取得的除《企业所得税法》第六条第(一)项至第(八)项规定的收入外的其他收入,包括企业资产溢余收入……存货盘盈和固定资产盘盈都属于资产溢余收入,因此存货盘盈应计入企业所得税应税收入总额。

3. 税会差异

《企业所得税法》将存货盘盈视为收入,而在会计处理中最终冲减管理费用。但是,存货的盘盈的税会处理不直接影响最终的应纳税所得额的计算,因此无须进行纳税调整。

5.1.4 存货期末计量方法的差异

1. 会计规定

会计根据谨慎性原则,对企业存货发生减值时要求提取存货跌价准备。

根据会计准则的规定,在资产负债表日,存货应当按照成本与可变现净值孰低计量。存货成本高于可变现净值的,会计根据谨慎性原则,对企业存货发生减值时要求提取存货跌价准备,计入当期损益。

2. 税法规定

企业所得税税前允许扣除的项目,必须遵循据实扣除的原则,除税法规定外,企业提取的各种跌价、减值准备,在计算应纳税所得额时不得扣除。只有在该项资产实际发生损失时,其损失金额才能从应纳税所得中扣除。

3. 税会差异

企业已提取减值准备的资产,如果在纳税申报时已调增所得,因价值恢复或转让、处置有关资产而冲销的存货跌价准备、资产减值准备,企业要做相反的纳税调整。

当存货发生法定资产损失（虽未实际处置、转让上述资产,但损失已实际发生）,且在会计上已做损失的,当年度允许扣除。以后年度取得的变价收入或赔偿收入等,应直接并入取得年度的应纳税所得总额征税。

5.1.5 纳税调整

如果会计核算确认了存货跌价损失,当期要将提取的存货跌价准备进行纳税调增处理。

如果存货发生了盘亏、毁损或处置损失,但是未按照规定程序进行纳税申报并提交相应的证明材料,存货损失不能税前扣除,需要进行纳税调增处理。

如果以前年度的损失因各种原因未能及时确认,会计核算根据重要性原则判断非重大事项当期处理,重大事项需要追溯调整。税法规定,属于实际资产损失的应追溯调整,属于法定资产损失的当期扣除。会计与税法损失确认的时间如果存在差异,需要进行相应的纳税调整。

5.1.6 典型案例解析

【案例 5-1】存货损失业务纳税调整及申报

2019 年 12 月 31 日，甲公司结账前对存货进行盘点，发现以下问题：

库存充电电池的账面余额为 80 000 元，由于市场价格下跌，预计其可变现净值为 50 000 元，公司决定计提存货跌价准备 30 000 元。

库存口罩价值有所回升，盘点时口罩账面价值为 20 000 元（账面余额 25 000 元，已提存货跌价准备 5 000 元）。根据目前市场价格计算口罩可变现净值为 30 000 元，应转回已提取的跌价准备。

【案例分析】

（1）会计处理

① 2019 年年末盘点后，甲公司计提充电电池的存货跌价准备 30 000 元，对应的会计分录为：

借：资产减值损失——存货跌价损失　　30 000
　　贷：存货跌价准备——充电电池　　　30 000

② 由于库存口罩的可变现净值上升，超过了当前账面价值，因此应转回曾经提取的存货跌价准备，转回程度以"存货跌价准备"账户余额减至零为限，对应的会计分录为：

借：存货跌价准备——口罩　　　　　　5 000
　　贷：资产减值损失——存货减值损失　5 000

（2）税务处理

由于税务不承认企业自行计提的减值损失，因此计提存货跌价准备应纳税调增 30 000 元，转回存货跌价准备应纳税调减 5 000 元，合计纳税调增 25 000 元。

（3）纳税申报

填报《纳税调整项目明细表》（A105000）第 31 行第 3 列 25 000 元，第 33 行第 1 列 25 000 元、第 3 列 25 000 元，如表 5.1 所示。

表 5.1 《纳税调整项目明细表》（A105000）

单位：元

行次	项目	账载金额 1	税收金额 2	调增金额 3	调减金额 4
31	三、资产类调整项目（32+33+34+35）	*	*	25 000	
33	（二）资产减值准备金	25 000	*	25 000	

填报《中华人民共和国企业所得税年度纳税申报表（A 类）》（A100000）第 15 行第 1 列 25 000 元，如表 5.2 所示。

表 5.2 《中华人民共和国企业所得税年度纳税申报表（A 类）》（A100000）

单位：元

行次	类别	项目	金额
13		三、利润总额（10+11-12）	
14		减：境外所得（填写 A108010）	
15	应纳税所得额计算	加：纳税调整增加额（填写 A105000）	25 000
16		减：纳税调整减少额（填写 A105000）	

【提示】2014 年版的《资产损失税前扣除及纳税调整明细表》（A105090）已于 2017 年修订时删除，本题内容不再涉及该表。

5.1.7 综合自测

【问题】存货的税收筹划方式是否合法？

为尽可能节约资金、降低税负，在发出存货的计价方法选择上，一方面，选择使本期存货成本最大化的存货计价方法，使亏损尚未得到完全弥补的年度的成本费用降低，尽量使成本费用延迟到以后能够完全得到抵补的时期，以保证成本费用的抵税效果最大化。另一方面，选择使免税期间内存货成本最小化的计价方法，尽量将存货成本转移到非税收优惠期间，选择使存货成本最大化的计价方法，以减少当期应纳税所得额、延迟纳税。请问上述税收筹划方式合法吗？

【分析】

存货是确定构成主营业务成本核算的重要内容，对于产品成本、企业利润及所得税都有较大的影响。《企业所得税法》允许企业采用先进先出法、加权平均法或者个别计价法确定发出存货的实际成本，但不允许采用后进先出法。选择不同的存货发出计价方法，会导致不同的销货成本和期末存货成本，产生不同的企业利润，进而影响各期所得税额。

企业应根据自身所处的不同纳税期以及盈亏的不同情况选择不同的存货计价方法，使得成本费用的抵税效应得到充分的发挥。比如，先进先出法适用于市场价格普遍处于下降趋势的商品，可使期末存货价值较低，增加当期销货成本，减少当期应纳税所得额，延缓纳税时间。当企业普遍感到流动资金紧张时，延缓纳税无疑是从国家获取一笔无息贷款，有利于企业的资金周转。在通货膨胀的情况下,先进先出法会虚增利润,增加企业的税收负担,不宜采用。

【解答】

上述纳税筹划方式是合法的。但是,发出存货的计价方法的变更属于会计政策变更,会计和税法都要求一旦选定,不得随意变更。企业在变更计价方法时,应注意遵循会计和税法的相关要求。

5.2 固定资产

根据《企业会计准则第4号——固定资产》的规定，固定资产是指企业为生产产品、提供劳务、出租或者经营管理而持有的，使用寿命超过一个会计年度的有形资产。固定资产包括房屋、建筑物、机器、机械、运输工具以及其他与生产经营活动有关的设备、器具、工具等。《企业所得税法》对固定资产的解释与会计有所不同。此外，国家近年来出台了大量涉及固定资产折旧的税收优惠政策，这也是本节的重点内容之一。固定资产是资产类最为重要的内容，本节将主要结合税会对固定资产在确认、计量、折旧及处置方面的差异和纳税调整展开分析解读。

5.2.1 固定资产的确认

1. 会计规定

根据会计准则的规定，固定资产是指企业为生产商品、提供劳务、出租或者经营管理而持有的，使用寿命超过一个会计年度的有形资产。

固定资产须同时满足下列两个条件：

一是与该固定资产有关的经济利益很可能流入企业；

二是该固定资产的成本能够可靠地计量。

会计准则中的固定资产不包括投资性房地产、生物资产。

2. 税法规定

根据《企业所得税法实施条例》第五十七条的规定，固定资产是指企业为生产产品、提供劳务、出租或者经营管理而持有的、使用时间超过12个月的非货币性资产，包括房屋、建筑物、机器、机械、运输工具以及其他与生产经营活动有关的设备、器具、工具等。

3. 税会差异

税法中的固定资产包括投资性房地产，会计准则中的固定资产不包括投资性房地产。

对于一项资产是否属于固定资产，会计会根据重要性原则进行判断，将符合固定资产概念的资产不确认为固定资产，而是将其确认为存货或者一次性计入损益，如生产制造企业将一些价值较低的器具、工具作为存货或周转材料管理。

税法不遵从重要性原则，即只要符合固定资产概念的资产都应按照固定资产进行确认，除非税法另有规定。比如，《财政部、国家税务总局关于完善固定资产加速折旧企业所得税政策的通知》（财税〔2014〕75号）规定的"对所有行业企业持有的单位价值不超过5 000元的固定资产，允许一次性计入当期成本费用在计算应纳税所得额时扣除，不再分年度计算折旧"，就属于"税法另有规定"的特殊情况。

5.2.2　固定资产计税基础与初始计量的差异

1. 外购的固定资产

（1）会计规定

根据会计准则的规定，外购固定资产的成本，包括购买价款、相关税费、使固定资产达到预定可使用状态前所发生的可归属于该项资产的运输费、装卸费、安装费和专业人员服务费等。

（2）税法规定

根据《企业所得税法实施条例》第五十八条第一项的规定，外购的固定资产，以购买价款和支付的相关税费以及直接归属于使该资产达到预定用途发生的其他支出为计税基础。

（3）税会差异

外购固定资产的计税基础与初始计量的规定基本一致。

2. 自行建造的固定资产

（1）会计规定

根据会计准则的规定，所建造的固定资产已达到预定可使用状态，但尚未办理竣工决算的，应当自达到预定可使用状态之日起，根据工程预算、造价或者工程实际成本等，按估计的价值转入固定资产，并按《企业会计准则第4号——固定资产》关于计提固定资产折旧的规定，计提固定资产的折旧。待办理了竣工决算手续后，再按实际成本调整原来的暂估价值，但不需要调整原已计提的折旧额。

（2）税法规定

根据《企业所得税法实施条例》第五十八条的规定，自行建造的固定资产，以竣工结算前发生的支出为计税基础。

(3) 税会差异

会计上办了竣工决算手续后调整原来的暂估价值时，不需要调整原已计提的折旧额。

但是，根据《国家税务总局关于企业所得税应纳税所得额若干税务处理问题的公告》（国家税务总局公告 2012 年第 15 号）第六条的规定，在企业所得税核算中，当企业按照实际竣工决算价值调整原暂估价或发现原计价有错误等原因调整固定资产价值时，以后年度补提的折旧，不允许在补提年度扣除，应相应调整原所属年度的应纳税所得额。

3. 投资者投入的固定资产

(1) 会计规定

根据会计准则的规定，投资者投入固定资产的成本，应当按照投资合同或协议约定的价值确定，但合同或协议约定价值不公允的除外。

(2) 税法规定

根据《企业所得税法实施条例》第五十八条第五项的规定，通过捐赠、投资、非货币性资产交换、债务重组等方式取得的固定资产，以该资产的公允价值和支付的相关税费为计税基础。

(3) 税会差异

投资者投入的固定资产的计税基础与初始计量的规定基本一致。

4. 融资租入的固定资产

(1) 会计规定

根据会计准则的规定，在租赁期开始日，承租人应当将租赁资产公允价值与最低租赁付款额的现值两者中较低者作为租入资产的入账价值，将最低租赁付款额作为长期应付款的入账价值，其差额作为未确认融资费用。

承租人在租赁谈判和签订租赁合同过程中发生的，可归属于租赁项目的手续费、律师费、差旅费、印花税等初始直接费用，应当计入租入资产价值。

(2) 税法规定

根据《企业所得税法实施条例》第五十八第三项的规定，融资租入的固定资产，以租赁合同约定的付款总额和承租人在签订租赁合同过程中发生的相关费用为计税基础，租赁合同未约定付款总额的，以该资产的公允价值和承租人在签订租赁合同过程中发生的相关费用为计税基础。

(3) 税会差异

融资租入的固定资产，税法的规定未涉及最低租赁付款额的现值，这与会计准则的规定不同。实际操作中，往往导致固定资产的企业所得税计税基础大于会计成本。

5.2.3 固定资产的后续计量

1. 折旧范围的差异

（1）会计规定

根据会计准则的规定，企业应对所有固定资产计提折旧，但是，已提足折旧仍继续使用的固定资产和单独计价入账的土地除外。

（2）税法规定

根据《企业所得税法》第十一条的规定，在计算应纳税所得额时，企业按照规定计算的固定资产折旧，准予扣除。下列固定资产不得计算折旧扣除：

①房屋、建筑物以外未投入使用的固定资产；

②以经营租赁方式租入的固定资产；

③以融资租赁方式租出的固定资产；

④已足额提取折旧仍继续使用的固定资产；

⑤与经营活动无关的固定资产；

⑥单独估价作为固定资产入账的土地；

⑦其他不得计算折旧扣除的固定资产。

（3）税会差异

固定资产折旧范围的确定，会计与税法的差异表现在两个方面：一是固定资产是否使用，二是固定资产与经营活动是否有关。未使用的固定资产（除房屋、建筑物外）和与经营活动无关的固定资产，税法不允许计提折旧。

2. 固定资产计提折旧起始时间

（1）会计规定

根据会计准则的规定，企业一般应当按月提取折旧，当月增加的固定资产，当月不计提折旧，从下月开始计提折旧；当月减少的固定资产，当月照样计提折旧，从下月起不再计提折旧。

固定资产提足折旧后，无论是否还在使用，均不再继续计提折旧。

已达到预定可使用状态的固定资产，即使还未办理竣工结算手续，也应于达到预定可使用状态时开始计提折旧。

（2）税法规定

根据《企业所得税法实施条例》第五十九条的规定，企业应当自固定资产投入使用月份的次月起计算折旧；停止使用的固定资产，应当自停止使用月份的次月起停止计算折旧。

(3) 税会差异

在确定开始提取折旧的时间时，会计强调的是固定资产"增加"，税法强调的是固定资产"投入使用"。这将导致当月增加的但未投入使用的固定资产，在下月是否需要计提折旧方面存在差异，并需要进行纳税调整。

3. 预计净残值

(1) 会计规定

《企业会计准则第4号——固定资产》第十五条规定："企业应当根据固定资产的性质和使用情况，合理确定固定资产的使用寿命和预计净残值。

"固定资产的使用寿命、预计净残值一经确定，不得随意变更。但是，符合本准则第十九条规定的除外。"

第十九条规定："企业至少应当于每年年度终了，对固定资产的使用寿命、预计净残值和折旧方法进行复核。

"使用寿命预计数与原先估计数有差异的，应当调整固定资产使用寿命。

"预计净残值预计数与原先估计数有差异的，应当调整预计净残值。

"与固定资产有关的经济利益预期实现方式有重大改变的，应当改变固定资产折旧方法。

"固定资产使用寿命、预计净残值和折旧方法的改变应当作为会计估计变更。"

(2) 税法规定

《企业所得税法实施条例》第五十九条第三款规定，企业应当根据固定资产的性质和使用情况，合理确定固定资产的预计净残值。固定资产的预计净残值一经确定，不得变更。

(3) 税会差异

在确定预计净残值时，会计处理可以通过会计估计变更，允许"使用寿命预计数与原先估计数有差异的，应当调整固定资产使用寿命"；税法强调的是，"一经确定，不得变更"。

5.2.4 固定资产的折旧方法

1. 会计规定

根据会计准则的规定，企业应当根据与固定资产有关的经济利益的预期实现方式，合理选择固定资产折旧方法。可选用的折旧方法包括年限平均法、工作量法、双倍余额递减法和年数总和法等。固定资产的折旧方法一经确定，不得随意变更。

2. 税法规定

（1）折旧方法

为进一步支持科技创新，促进企业提质增效，财政部、国家税务总局先后于2009年、2012年、2014年、2015年、2018年多次下发文件，出台了多种固定资产税收折旧政策。涉及的折旧方法包括一次性扣除、按企业所得税法最低折旧年限的60%缩短折旧年限、采取双倍余额递减法或年数总和法加速折旧等。鉴于相关规定内容庞杂，但理解难度较低，请读者根据以下文号自行阅读：《国家税务总局关于企业固定资产加速折旧所得税处理有关问题的通知》(国税发〔2009〕81号)、《财政部、国家税务总局关于进一步鼓励软件产业和集成电路产业发展企业所得税政策的通知》(财税〔2012〕27号)、《财政部、国家税务总局关于完善固定资产加速折旧企业所得税政策的通知》(财税〔2014〕75号)、《财政部、国家税务总局关于进一步完善固定资产加速折旧企业所得税政策的通知》(财税〔2015〕106号)、《财政部、国家税务总局关于进一步完善固定资产加速折旧企业所得税政策的通知》(财税〔2018〕54号)、《国家税务总局关于进一步完善固定资产加速折旧企业所得税政策有关问题的公告》(国家税务总局公告2015年第68号)、《国家税务总局关于设备器具扣除有关企业所得税政策执行问题的公告》(国家税务总局公告2018年第46号)、《财政部、税务总局关于支持新型冠状病毒感染的肺炎疫情防控有关税收政策的公告》(财政部、税务总局公告2020年第8号)。

（2）研发用仪器、设备折旧方法

根据《财政部、国家税务总局关于完善固定资产加速折旧企业所得税政策的通知》(财税〔2014〕75号)、《国家税务总局关于固定资产加速折旧税收政策有关问题的公告》(国家税务总局公告2014年第64号)、《国家税务总局关于设备、器具扣除有关企业所得税政策执行问题的公告》(国家税务总局公告2018年第46号)、《国家税务总局关于研发费用税前加计扣除归集范围有关问题的公告》(国家税务总局公告2017年第40号)等文件的规定，研发用仪器、设备的折旧及加计扣除方法按下列口径执行：

①对所有行业企业2014年1月1日后新购进的专用或兼用于研发的仪器、设备，单位价值不超过100万元的（2018年1月1日—2020年12月31日新购进的单位价值不超过500万元），允许一次性扣除；单位价值超过100万元的（2018年1月1日—2020年12月31日新购进的单位价值超过500万元），可缩短折旧年限或采取加速折旧的方法。

②对六大行业中的小型微利企业 2014 年 1 月 1 日后购进的研发和生产经营共用的仪器、设备,以及四大领域的小型微利企业 2015 年 1 月 1 日后新购进的研发和生产经营共用的仪器、设备,单位价值不超过 100 万元的,允许一次性扣除;单位价值超过 100 万元的,允许按不低于《企业所得税法》规定折旧年限的 60%缩短折旧年限,或选择采取双倍余额递减法或年数总和法进行加速折旧。

对小型微利企业当年购置固定资产享受加速折旧优惠的,即使以后年度不再符合小型微利企业标准,该固定资产的折旧扣除方法不再调整。

③用于研发活动的仪器、设备,同时用于非研发活动的,企业应对其仪器设备使用情况做必要记录,并将其实际发生的折旧费按实际工时占比等合理方法在研发费用和生产经营费用间分配,未分配的不得加计扣除。

④企业用于研发活动的仪器、设备,符合税法规定且选择加速折旧优惠政策的,在享受研发费用税前加计扣除政策时,按照税前扣除的折旧金额计算加计扣除。

3. 固定资产折旧差异纳税调整方法

固定资产折旧额由折旧基数、折旧年限、预计净残值和折旧方法决定,应当分别计算会计折旧和税法折旧,企业实际计提的折旧与当年允许扣除折旧的差额,调整应纳税所得额。需要注意下列问题:

第一,固定资产按月计提折旧,计提的折旧通过"累计折旧"科目核算,并根据用途计入相关资产的成本或者当期损益。在对折旧进行纳税调整时,不对会计折旧按固定资产用途进行分解,无论是计入当期损益,还是计入制造费用,只要本期会计折旧与税法折旧存在差异,就必须按照税法折旧扣除。

第二,《国家税务总局关于企业所得税应纳税所得额若干问题的公告》(国家税务总局公告 2014 年第 29 号)规定,固定资产折旧的企业所得税处理如下:

①企业固定资产会计折旧年限如果短于税法规定的最低折旧年限,其按会计折旧年限计提的折旧高于按税法规定的最低折旧年限计提的折旧部分,应调增当期应纳税所得额;企业固定资产会计折旧年限已期满且会计折旧已提足,但税法规定的最低折旧年限尚未到期且税收折旧尚未足额扣除,其未足额扣除的部分准予在剩余的税收折旧年限继续按规定扣除。

②企业固定资产会计折旧年限如果长于税法规定的最低折旧年限,其折旧应按会计折旧年限计算扣除,税法另有规定除外。

③企业按会计规定提取的固定资产减值准备,不得税前扣除,其折旧仍按税法确定的固定资产计税基础计算扣除。

④企业按税法规定实行加速折旧的,其按加速折旧办法计算的折旧额可全额

在税前扣除。

⑤石油天然气开采企业在计提油气资产折耗（折旧）时，由于会计与税法规定计算方法不同导致的折耗（折旧）差异，应按税法规定进行纳税调整。

5.2.5 固定资产的处置

1. 会计规定

企业出售、转让、报废固定资产或发生固定资产毁损，应当将处置收入扣除账面价值和相关税费后的金额计入当期损益。固定资产的账面价值是固定资产成本扣减累计折旧和累计减值准备后的金额。固定资产处置一般通过"固定资产清理"科目进行核算。

企业因出售、报废或毁损、对外投资、非货币性资产交换、债务重组等处置固定资产，其会计处理一般经过以下几个步骤：

(1) 固定资产转入清理

出售、报废或毁损的固定资产转入清理时，相关会计分录为：

借：固定资产清理（固定资产账面价值）
　　累计折旧（已计提的累计折旧）
　　固定资产减值准备（已计提的减值准备）
　贷：固定资产（固定资产原价）

(2) 相关税费及其他费用

对于固定资产清理过程中发生的相关税费及其他费用，相关会计分录为：

借：固定资产清理
　贷：银行存款
　　　应交税费——应交增值税

(3) 收回残料、出售价款及保险赔偿

相关会计分录为：

借：银行存款
　　原材料
　　其他应收款
　贷：固定资产清理

(4) 清理净损益的处理

①固定资产清理完成后，对于出售划分为持有待售的固定资产确认的处置利得或损失，以及处置未划分为持有待售的固定资产的处置利得或损失，相关会计分录为：

借：固定资产清理
　　贷：资产处置损益

处置损失做相反的会计分录，即：

借：资产处置损益
　　贷：固定资产清理

②如果属于报废损失，通过"营业外支出——非流动资产毁损报废损失"科目核算；属于自然灾害等非正常原因造成的损失，通过"营业外支出——非常损失"科目核算。

固定资产在财产清查中盘亏的固定资产，通过"待处理财产损溢——待处理固定资产损溢"科目核算；盘亏造成的损失，通过"营业外支出——盘亏损失"科目核算，应当计入当期损益。

企业在财产清查中盘盈的固定资产，作为前期差错处理。

盘盈的固定资产通过"以前年度损益调整"科目核算。

2. 税法规定

固定资产处置时会计上按照账面价值结转，计算企业所得税时按照计税基础净值扣除。

固定资产盘亏、丢失、被盗、报废、毁损等损失允许在税前扣除，且从2017年开始，企业向税务机关申报扣除资产损失，仅需填报企业所得税年度纳税申报表中的资产损失税前扣除及纳税调整明细表，不再报送资产损失相关资料；同时，企业应将下列资料留存备查。

①固定资产盘亏、丢失损失，为其账面净值扣除责任人赔偿后的余额，应依据以下证据材料确认：

企业内部有关责任认定和核销资料；

固定资产盘点表；

固定资产的计税基础相关资料；

固定资产盘亏、丢失情况说明；

损失金额较大的，应有专业技术鉴定报告或法定资质中介机构出具的专项报告等。

②固定资产报废、毁损损失，为其账面净值扣除残值和责任人赔偿后的余额，应依据以下证据材料确认：

固定资产的计税基础相关资料；

企业内部有关责任认定和核销资料；

企业内部有关部门出具的鉴定材料；

涉及责任赔偿的，应当有赔偿情况的说明；

损失金额较大的或自然灾害等不可抗力原因造成固定资产毁损、报废的，应有专业技术鉴定意见或法定资质中介机构出具的专项报告等。

③固定资产被盗损失，为其账面净值扣除责任人赔偿后的余额，应依据以下证据材料确认：

固定资产计税基础相关资料；

公安机关的报案记录，公安机关立案、破案和结案的证明材料；

涉及责任赔偿的，应有赔偿责任的认定及赔偿情况的说明等。

5.2.6 典型案例解析

【案例5-2】固定资产加速折旧纳税调整及申报

甲公司为增值税一般纳税人，2017年6月15日购进专门用于研发的芯片设备，含税价为101.7万元，取得增值税专用发票，该设备可以按规定抵扣进项税额。该研发设备预计可使用年限为10年，预计净残值为0，会计上按直线法计提折旧，税法上按照一次性计入当期成本费用的优惠政策在计算应纳税所得额时扣除。企业所得税税率为25%。本案例暂不考虑暂时性差异和递延所得税。

【案例分析】（以下会计分录和计算的单位均为"万元"）

（1）会计处理

1）2017年6月15日购进设备

借：固定资产——芯片设备　　　　　　　　90
　　应交税费——应交增值税（进项税额）　11.7
　　贷：银行存款　　　　　　　　　　　　101.7

2）计提折旧

每年计提折旧=90/10=9（万元），2017年计提6个月（投入使用月份的次月起计算折旧）为4.5万元。

借：研发支出——费用化支出　　　45 000
　　贷：累计折旧　　　　　　　　45 000

期末将"研发支出——费用化支出"转入"研发费用"科目。

借：研发费用　　　　　　　　　　45 000
　　贷：研发支出——费用化支出　45 000

（2）税务处理

税务上2017年按优惠政策计提折旧90万元，折旧产生的税会差异应调减应纳税所得额：85.5万元（90-4.5）；如果不适用上述税收优惠，按税收一般规定计算的折旧期为10年，2019年度折旧额为4.5万元 = [（90/10）/2]。

研发费用可以享受75%加计扣除的税收优惠，应调减应纳税所得额：67.5万元（90×75%）。

（3）纳税申报

填报《资产折旧、摊销及纳税调整明细表》（A105080）第10行第1列90万元、第2列4.5万元、第3列4.5万元、第4列90万元、第5列90万元、第6列4.5万元、第7列85.5万元、第8列90万元、第11行第1列90万元、第2列4.5万元、第3列4.5万元、第4列90万元、第5列90万元、第6列4.5万元、第7列85.5万元、第8列90万元，如表5.3所示。

表5.3　《资产折旧、摊销及纳税调整明细表》（A105080）

单位：万元

行次	项目	资产原值	账载金额 本年折旧、摊销额	累计折旧、摊销额	资产计税基础	税收折旧额	税收金额 享受加速折旧政策的资产按税收一般规定计算的折旧、摊销额	加速折旧统计额	累计折旧、摊销额	纳税调整金额
		1	2	3	4	5	6	7=5-6	8	9(2-5)
10	其中：享受固定资产加速折旧及一次性扣除政策的资产加速折旧额大于一般折旧额的部分	（三）允许一次性扣除的固定资产（11+12+13）	90	4.5	4.5	90	90	4.5	85.5	90	*
11		1.单价不超过100万元专用研发设备	90	4.5	4.5	90	90	4.5	85.5	90	*

5.2.7　综合自测

【问题】如何理解"新购进"的范围？

自行制造的设备属于研发用仪器、设备的加速折旧优惠政策要求的"新购进"的范围吗？

【分析】

制造业适用加速折旧政策的固定资产应是制造业企业新购进的固定资产。对于"新购进"可以从以下三个方面掌握：

一是取得方式，购进包括以货币形式购进或自行建造两种形式。将自行建造也纳入享受优惠的范围，主要是考虑到自行建造固定资产所使用的材料实际也是购进的，因此把自行建造的固定资产也看作是"购进"的。

二是购进时点。除六大行业和四个领域重点行业中的制造业企业外，其余制造业企业适用加速折旧政策的固定资产应是2019年1月1日以后新购进的。购进时点按以下原则掌握：以货币形式购进的固定资产，除采取分期付款或赊销方式购进外，按发票开具时间确认；以分期付款或赊销方式购进的固定资产，按固定资产到货时间确认；自行建造的固定资产，按竣工结算时间确认。

三是已使用的固定资产。"新购进"中的"新"字，只是区别于原已购进的固定资产，不是指非要购进全新的固定资产，因此企业购进的使用过的固定资产也可适用加速折旧政策。

【解答】

自行制造的设备属于研发用仪器、设备的加速折旧优惠政策要求的"新购进"的范围。

5.3 无形资产

根据《企业会计准则第 6 号——无形资产》的规定,无形资产是指企业拥有或者控制的没有实物形态的可辨认非货币性资产,主要包括专利权、非专利技术、商标权、著作权、特许权等。商誉的存在无法与企业自身分离,不具有可辨认性,不属于会计准则规定的无形资产。土地使用权通常作为无形资产核算,但属于投资性房地产或者作为固定资产核算的土地使用权,应当按投资性房地产或固定资产的核算原则进行会计处理。税法对无形资产的规定与会计准则有所不同,本节将重点分析讲解会计准则与税法在无形资产计税基础与初始计量、摊销、减值、处置方面的税会差异和纳税调整。

5.3.1 无形资产计税基础与初始计量的差异

1. 内部研发取得的无形资产

(1) 会计规定

根据会计准则的规定,内部开发无形资产的成本仅包括在满足资本化条件的时点至无形资产达到预定用途前发生的支出总和。

内部开发无形资产在研究阶段的支出全部费用化,计入当期损益;开发阶段的支出符合条件的资本化,不符合条件的仍然费用化,计入当期损益。

(2) 税法规定

《企业所得税法实施条例》第六十六条第二项规定,自行开发的无形资产,以开发过程中该资产符合资本化条件后至达到预定用途前发生的支出为计税基础。

《企业所得税法实施条例》第九十五条规定,企业研发活动中实际发生的符合加计扣除条件的研发费用,未形成无形资产计入当期损益的,在按规定据实扣除的基础上,按照本年度实际发生额的 50% 从当期应纳税所得额中扣除;形成无形资产的,按照无形资产成本的 150% 在税前扣除。

《财政部、国家税务总局、科技部关于提高科技型中小企业研究开发费用税前加计扣除比例的通知》(财税〔2017〕34 号)规定,科技型中小企业开展研发活动中实际发生的研发费用,未形成无形资产计入当期损益的,在按规定据实扣除的基础上,在 2017 年 1 月 1 日至 2019 年 12 月 31 日期间,再按照实际发生额的 75% 在税前加计扣除;形成无形资产的,在上述期间按照无形资产成本的 175% 在税前摊销。

《财政部、税务总局、科技部关于提高研究开发费用税前加计扣除比例的通知》(财税〔2018〕99 号)规定,企业开展研发活动中实际发生的研发费用,未形成无形资产计入当期损益的,在按规定据实扣除的基础上,在 2018 年 1 月 1 日至 2020 年 12 月 31 日期间,再按照实际发生额的 75% 在税前加计扣除;形成无形资产的,在上述期间按照无形资产成本的 175% 在税前摊销。

(3) 税会差异

税法允许研发费用加计扣除,导致内部研发取得无形资产的计税基础大于会计认定的成本。

2. 内部研发以外方式取得的无形资产

(1) 会计规定

根据会计准则的规定,外购无形资产的成本,包括购买价款、相关税费及直接归属于使该项资产达到预定用途所发生的其他支出。

投资者投入无形资产的成本,应当按照投资合同或协议约定的价值确定,但合同或协议约定价值不公允的除外。对于接受投资的土地使用权,在办理权属变更登记时缴纳的契税,属于该项资产达到预定用途所发生的支出,会计上也应计入无形资产的成本。

(2) 税法规定

《企业所得税法实施条例》第六十六条规定,外购的无形资产,以购买价款和支付的相关税费以及直接归属于使该资产达到预定用途发生的其他支出为计税基础。

通过捐赠、投资、非货币性资产交换、债务重组等方式取得的无形资产,以该资产的公允价值和支付的相关税费为计税基础。

(3) 税会差异

以上述方式取得的无形资产,其初始计量与计税基础是一致的。

5.3.2 无形资产的摊销

1. 使用寿命确定的无形资产的摊销

(1) 会计规定

1) 应摊销金额

根据会计准则的规定,无形资产的应摊销金额为其成本扣除预计残值后的金额。已计提减值准备的无形资产，还应扣除已计提的无形资产减值准备累计金额。使用寿命有限的无形资产，其残值应当视为零，但下列情况除外：一是有第三方承诺在无形资产使用寿命结束时购买该无形资产；二是可以根据活跃市场得到预计残值信息，并且该市场在无形资产使用寿命结束时很可能存在。

2）摊销方法

使用寿命有限的无形资产，其应摊销金额应当在使用寿命内系统合理摊销。

企业选择的无形资产摊销方法，应当反映与该项无形资产有关的经济利益的预期实现方式。无法可靠确定预期实现方式的，应当采用直线法摊销。

(2) 税法规定

1）计提摊销的范围

《企业所得税法》第十二条规定，在计算应纳税所得额时，企业按照规定计算的无形资产摊销费用，准予扣除。

下列无形资产不得计算摊销费用扣除：自行开发的支出已在计算应纳税所得额时扣除的无形资产；自创商誉；与经营活动无关的无形资产；其他不得计算摊销费用扣除的无形资产。

2）摊销年限

无形资产按照直线法计算的摊销费用，准予扣除。根据《企业所得税法实施条例》第六十七条的规定，无形资产的摊销年限不得低于 10 年。

作为投资或者受让的无形资产，有关法律规定或者合同约定了使用年限的，可以按照规定或者约定的使用年限分期摊销。

(3) 税会差异

1）摊销方法

税法上只允许按照直线法计算摊销，而会计上可根据与无形资产有关的经济利益预期实现方式选择摊销方法。

2）摊销年限

会计没有规定无形资产摊销期限，税法规定无形资产的摊销期限不低于 10 年。企业会计上的摊销期限短于 10 年的，应按 10 年调整；长于 10 年的，不用调整。

3）净残值

会计要求在特殊情况下可以考虑残值，但税法不考虑残值。

2. 使用寿命不确定的无形资产的摊销

(1) 会计规定

根据会计准则的规定，对于使用寿命不确定的无形资产，在持有期间内不需要摊销。

对于此类无形资产，应当在每个会计期间进行减值测试。减值测试的方法按照资产减值的原则进行处理，如果经减值测试表明已发生减值，则需要计提相应的减值准备。

（2）税法规定

税法不考虑使用寿命是否确定，根据《企业所得税法实施条例》第六十七条的规定，所有无形资产的摊销年限均不得低于 10 年。

（3）税会差异

税法不认可会计处理中对使用寿命不确定的无形资产计提的减值准备；同时对于会计处理中未计提的摊销，税法要求补提摊销。上述差异均需进行纳税调整。

5.3.3 无形资产的减值

1. 会计规定

根据会计准则的规定，无形资产在资产负债表日存在可能发生减值的迹象时，其可收回金额低于账面价值的，企业应当将该无形资产的账面价值减记至可收回金额，减记的金额确认为减值损失计入当期损益，同时计提相应的资产减值准备。

2. 税法规定

《企业所得税法实施条例》第五十六条第三款规定，企业持有各项资产期间资产增值或者减值，除国务院财政、税务主管部门规定可以确认损益外，不得调整该资产的计税基础。

3. 税会差异

会计上计入损益的减值准备，税法不予确认，需进行纳税调整。

5.3.4 无形资产的处置

1. 会计规定

根据会计准则的规定，企业出售无形资产，应当将取得的价款与该无形资产账面价值的差额计入当期损益。

2. 税法规定

《企业所得税法》第十六条规定，企业转让资产，该项资产的净值，准予在计算应纳税所得额时扣除。

《企业所得税法实施条例》第七十四条规定，企业所得税法第十六条所称资产的净值和第十九条所称财产净值，是指有关资产、财产的计税基础减除已经按照规定扣除的折旧、折耗、摊销、准备金等后的余额。

3. 税会差异

在处置无形资产时，其会计成本与计税基础不一致的，需根据具体情况进行纳税调整。

5.3.5 典型案例解析

【案例5-3】无形资产研发支出纳税调整及申报

甲公司为科技型中小企业。2020年1月1日，该公司批准研发某项水净化技术。前期研究阶段共发生各项调研费用10 000元（其中7 000元符合加计扣除条件）。2020年4月进入实质开发阶段，开发过程中共发生直接材料费用5 000元、工资薪酬50 000元，专门用于研发设备的折旧费用5 000元，总计60 000元，均符合资本化确认条件。2020年11月，该项技术完成最终的开发，达到预定用途，当月投入使用。会计按照直线法分10年进行摊销，预计净残值为零，符合税法相关规定。

【案例分析】

（1）会计处理

1）2020年发生研发支出

研究阶段：

借：研发支出——费用化支出　　10 000
　　贷：银行存款　　　　　　　　　10 000

开发阶段：

借：研发支出——资本化支出　　60 000
　　贷：原材料　　　　　　　　　　5 000
　　　　应付职工薪酬——工资薪金　50 000
　　　　累计折旧　　　　　　　　　5 000

2）2020年3月末，将费用化支出明细账转账

借：管理费用　　　　　　　　　10 000
　　贷：研发支出——费用化支出　　10 000

3）2020 年 11 月开发完成

借：无形资产　　　　　　　　　60 000

　　贷：研发支出——资本化支出　　60 000

4）2020 年累计摊销金额 =60 000/（10×12）×2=1 000（元）

借：管理费用　　　　　　　　　1 000

　　贷：累计摊销　　　　　　　1 000

（2）税务处理

①无形资产摊销的计算不存在税会差异。

②发生的研发支出中，符合税法规定可以享受加计扣除优惠条件的支出，包括费用化金额 7 000 元和资本化金额 60 000 元（直接材料费用 5 000 元＋工资薪酬 50 000 元＋研发设备的折旧费用 5 000 元）。

2020 年税法允许税前加计扣除的金额 =［60 000/（10×12）×2+7 000］×75%=6 000（元）

（3）纳税申报

填报《资产折旧、摊销及纳税调整明细表》（A105080）第 21 行第 1 列 60 000 元、第 2 列 1 000 元、第 3 列 1 000 元、第 4 列 60 000 元、第 5 列 1 000 元、第 8 列 1 000 元、第 9 列 0 元，第 26 行第 1 列 60 000 元、第 2 列 1 000 元、第 3 列 1 000 元、第 4 列 60 000 元、第 5 列 1 000 元、第 8 列 1 000 元、第 9 列 0 元，如表 5.4 所示。

表 5.4　《资产折旧、摊销及纳税调整明细表》（A105080）

单位：元

行次	项目	账载金额			税收金额					纳税调整金额
		资产原值	本年折旧、摊销额	累计折旧、摊销额	资产计税基础	税收折旧额	享受加速折旧政策的资产按税收一般规定计算的折旧、摊销额	加速折旧统计额	累计折旧、摊销额	
		1	2	3	4	5	6	7=5-6	8	9(2-5)
21	三、无形资产（22+23+24+25+26+27+28+30）	60 000	1 000	1 000	60 000	1 000	*	*	1 000	0
26	（五）非专利技术	60 000	1 000	1 000	60 000	1 000	*	*	1 000	0

填报《研发费用加计扣除优惠明细表》(A107012)第3行60 000元，第4行50 000元，第5行50 000元，第8行5 000元，第9行5 000元，第17行5 000元，第19行5 000元，第39行60 000元，第40行7 000元，第42行1 000元，第44行8 000元，第46行8 000元，第49行75%，第50行6 000元，如表5.5所示。

表5.5 《研发费用加计扣除优惠明细表》(A107012)

单位：元

行次	项目	金额
3	一、自主研发、合作研发、集中研发（4+8+17+20+24+35）	60 000
4	（一）人员人工费用（5+6+7）	50 000
5	1.直接从事研发活动人员工资薪金	50 000
8	（二）直接投入费用（9+10+…+16）	5 000
9	1.研发活动直接消耗材料	5 000
17	（三）折旧费用（18+19）	5 000
19	2.用于研发活动的设备的折旧费	5 000
39	三、年度研发费用小计（3+36）	60 000
40	（一）本年费用化金额	7 000
42	四、本年形成无形资产摊销额	1 000
44	六、允许扣除的研发费用合计（40+42+43）	8 000
46	七、允许扣除的研发费用抵减特殊收入后的金额（44-45）	8 000
49	八、加计扣除比例	75%
50	九、本年研发费用加计扣除总额（46-47-48）×49	6 000

填报《免税、减计收入及加计扣除优惠明细表》(A107010)第25行6 000元，第26行6 000元，如表5.6所示。

表5.6 《免税、减计收入及加计扣除优惠明细表》(A107010)

单位：元

行次	项目	金额
25	三、加计扣除（26+27+28+29+30）	6 000
26	（一）开发新技术、新产品、新工艺发生的研究开发费用加计扣除（填写A107012）	6 000

填报《中华人民共和国企业所得税年度纳税申报表（A 类）》（A100000）第 17 行 6 000 元，如表 5.7 所示。

表 5.7 《中华人民共和国企业所得税年度纳税申报表（A 类）》（A100000）

单位：元

行次	类别	项目	金额
17	应纳税所得额计算	减：免税、减计收入及加计扣除（填写 A107010）	6 000

5.3.6 综合自测

【问题】如何进行无形资产的确认与摊销？

M 银行采购一批电脑软件，共计 2 700 多万元。财务人员将该笔支出计入当期损益，在"营业费用——电子设备运转费"科目核算，并于企业所得税税前扣除。在专项检查中，稽查人员指出，该笔支出应计入无形资产，不能直接于税前扣除。M 银行的财务人员称，该银行营业网点众多，2020 年因原有系统老化，为维护该银行各个营业网点电脑系统正常运转采购了该批价值 2 700 多万元的电脑软件。财务人员认为，购买的电脑软件只是为了维护原有软件的正常运行，因此不属于无形资产，应计入当期损益。请问 M 银行财务人员的处理方式正确吗？

【分析】

企业外购的无形资产不得一次性税前扣除。该批电脑软件是企业为了提供劳务而长期持有的非实务形态的资产，符合无形资产的定义。由于无形资产没有实物形态，企业很容易在当期一次性扣除，在实务中应予以注意。

【解答】

M 银行财务人员的处理方式不正确，应当将该笔支出计入无形资产，在受益期内摊销。

5.4 生物资产

根据《企业会计准则第 5 号——生物资产》第二条的规定，生物资产是指有生命的动物和植物，分为消耗性生物资产、生产性生物资产和公益性生物资产。

消耗性生物资产，是指为出售而持有的，或在将来收获为农产品的生物资产，包括生长中的大田作物、蔬菜、用材林及存栏待售的牲畜等。

生产性生物资产，是指为产出农产品、提供劳务或出租等目的而持有的生物资产，包括经济林、薪炭林、产畜和役畜等。

公益性生物资产，是指以防护、环境保护为主要目的的生物资产，包括防风固沙林、水土保持林和水源涵养林等。

生物资产在确认方面，需满足以下三个条件：

一是企业因过去的交易或者事项而拥有或者控制该生物资产；

二是与该生物资产有关的经济利益或服务潜能很可能流入企业；

三是该生物资产的成本能够可靠地计量。

税法对生物资产的规定与会计较为接近，本节主要在介绍税会各自规定的基础上分析讲解其税会差异和纳税调整。

5.4.1 生物资产计税基础与初始计量的差异

1. 外购的生物资产

（1）会计规定

根据会计准则的规定，外购生物资产的成本包括购买价款、相关税费、运输费、保险费及可直接归属于购买该资产的其他支出。

其中，可直接归属于购买该资产的其他支出包括场地整理费、装卸费、栽植费、专业人员服务费等。

企业外购的生物资产，按应计入生物资产成本的金额，借记"消耗性生物资产""生产性生物资产""公益性生物资产"等科目，贷记"银行存款""应付账款""应付票据"等科目。

(2) 税法规定

根据《企业所得税法实施条例》第六十二条的规定，外购的生产性生物资产，以购买价款和支付的相关税费为计税基础。

(3) 税会差异

外购生物资产的计税基础与初始计量基本一致。

2. 自行繁殖、营造的生物资产

(1) 会计规定

根据会计准则的规定，对于企业自行营造的生物资产，应当按照不同的种类核算，分别按照消耗性生物资产、生产性生物资产和公益性生物资产确定其取得的成本，并分别借记"消耗性生物资产""生产性生物资产""公益性生物资产"科目，贷记"银行存款"等科目。

①自行栽培、营造、繁殖或养殖的消耗性生物资产的成本，应当按照下列规定确定：自行栽培的大田作物和蔬菜的成本，包括在收获前耗用的种子、肥料、农药等材料费、人工费和应分摊的间接费用等必要支出；自行营造的林木类消耗性生物资产的成本，包括郁闭前发生的造林费、抚育费、营林设施费、良种试验费、调查设计费和应分摊的间接费用等必要支出；自行繁殖的育肥畜的成本，包括出售前发生的饲料费、人工费和应分摊的间接费用等必要支出；水产养殖的动物和植物的成本，包括在出售或入库前耗用的苗种、饲料、肥料等材料费、人工费和应分摊的间接费用等必要支出。

②自行营造或繁殖的生产性生物资产的成本，应当按照下列规定确定：自行营造的林木类生产性生物资产的成本，包括达到预定生产经营目的前发生的造林费、抚育费、营林设施费、良种试验费、调查设计费和应分摊的间接费用等必要支出；自行繁殖的产畜和役畜的成本，包括达到预定生产经营目的（成龄）前发生的饲料费、人工费和应分摊的间接费用等必要支出。达到预定生产经营目的，是指生产性生物资产进入正常生产期，可以多年连续稳定产出农产品、提供劳务或出租。

③自行营造的公益性生物资产的成本，应当按照郁闭前发生的造林费、抚育费、森林保护费、营林设施费、良种试验费、调查设计费和应分摊的间接费用等必要支出确定。投资者投入生物资产的成本，应当按照投资合同或协议约定的价值确定，但合同或协议约定价值不公允的除外。

(2) 税法规定

税法未对自行繁殖、营造的生物资产的计税基础进行规定，因此，其计税基础可参照会计准则的要求进行确认。

（3）税会差异

按照税务部门在税收执法时处理税会差异的原则："企业在计算应纳税所得额及应纳所得税时，企业财务、会计处理办法与税法规定不一致的，应当按照税法规定计算。税法规定不明确的，在没有明确规定之前，暂按企业财务、会计规定计算。"鉴于此，对于企业自行繁殖、营造的生物资产的计税基础，可按照会计准则的要求进行确认。

5.4.2 生物资产的折旧

1. 会计规定

（1）折旧方法

根据会计准则的规定，企业应当根据生产性生物资产的性质、使用情况和有关经济利益的预期实现方式，合理确定其使用寿命、预计净残值和折旧方法。可选用的折旧方法包括年限平均法、工作量法、产量法等。

生产性生物资产的使用寿命、预计净残值和折旧方法一经确定，不得随意变更。

（2）使用寿命估算

企业确定生产性生物资产的使用寿命，应当考虑下列因素：

①该资产的预计产出能力或实物产量；

②该资产的预计有形损耗，如产畜和役畜衰老、经济林老化等；

③该资产的预计无形损耗，如因新品种的出现而使现有的生产性生物资产的产出能力和产出农产品的质量等方面相对下降、市场需求的变化使生产性生物资产产出的农产品相对过时等。

企业至少应当于每年年度终了对生产性生物资产的使用寿命、预计净残值和折旧方法进行复核。

使用寿命或预计净残值的预期数与原先估计数有差异的，或者有关经济利益预期实现方式有重大改变的，应当作为会计估计变更，按照《企业会计准则第28号——会计政策、会计估计变更和差错更正》处理，调整生产性生物资产的使用寿命或预计净残值或者改变折旧方法。

2. 税法规定

（1）折旧方法

《企业所得税法实施条例》第六十三条规定，生产性生物资产按照直线法计算的折旧，准予扣除。

企业应当自生产性生物资产投入使用月份的次月起计算折旧；停止使用的生产性生物资产，应当自停止使用月份的次月起停止计算折旧。

企业应当根据生产性生物资产的性质和使用情况，合理确定生产性生物资产的预计净残值。生产性生物资产的预计净残值一经确定，不得变更。

（2）折旧期限

《企业所得税法实施条例》第六十四条规定，生产性生物资产计算折旧的最低年限如下：

①林木类生产性生物资产，为 10 年；

②畜类生产性生物资产，为 3 年。

3. 税会差异

（1）折旧方法

税法上只允许按照直线法计算折旧，而会计上可根据与生物资产有关的经济利益预期实现方式选择折旧方法。

（2）折旧期限

会计上没有规定生物资产的折旧期限，税法上规定林木类生产性生物资产的折旧期限不低于 10 年，畜类生产性生物资产的折旧期限不低于 3 年。

企业会计上的折旧期限短于税法规定最低折旧年限的，应按税法规定的最低折旧年限予以调整；长于税法规定最低折旧年限的，不用调整。

5.4.3 生物资产的减值

1. 会计规定

根据会计准则的规定，企业至少应当于每年年度终了对消耗性生物资产和生产性生物资产进行检查，有确凿证据表明由于遭受自然灾害、病害、动物疫病侵袭或市场需求变化等原因，使消耗性生物资产的可变现净值或生产性生物资产的可收回金额低于其账面价值的，应当按照可变现净值或可收回金额低于账面价值的差额，计提生物资产跌价准备或减值准备，并计入当期损益。

消耗性生物资产减值的影响因素已经消失的，减记金额应当予以恢复，并在原已计提的跌价准备金额内转回，转回的金额计入当期损益。

生产性生物资产减值准备一经计提，不得转回。

公益性生物资产不计提减值准备。

2. 税法规定

根据《企业所得税法实施条例》第五十六条第三款的规定，企业持有各项资产期间资产增值或者减值，除国务院财政、税务主管部门规定可以确认损益外，不得调整该资产的计税基础。因此，企业计提的生物资产减值损失不得扣除。

3. 税会差异

会计准则对生产性生物资产计提减值准备的处理类似于固定资产等长期资产减值准备的处理，并规定生产性生物资产的可收回金额应当按照《企业会计准则第8号——资产减值》的相关规定确定，即生产性生物资产的可收回金额根据其公允价值减去处置费用后的净额与资产预计未来现金流量的现值两者之间较高者确定。生产性生物资产发生减值时，按其可收回金额低于账面价值的差额计提跌价准备，并规定跌价准备一经计提，不得转回。

5.4.4 生物资产的计量

1. 会计规定

根据会计准则的规定，一般应当采用历史成本对生物资产进行后续计量，但有确凿证据表明其公允价值能够持续可靠取得的除外。

有确凿证据表明生物资产的公允价值能够持续可靠取得的，应当对生物资产采用公允价值计量。采用公允价值计量的，应当同时满足下列条件：

①生物资产有活跃的交易市场；

②能够从交易市场上取得同类或类似生物资产的市场价格及其他相关信息，从而对生物资产的公允价值做出合理估计。

2. 税法规定

根据《企业所得税法实施条例》第五十六条的规定，企业的各项资产，包括固定资产、生物资产、无形资产、长期待摊费用、投资资产、存货等，以历史成本为计税基础。

3. 税会差异

企业在会计上计入损益的公允价值税法不予确认，税法按照历史成本确认。

5.4.5 生物资产的处置

1. 会计规定

根据会计准则的规定，对于消耗性生物资产，应当在收获或出售时，按照其账面价值结转成本，结转成本的方法包括加权平均法、个别计价法、蓄积量比例法、轮伐期年限法等。

生产性生物资产收获的农产品成本，按照产出或采收过程中发生的材料费、人工费和应分摊的间接费用等必要支出计算确定，并采用加权平均法、个别计价法、蓄积量比例法、轮伐期年限法等方法，将其账面价值结转为农产品成本。收获之后的农产品，应当按照《企业会计准则第1号——存货》处理。

生物资产改变用途后的成本，应当按照改变用途时的账面价值确定。

生物资产出售、盘亏或死亡、毁损时，应当将处置收入扣除其账面价值和相关税费后的余额计入当期损益。

2. 税法规定

生物资产处置时，仍按照生物资产的历史成本计算处置成本。

《企业所得税法实施条例》第七十二条规定，生产性生物资产收获的农产品，以产出或者采收过程中发生的材料费、人工费和分摊的间接费用等必要支出为成本。

生物资产出售时，应当将处置收入扣除其计税基础和相关税费后的余额计入当期应纳税所得额。

成本结转的方法可采用加权平均法或个别计价法。

3. 税会差异

生物资产在处置时，其税会差异主要体现为账面价值与计税基础不一致，需做纳税调整处理。

5.4.6 典型案例解析

【案例5-4】生物资产计提折旧的纳税调整及申报

甲公司2020年1月1日以90 000元买入10头已开始产奶的奶牛，发生的运费为1 000元。每头奶牛的平均产奶期为5年，每头奶牛的残值均为100元。甲公司适用的企业所得税税率为25%。

【案例分析】

(1) 会计处理

甲公司 2020 年计提的生产性生物资产的折旧 =（90 000+1 000-100×10）/5= 16 000（元），其会计分录为：

借：生产成本　　　　　　　　　16 000
　　贷：生产性生物资产累计折旧　　　16 000

(2) 税务处理

按照税法的规定，畜类生产性生物资产的折旧年限为 3 年，按直线法计提的折旧额为 30 000 元。

(3) 纳税申报

填报《资产折旧、摊销及纳税调整明细表》（A105080）第 18 行第 1 列 90 000 元、第 2 列 16 000 元、第 3 列 16 000 元、第 4 列 90 000 元、第 5 列 30 000 元、第 8 列 30 000 元、第 9 列 -14 000 元，第 20 行第 1 列 90 000 元、第 2 列 16 000 元、第 3 列 16 000 万元、第 4 列 90 000 元、第 5 列 30 000 元、第 8 列 30 000 元、第 9 列 -14 000 元，如表 5.8 所示。

表 5.8　《资产折旧、摊销及纳税调整明细表》（A105080）

单位：元

行次	项目	账载金额			税收金额					纳税调整金额
		资产原值	本年折旧、摊销额	累计折旧、摊销额	资产计税基础	税收折旧额	享受加速折旧政策的资产按税收一般规定计算的折旧、摊销额	加速折旧统计额	累计折旧、摊销额	
		1	2	3	4	5	6	7=5-6	8	9（2-5）
18	二、生产性生物资产(19+20)	90 000	16 000	16 000	90 000	30 000	*	*	30 000	-14 000
20	（二）畜类	90 000	16 000	16 000	90 000	30 000	*	*	30 000	-14 000

5.4.7 综合自测

【问题】生产性生物资产的折旧是否应当税前扣除？

【分析】

与固定资产类似，生产性生物资产虽然是有生命的动物或者植物，但是其存活或者使用期限也较长，不是一次性实现其效益的，生产性生物资产的成本也应逐期分摊，转移到它所生产的产品或者提供的劳务中去，这也符合企业所得税中收入与支出配比原则的要求。所以，生产性生物资产需要按照规定计提折旧，以确定企业所实际发生的成本。

允许税前扣除的折旧只能是生产性生物资产按照直线法计提的折旧。直线法又称年限平均法，是指按生产性生物资产使用年限平均计算折旧的一种方法。采用这种方法计算的每期折旧额均相等，其计算公式为：

年折旧额 =（生产性生物资产原值 − 预计净残值）/ 预计使用年限

上述计算公式中，预计净残值是生产性生物资产停止使用时，预计残料变价收入扣除清算时清算费用后的净值。在计算折旧时，把生产性生物资产原值减去估计净残值后的余额称为折旧基数或者折旧总额。生产性生物资产计算折旧的最低年限如下：

①林木类生产性生物资产，为 10 年；

②畜类生产性生物资产，为 3 年。

上述折旧年限只是各项生产性生物资产的最低折旧年限，只是一个基本要求，它并不排除企业自己规定对生产性生物资产采用比最低折旧年限更长的折旧时限。也就是说，企业可以根据生产性生物资产的性质、使用情况和有关经济利益的预期实现方式，结合本企业的特殊情况，在比相关资产最低折旧年限更长的时限内计提折旧。

企业所得税税前扣除的一个重要原则，就是实际发生原则，生产性生物资产只有实际投入使用时，才发生实际的支出，才允许开始计提折旧。

【解答】

根据《企业所得税法实施条例》第六十三条的规定，生产性生物资产按照直线法计算的折旧，准予扣除。企业应当自生产性生物资产投入使用月份的次月起计算折旧；停止使用的生产性生物资产，应当自停止使用月份的次月起停止计算折旧。企业应当根据生产性生物资产的性质和使用情况，合理确定生产性生物资产的预计净残值。生产性生物资产的预计净残值一经确定，不得变更。

5.5 投资性房地产

根据会计准则的规定，投资性房地产是指为赚取租金或资本增值，或两者兼有而持有的房地产，包括已出租的土地使用权、持有并准备增值后转让的土地使用权、已出租的建筑物。投资性房地产同时满足下列条件的，才能予以确认：

①与该投资性房地产有关的经济利益很可能流入企业；

②该投资性房地产的成本能够可靠地计量。

税法没有参照会计的上述规定，即出租用的房屋建筑物或土地使用权依然分别按照固定资产和无形资产进行核算。如果投资性房地产按照成本模式进行会计核算，会计与税法没有本质差异，只是使用的账户有区别；如果投资性房地产采用公允价值模式进行会计核算，期末计入会计利润的投资性房地产公允价值变动损益，税法不予确认，需要进行纳税调整，这些资产按照税法标准计算的折旧费用或者摊销费用，可以税前扣除。

鉴于此，下文将重点分析讲解投资性房地产会计核算和处理的规定，对于涉及企业所得税的纳税调整，将结合案例做单独的对比说明。

5.5.1 采用成本模式计量的投资性房地产

1. 设置科目

企业应设置"投资性房地产""投资性房地产累计折旧（摊销）""投资性房地产减值准备"等科目，可比照"固定资产""无形资产""累计折旧""累计摊销""固定资产减值准备""无形资产减值准备"等相关科目对投资性房地产进行会计处理。

采用成本模式计量的投资性房地产，其取得与后续计量的会计核算可以比照固定资产和无形资产的会计核算处理。它们在方法上没有区别，仅使用的会计科目有差异。

2. 投资性房地产的处置

投资性房地产处置的核算与固定资产处置的核算有区别。固定资产处置通过"固定资产清理"科目完成，最终的收益或损失计入"营业外收入""营业外支出"科目。

处置采用成本模式计量的投资性房地产时，相关会计分录为：
借：银行存款（按实际收到的金额）
　　投资性房地产减值准备（已计提减值准备）
贷：投资性房地产（账面余额）
　　投资性房地产累计折旧（摊销）（已计提的折旧额或摊销额）

需要注意的是，投资性房地产按照成本模式计量时，投资性房地产处置业务的税会差异比照固定资产处置业务的税会差异进行分析。

5.5.2　采用公允价值模式计量的投资性房地产

企业存在确凿证据表明投资性房地产的公允价值能够持续可靠取得的，可以采用公允价值模式计量。

采用公允价值模式计量的投资性房地产，应当同时满足下列条件：
①投资性房地产所在地有活跃的房地产交易市场；
②企业能够从活跃的房地产交易市场上取得同类或类似房地产的市场价格及其他相关信息，从而对投资性房地产的公允价值做出合理的估计。

1. 取得的计量

外购或自行建造的采用公允价值模式计量的投资性房地产，应当按照取得时的实际成本进行初始计量，其实际成本的确定与外购或自行建造的采用成本模式计量的投资性房地产一致。企业应当在"投资性房地产"科目下设置"成本"和"公允价值变动"两个明细科目，外购或自行建造时发生的实际成本，计入"投资性房地产——成本"科目。

2. 期末计价

投资性房地产采用公允价值模式计量时，不计提折旧额或摊销额，应当以资产负债表日该资产的公允价值计量。资产负债表日，投资性房地产的公允价值高于其账面余额的差额，借记"投资性房地产——公允价值变动"科目，贷记"公允价值变动损益"科目；公允价值低于其账面余额的差额，做相反的会计分录。取得的租金收入，借记"银行存款"等科目，贷记"其他业务收入"等科目。

《财政部、国家税务总局关于执行〈企业会计准则〉有关企业所得税政策问题的通知》（财税〔2007〕80号）规定，企业以公允价值计量的金融资产、金融负债以及投资性房地产等，持有期间公允价值的变动不计入应纳税所得额，在实际处置或结算时，处置取得的价款扣除其历史成本后的差额应计入处置或结算期间的应纳税所得额。

3. 投资性房地产转换为自用房地产

企业将采用公允价值模式计量的投资性房地产转换为自用房地产时，应当以其转换当日的公允价值作为自用房地产的账面价值，公允价值与原账面价值的差额计入当期损益。在其转换日的会计分录为：

借：固定资产/无形资产（投资性房地产的公允价值）
　　贷：投资性房地产——成本（投资性房地产的成本）
　　　　　　　　——公允价值变动（累计公允价值变动）（也可能在借方）
　　公允价值变动损益（其他科目间的差额）（也可能在借方）

4. 自用房地产转换为投资性房地产

企业将自用房地产转换为采用公允价值模式计量的投资性房地产时，应当按该项土地使用权或建筑物在转换日的公允价值，借记"投资性房地产（成本）"科目，按已计提的累计摊销或累计折旧，借记"累计摊销""累计折旧"科目，原已计提减值准备的，借记"无形资产减值准备""固定资产减值准备"科目，按其账面余额，贷记"固定资产""无形资产"科目。同时，转换日的公允价值小于账面价值的，按其差额，借记"公允价值变动损益"科目；转换日的公允价值大于账面价值的，按其差额，贷记"资本公积——其他资本公积"科目。待该项投资性房地产处置时，因转换计入资本公积的部分应转入当期损益，借记"资本公积——其他资本公积"科目，贷记"其他业务收入"科目。

5. 处置投资性房地产

处置投资性房地产时，应当按实际收到的金额，借记"银行存款"等科目，贷记"其他业务收入"科目；采用公允价值计量模式的，按该项投资性房地产的账面价值，借记"其他业务成本"科目，贷记"投资性房地产——成本"科目，贷记或借记"投资性房地产——公允价值变动"科目。同时，将投资性房地产累计公允价值变动转入其他业务收入，借记或贷记"公允价值变动"科目，贷记或借记"其他业务收入"科目。若存在原转换日计入资本公积的金额，也一并转入其他业务收入，借记"资本公积——其他资本公积"科目，贷记"其他业务收入"科目。

5.5.3 典型案例解析

【案例5-5】以公允价值模式计量的投资性房地产的纳税调整及申报

甲公司从事房地产开发经营业务。2019年12月，甲公司与乙公司签订租赁协议，约定将甲公司开发的一栋写字楼租赁给乙公司，租赁期为10年。2020年1月1日，该写字楼开始起租，写字楼的造价为6 000万元，每年租金为600万元，于每年年初一次性收取。2020年12月31日，该写字楼的公允价值为6 300万元。假设甲公司对投资性房地产采用公允价值模式计量，不考虑相关税费的核算。

【案例分析】（以下会计分录和计算的单位均为"万元"）

（1）会计处理

① 2020年1月1日，甲公司开发完成写字楼并出租。

借：投资性房地产——成本　　　　6 000
　　贷：开发成本　　　　　　　　　　6 000

② 2020年1月1日，甲公司预收当年租金。

借：银行存款　　　　　　　　　　600
　　贷：预收账款　　　　　　　　　　600

③ 2020年，甲公司按月确认租金收入50万元。

借：预收账款　　　　　　　　　　50
　　贷：其他业务收入　　　　　　　　50

④ 2020年12月31日，甲公司按照公允价值为基础调整其账面价值，公允价值与原账面价值之间的差额计入当期损益。

借：投资性房地产——公允价值变动　　300
　　贷：公允价值变动损益　　　　　　　　300

（2）税务处理

按照税法的规定，该项投资性房地产的计税基础为6 000万元，期末公允价值变动损益不计入当期应纳税所得额，计算企业所得税时做纳税调减300万元处理。

（3）纳税申报

填报《纳税调整项目明细表》（A105000）第1行第4列300万元，第7行第1列300万元、第4列300万元，如表5.9所示。

表5.9 《纳税调整项目明细表》（A105000）

单位：万元

行次	项目	账载金额	税收金额	调增金额	调减金额
		1	2	3	4
1	一、收入类调整项目（2+3+…+8+10+11）	*	*		300
7	（六）公允价值变动净损益	300	*		300

5.5.4 综合自测

【问题】 投资性房地产的认定是否正确？

某公司将涉案房产从"开发成本""库存商品"转入"投资性房地产"科目，结合该房产确认了公允价值变动损益，并分年度计入本年利润。稽查人员根据上述会计信息，认为该公司对上述房产已做经营性房产处置使用，并导致企业经营成果的改变，会计信息诸要素发生变化，该房产已不再属于免征房产税的开发产品。该公司认为将涉案房产转入"投资性房地产"科目是会计账目处理错误，涉案房产不属于投资性房地产，不应缴纳房产税，但不能提供相应证据。据此，稽查局认为该公司未出租部分应认定为投资性房地产并按账面原值计算缴纳房产税。请问，稽查人员的认定是正确的吗？

【分析】

该公司将其持有的涉案房产在会计账目上从"开发成本""库存商品"转入"投资性房地产"科目，按投资性房地产进行管理和核算，且房地产价值随市场变化产生了损益，已构成对涉案房产的实际使用，并相继出租部分房地产获取经济利益，房地产用途、状态、目的已发生变化，因此，该商业房地产不属于《关于房产税、城镇土地使用税有关政策规定的通知》（国税发〔2003〕89号）第一条规定的待售产品，不属于该条规定的不征收房产税的情形。针对该公司的主张，由于该公司未提供证据予以证明，缺乏事实根据，因此不能作为其不缴房产税的理由。

此外，根据《关于房产税、城镇土地使用税有关政策规定的通知》（国税发〔2003〕89号）第一条的规定，鉴于房地产开发企业开发的商品房在出售前，对房地产开发企业而言是一种产品，因此，对房地产开发企业建造的商品房，在售出前，不征收房产税；但对售出前房地产开发企业已使用或出租、出借的商品房应按规定征收房产税。

【解答】

稽查人员的认定是正确的。

第6章
弥补亏损篇

6.1 亏损

会计上的亏损,是指收入减去成本、费用后为负数,反映在会计科目上是"本年利润"的借方余额数。税法在亏损的界定上与会计有所不同。《企业所得税法实施条例》第十条规定,亏损是指企业依照企业所得税法和本条例的规定,将每一纳税年度的收入总额减除不征税收入、免税收入和各项扣除后小于零的数额。本节将重点介绍亏损在会计和税法上的相关规定,并在此基础上分析其税会差异。

6.1.1 会计规定

《企业会计准则——基本准则》规定,利润是指企业在一定会计期间的经营成果,利润包括收入减去费用后的净额、直接计入当期利润的利得和损失等。直接计入当期利润的利得和损失,是指应当计入当期损益、会导致所有者权益发生增减变动的、与所有者投入资本或者向所有者分配利润无关的利得或者损失。利润金额取决于收入和费用、直接计入当期利润的利得和损失金额的计量,其计算公式为:

利润 = 收入 - 费用 + 利得 - 损失

亏损一般理解为负利润,当收入减去费用加上利得再减去损失之后结果为负数时,该负数即是会计意义上的亏损。

6.1.2 税法规定

1. 亏损的定义

《企业所得税法实施条例》第十条规定,企业所得税法第五条所称亏损,是指企业依照企业所得税法和本条例的规定将每一纳税年度的收入总额减除不征税收入、免税收入和各项扣除后小于零的数额。

2. 特殊规定

(1) 企业筹办期间不计算为亏损年度

《国家税务总局关于贯彻落实企业所得税法若干税收问题的通知》(国税函

〔2010〕79号）第七条规定，企业自开始生产经营的年度，为开始计算企业损益的年度。企业从事生产经营之前进行筹办活动期间发生筹办费用支出，不得计算为当期的亏损，应按照《国家税务总局关于企业所得税若干税务事项衔接问题的通知》（国税函〔2009〕98号）第九条的规定执行。

(2) 政策性搬迁对亏损结转的影响

《关于发布〈企业政策性搬迁所得税管理办法〉的公告》（国家税务总局公告2012年第40号）第二十一条规定，企业以前年度发生尚未弥补的亏损的，凡企业由于搬迁停止生产经营无所得的，从搬迁年度次年起，至搬迁完成年度前一年度止，可作为停止生产经营活动年度，从法定亏损结转弥补年限中减除；企业边搬迁、边生产的，其亏损结转年度应连续计算。

6.1.3 税会差异

会计上的亏损是按照会计准则的规定，确认收入、费用、利得与损失，并且按照会计方法进行计量并计算的结果。税法上的亏损是按照税法标准确认收入及各项扣除项目，确认金额也是税法标准下的计量结果。

此外，对于企业运营的特定时期，如筹建期、政策性搬迁期间，税法也对如何确定亏损做出了有利于企业的规定，这较会计核算进一步体现了税收政策的灵活性。

由于会计与税法的目标和确认标准不同，所以确认结果也必然存在差异，包括组成项目的差异和计量金额的差异。鉴于前面章节已对各项内容做了介绍和分析，本章仅是各项内容结果的汇总。

6.2 亏损弥补

亏损弥补政策是我国企业所得税中的一项重要优惠措施。本节将重点介绍亏损弥补在会计和税法上的相关规定，并在此基础上分析讲解其税会差异和纳税调整。

6.2.1 会计规定

1. 亏损弥补时间

会计准则没有限制亏损弥补的时间。只要企业在年终核算中有会计利润且以前年度有尚未弥补的亏损，即可进行弥补。在会计核算中，亏损弥补的会计处理为：

借：利润分配——未分配利润
　　贷：本年利润

2. 亏损弥补范围

会计准则没有限制亏损弥补的范围。只要是本企业范围内的亏损，不考虑其发生在以前年度还是以后年度，抑或境内亏损、境外亏损，都属于亏损弥补的范围。

6.2.2 税法规定

1. 亏损弥补时间

（1）一般规定

不同于会计上的无限期弥补亏损，税法仅允许弥补 5 年之内的亏损。

《企业所得税法》第十八条规定，企业纳税年度发生的亏损，准予向以后年度结转，用以后年度的所得弥补，但结转年限最长不得超过 5 年。

对于上述规定，应注意以下几点：

一是弥补亏损年限必须自亏损年度的下一年起不间断地连续计算，5年内不论是盈利或亏损，都作为实际弥补期限计算；

二是连续发生亏损的，从第一个亏损年度起计算，先亏先补，按顺序连续计算亏损弥补期，而不能将每年亏损年度的连续弥补期相加，更不得断开计算；

三是若超过5年弥补期仍未弥补完，则不能再用以后年度的应纳税所得额弥补，只能在税后弥补或用盈余公积金弥补。

(2) 特殊规定

针对企业运营期间的特定时期和特殊事项，税法也做出了相应的例外规定，具体为：

①清算期清算所得时可以弥补亏损。

《财政部、国家税务总局关于企业清算业务企业所得税处理若干问题的通知》(财税〔2009〕60号) 规定，企业应将整个清算期作为一个独立的纳税年度计算清算所得，计算清算所得时可以依法弥补亏损。

②核定征收期间的亏损不得弥补。

根据《国家税务总局关于印发〈企业所得税核定征收办法〉(试行) 的通知》(国税发〔2008〕30号) 第六条的规定，采用应税所得率方式核定征收企业所得税的，应纳所得税额计算公式如下：

应纳所得税额 = 应纳税所得额 × 适用税率

而在应税收入的确认上，《国家税务总局关于企业所得税核定征收若干问题的通知》(国税函〔2009〕377号) 规定，应税收入额等于收入总额减去不征税收入和免税收入后的余额，其计算公式为：

应税收入额 = 收入总额 - 不征税收入 - 免税收入

其中，收入总额为企业以货币形式和非货币形式从各种来源取得的收入。由此可见，实行企业所得税核定征收的纳税人，其以前年度应弥补而未弥补的亏损不能在核定征收年度进行弥补。但在以后转换为查账征收年度时，在政策规定的期限内仍可继续弥补亏损。但结转年限应连续计算，最长不得超过5年。也就是说，核定征收年度也计算弥补亏损年度。核定征收期间的亏损也不得在以后年度结转弥补。

③企业重组前发生的亏损不得结转弥补。

《财政部、国家税务总局关于企业重组业务企业所得税处理若干问题的通知》(财税〔2009〕59号) 规定，企业重组的税务处理区分不同条件分别适用一般性税务处理规定和特殊性税务处理规定。企业重组，除符合适用特殊性税务处理规定的外，适用一般性税务处理：

一是合并企业适用一般性税务处理规定的，被合并企业的亏损不得在合并企业结转弥补；合并企业应按公允价值确定接受被合并企业各项资产和负债的计税基础；被合并企业及其股东都应按清算进行所得税处理。

二是企业分立适用一般性税务处理规定的，企业分立相关企业的亏损不得相互结转弥补；被分立企业对分立出去资产应按公允价值确认资产转让所得或损失；分立企业应按公允价值确认接受资产的计税基础；被分立企业继续存在时，其股东取得的对价应视同被分立企业分配进行处理；被分立企业不再继续存在时，被分立企业及其股东都应按清算进行所得税处理。

④高新技术企业和科技型中小企业亏损结转年限为 10 年。

根据《关于延长高新技术企业和科技型中小企业亏损结转年限的通知》（财税〔2018〕76 号）和《国家税务总局关于延长高新技术企业和科技型中小企业亏损结转弥补年限有关企业所得税处理问题的公告》（国家税务总局公告 2018 年第 45 号）的规定，自 2018 年 1 月 1 日起，当年具备高新技术企业或科技型中小企业资格（以下统称资格）的企业，其具备资格年度之前 5 个年度发生的尚未弥补完的亏损，准予结转以后年度弥补，最长结转年限由 5 年延长至 10 年。

2. 亏损弥补范围

（1）弥补境内亏损

不同于会计的规定，税法仅允许弥补境内的亏损。

《企业所得税法》第十七条规定，企业在汇总计算缴纳企业所得税时，其境外营业机构的亏损不得抵减境内营业机构的盈利。

《财政部、国家税务总局关于企业境外所得税收抵免有关问题的通知》（财税〔2009〕125 号）第三条第一款第五项规定，在汇总计算境外应纳税所得额时，企业在境外同一国家（地区）设立不具有独立纳税地位的分支机构，按照企业所得税法及实施条例的有关规定计算的亏损，不得抵减其境内或他国（地区）的应纳税所得额，但可以用同一国家（地区）其他项目或以后年度的所得按规定弥补。

《国家税务总局关于查增应纳税所得额弥补以前年度亏损处理问题的公告》（国家税务总局公告 2010 年第 20 号）规定，根据《企业所得税法》第五条的规定，税务机关对企业以前年度纳税情况进行检查时调增的应纳税所得额，凡企业以前年度发生亏损、且该亏损属于企业所得税法规定允许弥补的，应允许调增的应纳税所得额弥补该亏损。弥补该亏损后仍有余额的，按照企业所得税法规定计算缴纳企业所得税。对检查调增的应纳税所得额应根据其情节，依照《中华人民共和国税收征收管理法》有关规定进行处理或处罚。

（2）减免税项目收入不得弥补应税项目亏损

根据《国家税务总局关于做好 2009 年度企业所得税汇算清缴工作的通知》（国

税函〔2010〕148号）第二条第六款的规定，对企业取得的免税收入、减计收入以及减征、免征所得额项目，不得弥补当期及以前年度应税项目亏损；当期形成亏损的减征、免征所得额项目，也不得用当期和以后纳税年度应税项目所得弥补。也就是说，应税项目与减免税项目不得"互为调剂"，而应各自纳税与补亏，免税项目不得弥补应税项目的亏损。

(3) 投资企业不确认被投资单位发生的净亏损

根据《企业所得税法》第十八条的规定，企业纳税年度发生的亏损，准予向以后年度结转，用以后年度的所得弥补，但结转年限最长不得超过5年。被投资单位发生的净亏损可以用以后年度的所得弥补，不能让投资企业确认被投资单位发生的净亏损。但对法人企业所得税纳税义务人，《财政部、国家税务总局关于合伙企业合伙人所得税问题的通知》（财税〔2008〕159号）规定，合伙企业的合伙人是法人和其他组织的，合伙人在计算其缴纳企业所得税时，不得用合伙企业的亏损抵减其盈利。对合伙企业的亏损，只能在合伙企业以后年度应分配的所得中依法弥补亏损，但结转年限最长不得超过5年。

6.2.3 税会差异

1. 亏损弥补期限

会计没有规定亏损弥补期限，因为亏损是企业需要承担的一种经营结果。

税法规定了用税前利润弥补亏损的具体时间为5年，一般情况下是发生亏损后的5个纳税年度，中间无论是亏损还是盈利均连续计算，超过5年后不得再继续弥补。但是税法同时对新建企业筹建期间发生的损失，政策性搬迁企业搬迁期间停止生产经营活动等情况做出了特殊规定。

2. 亏损弥补范围

会计核算经营成果时，区分经营成果是日常活动取得还是非日常活动实现的，注重对成果"质量"的判断，满足决策有用性。税法规定可以弥补的亏损要区分境内与境外所得的界限，强调不同纳税年度的界限等，体现税收管辖权的法定性及相应的限制。

6.2.4 纳税申报

纳税申报涉及的报表包括《企业所得税弥补亏损明细表》（A106000）、《境外所得税收抵免明细表》（A108000）、《境外分支机构弥补亏损明细表》（A108020）

和《中华人民共和国企业所得税年度纳税申报表（A 类）》（A100000）。

6.2.5 典型案例解析

【案例6-1】亏损弥补及纳税申报

甲公司自 2015 年开始经营，不属于高新技术企业和科技型中小企业，近 5 年的可弥补亏损所得情况如表 6.1 所示，请问甲公司在 2020 年企业所得税汇算清缴时如何申报亏损弥补及结转情况？

表 6.1　甲公司近 5 年的可弥补亏损所得情况

单位：万元

年份	2015	2016	2017	2018	2019	2020
可弥补亏损所得	-100	50	-80	-90	100	50

【案例分析】（以下会计分录和计算的单位均为"万元"）

（1）会计处理

根据会计准则的规定，甲公司可无限期弥补之前的亏损。

甲公司 2020 年之前的盈亏情况为：-100+50-80-90+100=-120（万元）。

因此，2020 年甲公司将结转亏损 70 万元。

（2）税务处理

根据《企业所得税法》第十八条的规定，企业纳税年度发生的亏损，准予向以后年度结转，用以后年度的所得弥补，但结转年限最长不得超过 5 年。因此，甲公司应结转亏损 70 万元。

（3）纳税申报

填报《企业所得税弥补亏损明细表》（A106000）第 1 列第 1 行 2015、第 2 行 2016、第 3 行 2017、第 4 行 2018、第 5 行 2019、第 6 行 2020；

第 2 列第 1 行-100 万元、第 2 行 50 万元、第 3 行-80 万元、第 4 行-90 万元、第 5 行 100 万元、第 6 行 50 万元；

第 3 列第 1 行 0 元、第 2 行 0 元、第 3 行 0 元、第 4 行 0 元、第 5 行 0 元、第 6 行 0 元；

第 4 列第 1 行 100 万元、第 2 行 0 元、第 3 行 80 万元、第 4 行 90 万元、第 5 行 0 元、第 6 行 0 元；

第 5 列第 1 行 50 万元；

第 6 列第 1 行 0 元、第 2 行 0 元；

第 7 列第 1 行 0 元、第 2 行 0 元、第 3 行 0 元；

第 8 列第 1 行 50 万元、第 2 行 0 元、第 3 行 50 万元、第 4 行 0 元；

第 9 列第 1 行 100 万元、第 2 行 0 元、第 3 行 50 万元、第 4 行 0 元；

第 10 列第 1 行 0 元、第 2 行 0 元、第 3 行 30 万元、第 4 行 20 万元、第 5 行 0 元、第 6 行 50 万元；

第 11 列第 2 行 0 元、第 3 行 0 元、第 4 行 70 万元、第 5 行 0 元、第 6 行 0 元、第 7 行 70 万元。

以上填列数据如表 6.2 所示。需要注意的是，为了方便读者理解表 6.2 的递进关系，其文字叙述方式为"先列后行"，与其他表格的叙述方式不同。

表 6.2 《企业所得税弥补亏损明细表》（A106000）

单位：万元

行次	项目	年度	可弥补亏损所得	合并、分立转入（转出）可弥补的亏损额	当年可弥补的亏损额	以前年度亏损已弥补额					本年度实际弥补的以前年度亏损额	可结转以后年度弥补的亏损额
						前四年度	前三年度	前二年度	前一年度	合计		
			1	2	3	4	5	6	7	8	9	10	11
1	前五年度	2015	-100	0	100	50	0	0	50	100	0	*
2	前四年度	2016	50	0	0	*	0	0	0	0	0	0
3	前三年度	2017	-80	0	80	*	*	0	50	50	30	0
4	前二年度	2018	-90	0	90	*	*	*	0	0	20	70
5	前一年度	2019	100	0	0	*	*	*	*	0	0	0
6	本年度	2020	50	0	0	*	*	*	*	0	50	0
7	可结转以后年度弥补的亏损额合计												70

填报《中华人民共和国企业所得税年度纳税申报表（A 类）》（A100000）第 21 行 50 万元，如表 6.3 所示。

表 6.3 《中华人民共和国企业所得税年度纳税申报表（A 类）》（A100000）

单位：万元

行次	类别	项目	金额
21	应纳税所得额计算	减：弥补以前年度亏损（填写 A106000）	50

6.2.6 综合自测

【问题】甲企业调增后的应纳税所得额和应补缴的企业所得税该如何计算？

甲企业为高新技术企业，适用15%的企业所得税优惠税率。2019年度纳税调整后所得为-60万元，以前年度结转可弥补亏损10万元。税务机关于2020年对甲企业2019年度纳税情况进行检查，调增应纳税所得额100万元；同时，税务机关发现甲企业取得技术转让收入100万元，相应的技术开发成本为110万元，因此转让该技术形成亏损10万元。请计算调增后甲企业的应纳税所得额和应补缴的企业所得税。

【分析】

根据《国家税务总局关于做好2009年度企业所得税汇算清缴工作的通知》（国税函〔2010〕148号）的规定，对企业取得的免税收入、减计收入以及减征、免征所得额项目，不得弥补当期及以前年度应税项目亏损；当期形成亏损的减征、免征所得额项目，也不得用当期和以后纳税年度应税项目所得抵补。因此，甲企业转让技术取得的收入属于减免税收入，形成的10万元技术转让亏损不得用应税项目所得来弥补。

此外，根据《国家税务总局关于查增应纳税所得额弥补以前年度亏损处理问题的公告》（国家税务总局公告2010年第20号）的规定，税务机关对企业以前年度纳税情况进行检查时调增的应纳税所得额，凡企业以前年度发生亏损、且该亏损属于《企业所得税法》规定允许弥补的，应允许调增的应纳税所得额弥补该亏损。弥补该亏损后仍有余额的，按照《企业所得税法》规定计算缴纳企业所得税。因此，甲企业应仅就调增的100万元应纳税所得额，在弥补完以前年度亏损后补缴企业所得税。

【解答】

甲企业转让技术取得的收入属于减免税收入，形成的10万元技术转让亏损不得用应税项目所得来弥补。

2019年度纳税调整后所得为：100-60=40（万元）。

弥补以前年度结转亏损10万元后，应纳税所得额调整为：40-10=30（万元），应补缴的企业所得税为：30×15%=4.5（万元）。

第 7 章
申报篇

7.1 2017年版企业所得税年度申报表详解

随着企业所得税政策不断完善，税务系统"放管服"改革不断深化，税收信息化建设不断取得新突破，纳税申报表所承载的职能越来越多，作用也越来越大。因此，国家税务总局在总结和评估2014年版企业所得税年度纳税申报表实际执行效果的基础上，发布了修订后的《中华人民共和国企业所得税年度纳税申报表（A类，2017年版）》（以下简称"2017年版年度申报表"）。

2017年版年度申报表发布以来，国务院又先后出台扩大小型微利企业优惠范围、固定资产加速折旧、技术转让所得、创业投资等多项所得税优惠政策。2019年，国家税务总局又发布了《关于修改企业所得税年度纳税申报表（A类，2019年版）部分申报表的公告》（国家税务总局公告2019年第3号）（以下简称"2019年公告"），对2017年版年度申报表进行了少量修改，修改后的企业所得税年度纳税申报表，适用纳税人2019年及以后年度纳税申报。

为便于读者理解并掌握最新的申报填报要点，本节结合2017年版年度申报表和2019年公告的修订要求，对现行年度申报表进行了解读，具体详见下文。

7.1.1 修订概况

1. 表单数量

2017年版年度申报表由37张表单组成，其中必填表2张，选填表35张，较《中华人民共和国企业所得税年度纳税申报表（A类，2014年版）》（以下简称"2014年版年度申报表"）减少4张表单，体系结构更加紧密，栏次设置更加合理，逻辑关系更加清晰。

在2017年版年度申报表基础上，2019年公告全面修改了《抵扣应纳税所得额明细表》（A107030）、《减免所得税优惠明细表》（A107040）等多张申报表，还对《企业基础信息表》等部分栏次和填报说明进行了修订。

2. 填报内容

全套申报表由反映纳税人整体情况（2张），以及反映会计核算（6张）、纳税调整（13 张）、弥补亏损（1 张）、税收优惠（9 张）、境外税收（4 张）、汇总纳税（2 张）等明细情况的"1+6"表单体系组成。

3. 表单结构

全套申报表分为基础信息表（1 张）、主表（1 张）、一级明细表（6 张）、二级明细表（25 张）和三级明细表（4 张），表单数据逐级汇总，环环相扣。

4. 使用频率

大部分纳税人实际填报表单的数量在 8 ～ 10 张。《企业基础信息表》《中华人民共和国企业所得税年度纳税申报表（A 类）》《一般企业收入明细表》《一般企业成本支出明细表》《期间费用明细表》《纳税调整项目明细表》《职工薪酬支出及纳税调整明细表》《减免所得税优惠明细表》等，为常用表单。除此之外，纳税人应当根据行业类型、业务发生情况正确选择适合本企业的表单。

7.1.2 修订具体内容

2017 年版年度申报表基本保持了 2014 年版年度纳税申报表的整体架构，并在表单数量、填报行次和具体填报内容上，做出了少量调整。

由于 2017 年版年度申报表基本是在 2014 年版年度申报表上调整而成的，同时，2019 年公告又对 2017 年版年度申报表做了少量调整。因此，下文的大部分内容为 2017 年版年度申报表较 2014 年版年度申报表调整的内容，如涉及 2019 年公告的新规定，将额外予以强调。

1.《中华人民共和国企业所得税年度纳税申报表（A 类，2017 年版）》封面

根据《国务院办公厅关于加快推进"五证合一、一照一码"登记制度改革的通知》（国办发〔2016〕53 号）等文件的规定，将原"纳税人识别号"修改为"纳税人统一社会信用代码（纳税人识别号）"。

2.《企业所得税年度纳税申报表填报表单》

该表属于纳税申报表的辅助表单，并非正式表单，主要用于列示纳税申报表全部表单的名称、编号等信息，便于纳税人根据自身经营情况，快捷、高效、合理、正确地选择所要填报的表单。根据《中华人民共和国企业所得税年度纳税申报表（A 类，2017 年版）》的最终情况，该表进行了相应调整。

(1) 取消表单

为减轻纳税人的填报负担，本次修订取消4张三级明细表，分别为原《固定资产加速折旧、扣除明细表》（A105081）、原《资产损失（专项申报）税前扣除及纳税调整明细表》（A105091）、原《综合利用资源生产产品取得的收入优惠明细表》（A107012）、原《金融、保险等机构取得的涉农利息、保费收入优惠明细表》（A107013）。

(2) 调整表单编号

由于前序表单取消，《研发费用加计扣除优惠明细表》表单编号由原A107014调整为A107012。

(3) 调整表单名称及填报要求

根据《国家税务总局关于修改企业所得税年度纳税申报表（A类，2014年版）部分申报表的公告》（国家税务总局公告2016年第3号）关于调整部分表单报送要求的规定，将原《职工薪酬纳税调整明细表》（A105050）表单名称调整为《职工薪酬支出及纳税调整明细表》（A105050），将原《捐赠支出纳税调整明细表》（A105070）表单名称调整为《捐赠支出及纳税调整明细表》（A105070），将原《特殊行业准备金纳税调整明细表》（A105120）表单名称调整为《特殊行业准备金及纳税调整明细表》（A105120）。纳税人只要发生职工薪酬支出、捐赠支出（含结转）、特殊行业准备金支出，无论是否进行了纳税调整，以上相应表单都需要进行填报。

由于增加技术入股等递延事项的填报内容，将原《企业重组纳税调整明细表》（A105100）表单名称调整为《企业重组及递延纳税事项纳税调整明细表》（A105100）。

为规范表单名称，将原《资产折旧、摊销情况及纳税调整明细表》（A105080）表单名称调整为《资产折旧、摊销及纳税调整明细表》（A105080）。

3.《企业基础信息表》（A000000）

(1) 2017年版年度申报表较2014年版年度申报表调整的内容

①删除原表单实用性不强或者存在重复采集情况的项目。比如，删除原"正常申报、更正申报、补充申报""102注册资本（万元）""106境外中资控股居民企业""202会计档案的存放地""203会计核算软件""204记账本位币""205会计政策和估计是否发生变化""206固定资产折旧方法""207存货成本计价方法""208坏账损失核算方法""209所得税计算方法""302对外投资（前5位）"。

②根据《国家税务总局关于印发〈跨地区经营汇总纳税企业所得税征收管理办法〉的公告》（国家税务总局公告2012年第57号）等文件的规定，对"101汇总纳税企业"的填报内容进行了重新分类，便于在申报系统中实现与企业汇总纳

税备案信息关联。

③为满足非营利组织等企业和股权投资、企业重组、资产（股权）划转、非货币性资产投资、技术入股等事项的填报，便于在申报系统中实现与相关表单的关联，增加了"106 非营利组织""109 从事股权投资业务""200 企业重组及递延纳税事项"填报项目。

④为加强对企业股东和分红信息的采集，对原"301 企业主要股东（前 5 位）"填报项目的内容进行了调整，增加"当年（决议日）分配的股息、红利等权益性投资收入金额"列次，并将纳入填报范围的主要股东由投资比例前 5 位调整为前 10 位。

(2) 2019 年公告较 2017 年版年度申报表调整的内容

①调整原"建筑业"归类问题："103 所属行业明细代码"填报说明中，判断小型微利企业是否为工业企业内容修改为"所属行业代码为 06** 至 4690（原 06** 至 50**），小型微利企业优惠判断为工业企业"，不包括建筑业。

②将原 107"从事国家非限制和禁止行业"表述为"从事国家限制或禁止行业"，与 B 类季（年）度申报表和大部分小微企业的理解保持一致，便于判断、定位以前年度"小型微利企业"。

4.《中华人民共和国企业所得税年度纳税申报表》（A100000）

为使纳税人可最大限度地享受所得税税前弥补亏损政策（有限定期限）和抵扣应纳税所得额优惠政策（无限定期限），按照有利于纳税人原则，将原第 21 行"抵扣应纳税所得额"与第 22 行"弥补以前年度亏损"的行次顺序进行对调。调整后，纳税人先用纳税调整后所得弥补以前年度亏损，再用弥补以前年度亏损后的余额抵扣可抵扣的应纳税所得额。

根据《财政部关于印发〈增值税会计处理规定〉的通知》（财会〔2016〕22 号）的规定，将"营业税金及附加"会计科目名称调整为"税金及附加"，将原第 3 行"营业税金及附加"项目名称调整为"税金及附加"。

为解决纳税人用境外所得抵减（弥补）境内亏损的计算问题，明确计算方法和填报口径。纳税人可以选择是否用境外所得抵减（弥补）境内亏损，当纳税人选择不用境外所得抵减境内亏损时，该表第 18 行"加：境外应税所得抵减境内亏损"和《境外所得税收抵免明细表》（A108000）第 6 列"抵减境内亏损"填报"0"。

当纳税人选择用境外所得抵减（弥补）境内亏损时，在《境外所得税收抵免明细表》（A108000）第 6 列"抵减境内亏损"填报境外所得弥补境内亏损的金额，并区别两种情况分别处理：一是用境外所得抵减当年度境内亏损的，抵减金额同时填入该表第 18 行"加：境外应税所得抵减境内亏损"；二是用境外所得弥补以前年度境内亏损的，弥补金额通过《企业所得税弥补亏损明细表》（A106000）进行计算，并将弥补以前年度境内亏损后的"可结转以后年度弥补的亏损额"填入《企业所得税弥补亏损明细表》（A106000）第11列。

为避免产生歧义，增强计算过程的确定性，对原第3行"营业税金及附加"、第4行"销售费用"、第5行"管理费用"、第6行"财务费用"、第7行"资产减值损失"添加了"减："的标识，对原第9行"投资收益"添加了"加："的标识。

删除了不参与该表计算的原第37行"以前年度多缴的所得税额在本年抵减额"和第38行"以前年度应缴未缴在本年入库所得税额"。

5.《期间费用明细表》（A104000）

为落实中央关于加强基层服务型党组织建设的有关精神，加强党建工作经费保障，增加第24行"二十四、党组织工作经费"填报项目。

6.《纳税调整项目明细表》（A105000）

（1）2017年版年度申报表较2014年版年度申报表调整的内容

①为落实中央关于加强基层服务型党组织建设的有关精神，加强党建工作经费保障，满足"党组织工作经费"纳税调整需要，增加第29行"（十六）党组织工作经费"填报项目。

②由于填报内容发生变化，增加了技术入股等递延事项，将原第36行"（一）企业重组"项目名称调整为"（一）企业重组及递延纳税事项"。

③根据《财政部、国家税务总局关于合伙企业合伙人所得税问题的通知》（财税〔2008〕159号）的规定，增加第41行"（五）有限合伙企业法人合伙方应分得的应纳税所得额"填报项目。

（2）2019年公告较2017年版年度申报表调整的内容

①原第41行变更为"（五）合伙企业法人合伙人应分得的应纳税所得额"。

②增加第42行"（六）发行永续债利息支出"。

7.《视同销售和房地产开发企业特定业务纳税调整明细表》（A105010）

根据《财政部关于印发〈增值税会计处理规定〉的通知》（财会〔2016〕22号）"营业税金及附加"会计科目名称调整为"税金及附加"的规定，将原第25行"3.实际发生的营业税金及附加、土地增值税"项目名称调整为"3.实际发生的税金及附加、土地增值税"，将原第29行"3.转回实际发生的营业税金及附加、土地增值税"项目名称调整为"3.转回实际发生的税金及附加、土地增值税"。

8. 《职工薪酬支出及纳税调整明细表》（A105050）

为解决职工薪酬支出的账载金额与实际发生额有可能存在差异的问题，增加第 2 列"实际发生额"填报列次，并调整相关列次的计算规则和逻辑关系。

9. 《捐赠支出及纳税调整明细表》（A105070）

根据《中华人民共和国企业所得税法》和《中华人民共和国慈善法》的相关规定，重新设计了该表。按照"非公益性捐赠""全额扣除的公益性捐赠""限额扣除的公益性捐赠"三类捐赠性质设置填报项目，全面反映捐赠支出及纳税调整、结转情况。

10. 《资产折旧、摊销及纳税调整明细表》（A105080）

（1）2017 年版年度申报表较 2014 年版年度申报表调整的内容

在取消原《固定资产加速折旧、扣除明细表》（A105081）的基础上，对原《资产折旧、摊销情况及纳税调整明细表》（A105080）和《固定资产加速折旧、扣除明细表》（A105081）的填报项目进行了必要整合。

1）行次

基本保留了原两表的填报项目，将原《固定资产加速折旧、扣除明细表》（A105081）的行次进行精简后作为该表"一、固定资产"项目的部分填报内容。为了统计和分析享受全民所有制改制资产评估增值政策资产的有关情况，增加了"全民所有制改制资产评估增值政策资产"填报行次，作为该表的附列资料。

2）列次

为了统计和分析固定资产加速折旧优惠政策情况，保留了原《固定资产加速折旧、扣除明细表》（A105081）"加速折旧统计额"填报列次，删除了原第 7 列"其中：2014 年及以后年度新增固定资产加速折旧额"和第 10 列"调整原因"。

（2）2019 年公告较 2017 年版年度申报表调整的内容

①第 1 行至第 14 行由享受固定资产加速折旧新政策优惠的查账征税纳税人填报。

②第 1 行至第 28 行为新增加行次，承担原固定资产加速折旧政策申报备案及减免税核算功能。

11. 《广告费和业务宣传费跨年度纳税调整明细表》（A105060）

2019 年公告较 2017 年版年度申报表调整的内容主要为：2017 版年度申报表仅用于调整广告费和业务宣传费支出，2019 年公告将"保险企业手续费及佣金支出"的调整也纳入该表。因此，除了表号"A105060"未调整外，该表的名称由 2017

年版年度申报表中的《广告费和业务宣传费跨年度纳税调整明细表》调整为2019年公告中的《广告费和业务宣传费等跨年度纳税调整明细表》。

在具体行次、列次的内容方面，增加一列专门用于填报"保险企业手续费及佣金支出"的数据；每一行的内容有表述上的微小调整，但具体内容不变。

12.《捐赠支出及纳税调整明细表》（A105070）

2019年公告较2017年版年度申报表调整的内容主要为：增加了第3行"其中：扶贫捐赠"。

13.《资产损失税前扣除及纳税调整明细表》（A105090）

在取消原《资产损失（专项申报）税前扣除及纳税调整明细表》（A105091）的基础上，对原《资产损失税前扣除及纳税调整明细表》（A105090）和《资产损失（专项申报）税前扣除及纳税调整明细表》（A105091）的填报项目进行了必要整合。

（1）行次

保留了原《资产损失税前扣除及纳税调整明细表》（A105090）的填报项目，将"二、专项申报资产损失"项目的相关行次调整为按大类填报，取消原填报明细项目的要求。

（2）列次

采用了原《资产损失（专项申报）税前扣除及纳税调整明细表》（A105091）的填报项目。

14.《企业重组及递延纳税事项纳税调整明细表》（A105100）

为全面反映企业重组和递延纳税事项，将原第13行"其中：非货币性资产对外投资"从"六、其他"项目中独立出来填报，增加"技术入股""股权划转、资产划转"填报行次。

15.《特殊行业准备金情况及纳税调整明细表》（A105120）

根据《财政部、国家税务总局关于保险公司准备金支出企业所得税税前扣除有关政策问题的通知》（财税〔2016〕114号）的规定，将原第9行"（六）保险保障基金"的位置调整为第2行"（一）保险保障基金"，并细化填报内容，增加"1.财产保险业务""2.人寿保险业务""3.健康保险业务""4.意外伤害保险业务"等填报行次，将原第6行"（三）巨灾风险准备金"项目名称调整为"（六）大灾风险准备金"。

根据《财政部、国家税务总局关于小额贷款公司有关税收政策的通知》(财税〔2017〕48号)的规定,增加"六、小额贷款公司"等填报行次,满足小额贷款公司填报贷款损失准备金及纳税调整情况的需要。

16.《企业所得税弥补亏损明细表》(A106000)

由于名称相同而填报口径不同,为避免与《中华人民共和国企业所得税年度纳税申报表》(A100000)第19行"四、纳税调整后所得"混淆,将原第2列"纳税调整后所得"名称调整为"可弥补亏损所得"。

为满足纳税人用境外所得弥补境内以前年度亏损的填报需要,调整第11列"可结转以后年度弥补的亏损额"的填报口径和逻辑关系。纳税人在填报本列时需要区别两种情况分别处理:

若不存在用境外所得弥补以前年度境内亏损的情形时,填报规则未发生变化,即填报"本年度前4个年度尚未弥补完的亏损额,以及本年度的亏损额",该列次遵循"第4列为负数的行次,第11列同一行次=第4列该行的绝对值－第9列该行－第10列该行;第4列为正数的行次,第11列同一行次=0"的计算规则。

若选择用境外所得弥补以前年度境内亏损的,纳税人需要分步计算,并根据最终计算结果填报本列。首先应当按照不考虑用境外所得弥补以前年度境内亏损的情形完成该表的填报(此时,第11列正常计算,但计算结果暂不填入表中),其次根据第11列计算结果以及当年度境外所得盈利的情况,在申报表外计算出用境外所得弥补本年度前5个年度境内亏损后尚未弥补完的亏损额后,再填入本列的相关行次。用境外所得弥补本年度前5个年度境内亏损的金额不在该表直观展现。受此影响,当纳税人有境外所得且选择用境外所得弥补以前年度境内亏损的,将不再适用"第11列同一行次=第4列该行的绝对值－第9列该行－第10列该行"的计算规则。

17.《免税、减计收入及加计扣除优惠明细表》(A107010)

(1) 2017年版年度申报表较2014年版年度申报表调整的内容

①取消原《综合利用资源生产产品取得的收入优惠明细表》(A107012)及《金融、保险等机构取得的涉农利息、保费收入优惠明细表》(A107013),将相关内容与该表进行了整合。

②根据政策调整情况,取消了4项填报项目:一是取消了政策已经执行到期的填报项目,包括原"受灾地区企业取得的救灾和灾后恢复重建款项等收入""中国期货保证金监控中心有限责任公司取得的银行存款利息等收入";二是取消了不适合填报的项目,包括原"证券投资基金从证券市场取得的收入""证券投资基金

管理人运用基金买卖股票、债券的差价收入""国家鼓励的其他就业人员工资加计扣除"。

③根据精准落实税收优惠政策的需要，新增或调整了12项填报项目，包括"内地居民企业通过沪港通投资且连续持有H股满12个月取得的股息、红利所得免征企业所得税""内地居民企业通过深港通投资且连续持有H股满12个月取得的股息、红利所得免征企业所得税""符合条件的非营利组织（科技企业孵化器）的收入免征企业所得税""符合条件的非营利组织（国家大学科技园）的收入免征企业所得税""中央电视台的广告费和有线电视费收入免征企业所得税""中国奥委会取得北京冬奥组委支付的收入免征企业所得税""中国残奥委会取得北京冬奥组委分期支付的收入免征企业所得税""金融机构取得的涉农贷款利息收入在计算应纳税所得额时减计收入""保险机构取得的涉农保费收入在计算应纳税所得额时减计收入""小额贷款公司取得的农户小额贷款利息收入在计算应纳税所得额时减计收入""科技型中小企业开发新技术、新产品、新工艺发生的研究开发费用加计扣除""企业为获得创新性、创意性、突破性的产品进行创意设计活动而发生的相关费用加计扣除"。

④根据规范优惠事项管理的需要，对11项保留项目的名称进行了调整。

⑤该表"一、免税收入""二、减计收入""三、加计扣除"项目均预留了"其他"填报行次，主要是为了满足今后新出台税收优惠政策的临时填报需要，应当提请纳税人注意，不得随意填报这些行次。

(2) 2019年公告较2017年版年度申报表调整的内容

在原第24行下增加两行，分别为第24.1行"1.取得的社区家庭服务收入在计算应纳税所得额时减计收入"和第24.2行"2.其他"。具体填报内容为：

第24.1行"1.取得的社区家庭服务收入在计算应纳税所得额时减计收入"，填报纳税人根据《财政部、税务总局、发展改革委、民政部、商务部、卫生健康委关于养老、托育、家政等社区家庭服务业税费优惠政策的公告》（财政部、税务总局、发展改革委、民政部、商务部、卫生健康委公告2019年第76号）等相关税收政策的规定，社区养老、托育、家政相关服务的收入乘以10%的金额。

第24.2行"2.其他"，填报纳税人享受的本表未列明的其他减计收入的税收优惠事项名称、减免税代码及减计收入金额。

18.《符合条件的居民企业之间的股息、红利等权益性投资收益优惠明细表》（A107011）

(1) 2017年版年度申报表较2014年版年度申报表调整的内容

①为准确反映纳税人享受符合条件的居民企业之间的股息、红利等权益性投

资收益优惠政策情况,增加"被投资企业统一社会信用代码(纳税人识别号)"填报列次。

②为区分纳税人享受本项优惠政策类型,重新划分了"投资性质"的类别,分为直接投资、股票投资(不含H股)、股票投资(沪港通H股投资)、股票投资(深港通H股投资),并增设第9行"股票投资——沪港通H股"和第10行"股票投资——深港通H股",用于核算纳税人享受深港通、沪港通相关企业所得税优惠政策的情况。

(2) 2019年公告较2017年版年度申报表调整的内容

增加了第12、第13两行,分别为第12行"创新企业CDR"和第13行"永续债"。

19.《研发费用加计扣除优惠明细表》(A107012)

为确保研发费用加计扣除政策贯彻落实到位,按照集成优化、便于填报的原则,重新设计了该表。同时,将表单编号由原"A107014"调整为"A107012"。该表包括"基本信息"和"研发活动费用明细"两部分内容。凡是当年度享受研发费用加计扣除优惠的纳税人以及存在有关情况结转的纳税人,均应填报该表。

①在"基本信息"中,设置"一般企业"和"科技型中小企业"两种类型,由纳税人根据情况选择填报,此选择结果与填报"研发活动费用明细"部分第49行"八、加计扣除比例"密切相关。

②该表不再要求纳税人按照研发项目逐一填报,但是为了保持必要的管理,设置第2行"本年可享受研发费用加计扣除项目数量"填报行次,纳税人仅需填写本年研发项目中可享受研发费用加计扣除优惠政策的项目数量。

③按照研发形式,设置第3行至第35行"一、自主研发、合作研发、集中研发"和第36行至第38行"二、委托研发"两类项目的填报行次。

④按照年度研发费用支出形式,设置第40行"(一)本年费用化金额"和第41行"(二)本年资本化金额"填报行次。

⑤为了满足计算本年允许扣除的研发资本化支出金额的需要,设置第42行"四、本年形成无形资产摊销额"和第43行"五、以前年度形成无形资产本年摊销额"填报行次。

⑥考虑到当期取得的在研发过程中形成的下脚料、残次品、中间试制品等特殊收入对研发费用的抵减,当年销售研发活动直接形成产品(包括组成部分)对应的材料部分对研发费用的抵减,以及销售研发活动直接形成产品(包括组成部分)对应材料部分的抵减和结转,分别设置第45行"减:特殊收入部分"、第47行"减:当年销售研发活动直接形成产品(包括组成部分)对应的材料部分"、第48行"减:以前年度销售研发活动直接形成产品(包括组成部分)对应材料部分

结转金额"、第 51 行"十、销售研发活动直接形成产品（包括组成部分）对应材料部分结转以后年度扣减金额"填报行次。

⑦该表应当根据税收政策规定填报。作为不征税收入处理的财政性资金用于研发的部分等，应按规定扣除，并填报扣除后的金额。其他费用、委托境外进行研发活动所发生的费用，应按规定计算限额并调整。研发活动与生产活动共同支出的相关费用，应按规定分摊计算后填报。

20.《所得减免优惠明细表》（A107020）

（1）2017 年版年度申报表较 2014 年版年度申报表调整的内容

①行次。保留原《所得减免优惠明细表》（A107020）"一、农、林、牧、渔业项目""二、国家重点扶持的公共基础设施项目""三、符合条件的环境保护、节能节水项目""四、符合条件的技术转让项目""五、实施清洁机制发展项目""六、符合条件的节能服务公司实施合同能源管理项目"填报项目大类不变，放开明细项目的填报数量限制，由纳税人根据减免项目会计核算结果逐一填报，解决以往同类型优惠有多个项目时无法一一填报的问题。

②列次。为全面反映优惠项目的基本情况和享受税收优惠的情况，增加第 1 列"项目名称"、第 2 列"优惠事项名称"、第 3 列"优惠方式"、第 9 列"项目所得额——免税项目"、第 10 列"项目所得额——减半项目"填报列次。

③明确了填报要求，当纳税调整后所得小于 0 时，不需要填报该表；明确了当项目发生亏损时，第 9 列"项目所得额——免税项目"或者第 10 列"项目所得额——减半项目"按"0"填报。

④明确了纳税人在填报享受所得减免企业所得税优惠项目期间费用时，合理分摊比例可以按照投资额、销售收入、资产额、人员工资等参数确定。上述比例一经确定，不得随意变更。

（2）2019 年公告较 2017 年版年度申报表调整的内容

为便于纳税人享受转让 5 年以上非独占许可技术使用权的优惠政策，对《所得减免优惠明细表》（A107020）的填报说明做了细微改动。

根据《国家税务总局关于许可使用权技术转让所得企业所得税有关问题的公告》（国家税务总局公告 2019 年第 82 号）的规定，《所得减免优惠明细表》（A107020）第 33 行"四、符合条件的技术转让项目"填报说明中"……5 年以上（含 5 年）全球独占许可使用权转让取得的所得……"删除"全球独占许可"内容。

21.《抵扣应纳税所得额明细表》（A107030）

（1）2017年版年度申报表较2014年版年度申报表调整的内容

为落实税收优惠政策，对原《抵扣应纳税所得额明细表》（A107030）的表单列次进行了调整，增加"投资于未上市中小高新技术企业"和"投资于种子期、初创期科技型企业"两列，便于纳税人按照投资形式和投资对象，区别创业投资企业直接投资于未上市中小高新技术企业，创业投资企业直接投资于种子期、初创期科技型企业，通过有限合伙制创业投资企业投资于未上市中小高新技术企业，通过有限合伙制创业投资企业投资于种子期、初创期科技型企业四种投资情形填报。当同时存在一种以上投资情形时，纳税人在填报第7行"本年实际抵扣应纳税所得额"和第13行"本年实际抵扣应分得的应纳税所得额"时，对本年度可以抵扣的应纳税所得额，应当按照合理方法确认和填报。

（2）2019年公告较2017年版年度申报表调整的内容

第9行至第14行为新增加行次，填写企业通过有限合伙制创业投资企业间接投资未上市中小高新企业按一定比例抵扣应纳税所得额。

22.《减免所得税优惠明细表》（A107040）

（1）2017年版年度申报表较2014年版年度申报表调整的内容

①为优化表单结构，将原"其他专项优惠"填报项目类别取消，将该类别下的项目顺序排列。

②根据政策调整情况，取消了3项填报项目：一是取消了政策已经执行到期的填报项目，包括原"受灾地区损失严重的企业""受灾地区促进就业企业"；二是精简了重复填报的项目，包括原"其中：减半征税"。

③根据精准落实税收优惠政策的需要，新增2项填报项目，包括"服务贸易创新发展试点地区符合条件的技术先进型服务企业减按15%的税率征收企业所得税""北京冬奥组委、北京冬奥会测试赛赛事组委会免征企业所得税"。

④按照税收优惠的享受方式和表内的计算顺序，将"支持和促进重点群体创业就业企业限额减征企业所得税""扶持自主就业退役士兵创业就业企业限额减征企业所得税"调整至第29行至第30行。

⑤根据规范优惠事项管理的需要，对27项保留项目的名称进行了调整。

⑥该表第27行"二十七、其他"填报行次，主要是为了满足今后新出台税收优惠政策的临时填报需要，应当提请纳税人注意，不得随意填报这些行次。

（2）2019年公告较2017年版年度申报表调整的内容

①删除了2017年版年度申报表的以下行次：第4.1行"（一）芦山受灾地区农

村信用社免征企业所得税"、第4.2行"(二)鲁甸受灾地区农村信用社免征企业所得税"、第26行"二十六、享受过渡期税收优惠定期减免企业所得税"、第29.1行"(一)下岗失业人员再就业"和第29.2行"(二)高校毕业生就业"。

②增加了2017年版年度申报表的以下行次:

第26行"二十六、线宽小于130纳米的集成电路生产企业减免企业所得税(填写A107042)"。根据《关于集成电路生产企业有关企业所得税政策问题的通知》(财税〔2018〕27号)的规定,集成电路线宽小于130纳米,且经营期在10年以上的集成电路生产企业,自企业获利年度起,第一年至第二年免征企业所得税,第三年至第五年按照25%的法定税率减半征收企业所得税。表A000000"208软件、集成电路企业类型"填报"140集成电路生产企业(线宽小于130纳米的企业)"的纳税人可以填报本项,本行填报表A107042第22行金额。

第27行"二十七、线宽小于65纳米或投资额超过150亿元的集成电路生产企业减免企业所得税(填写A107042)"。根据《关于集成电路生产企业有关企业所得税政策问题的通知》(财税〔2018〕27号)的规定,集成电路线宽小于65纳米或投资额超过150亿元,且经营期在15年以上的集成电路生产企业,自企业获利年度起,第一年至第五年免征企业所得税,第六年至第十年按照25%的法定税率减半征收企业所得税。表A000000"208软件、集成电路企业类型"填报"150集成电路生产企业(线宽小于65纳米或投资额超过150亿元的企业)"的纳税人可以填报本项,本行填报表A107042第22行金额。

第28.1行"(一)从事污染防治的第三方企业减按15%的税率征收企业所得税"。根据《财政部、税务总局、国家发展改革委、生态环境部关于从事污染防治的第三方企业所得税政策问题的公告》(财政部、税务总局、国家发展改革委、生态环境部公告2019年第60号)的规定,对符合条件的从事污染防治的第三方企业减按15%的税率征收企业所得税。本行填报根据表A100000第23行计算的减征企业所得税金额。

第28.2行"(二)其他1",填报当年新出台且本表未列明的其他税收优惠政策,需填报项目名称、减免税代码及免征、减征企业所得税金额。

第28.3行"(三)其他2",填报国务院根据税法授权制定的及本表未列明的其他税收优惠政策,需填报项目名称、减免税代码及免征、减征企业所得税金额。

第30.1行"(一)企业招用建档立卡贫困人口就业扣减企业所得税",填报企业招用建档立卡贫困人口就业扣减企业所得税。

第30.2行"(二)企业招用登记失业半年以上人员就业扣减企业所得税",填报企业招用登记失业半年以上人员就业扣减企业所得税。

23.《高新技术企业优惠情况及明细表》(A107041)

根据《科技部、财政部、国家税务总局关于修订印发〈高新技术企业认定管理办法〉的通知》(国科发火〔2016〕32号)、《科技部、财政部、国家税务总局关于修订印发〈高新技术企业认定管理工作指引〉的通知》(国科发火〔2016〕195号)、《国家税务总局关于实施高新技术企业所得税优惠政策有关问题的公告》(国家税务总局公告2017年第24号)等文件的规定，重新设置《高新技术企业优惠情况及明细表》(A107041)，满足相关政策填报要求，并且进一步明确了填报要求，具有高新技术企业资格的纳税人无论是否享受税收优惠政策，均应填报该表。

24.《软件、集成电路企业优惠情况及明细表》(A107042)

根据《财政部、国家税务总局、国家发展和改革委员会、工业和信息化部关于软件和集成电路产业企业所得税优惠政策有关问题的通知》(财税〔2016〕49号)、《国家发展和改革委员会、工业和信息化部、财政部、国家税务总局关于印发国家规划布局内重点软件和集成电路设计领域的通知》(发改高技〔2016〕1056号)等文件的规定，重新设置《软件、集成电路企业优惠情况及明细表》(A107042)，满足相关政策填报要求。

25.《境外所得税收抵免明细表》(A108000)

为了落实境外所得税收抵免政策，在保持表单样式不变的基础上，对填报规则进行了调整。

①根据《财政部、国家税务总局关于我国石油企业从事油（气）资源开采所得税收抵免有关问题的通知》(财税〔2011〕23号)、《财政部、国家税务总局关于完善企业境外所得税收抵免政策问题的通知》(财税〔2017〕84号)等文件的规定，明确了不同抵免方式对应的填报规则。在行次填报时，纳税人若选择"不分国（地区）不分项"的境外所得抵免方式，应按照税收规定计算可抵免境外所得税税额和抵免限额，并根据表A108010、表A108020、表A108030的合计金额填报该表第1行；纳税人若选择"分国（地区）不分项"的境外所得抵免方式，应根据表A108010、表A108020、表A108030分国（地区）别逐行填报该表。在列次填报时，纳税人若选择"分国（地区）不分项"的境外所得抵免方式，第1列"国家（地区）"填报纳税人境外所得来源的国家（地区）名称；纳税人若选择"不分国（地区）不分项"的境外所得抵免方式，第1列"国家（地区）"填报"不分国（地区）不分项"字样。

②明确了境外所得抵减（弥补）境内亏损的填报规则，纳税人可选择用境外

所得抵减当年度境内亏损和弥补以前年度境内亏损。当纳税人选择用境外所得抵减（弥补）境内亏损时，第 6 列"抵减境内亏损"填报纳税人境外所得按照税收规定抵减（弥补）境内的亏损额（包括抵减的当年度境内亏损额和弥补的以前年度境内亏损额）；当纳税人选择不用境外所得抵减（弥补）境内亏损时，填报"0"。

26.《境外所得纳税调整后所得明细表》（A108010）

为落实境外所得税收抵免政策，对填报规则进行了调整和明确。对于按照《财政部、国家税务总局关于我国石油企业从事油（气）资源开采所得税收抵免有关问题的通知》（财税〔2011〕23 号）、《财政部、国家税务总局关于完善企业境外所得税收抵免政策问题的通知》（财税〔2017〕84 号）等文件的规定，境外所得税收抵免方式选择"不分国（地区）不分项"的纳税人，也应按照规定计算可抵免境外所得税税额，并按国（地区）别逐行填报。

27.《境外分支机构弥补亏损明细表》（A108020）

为落实境外所得税收抵免政策，对填报规则进行了调整和明确。对于按照《财政部、国家税务总局关于我国石油企业从事油（气）资源开采所得税收抵免有关问题的通知》（财税〔2011〕23 号）、《财政部、国家税务总局关于完善企业境外所得税收抵免政策问题的通知》（财税〔2017〕84 号）等文件的规定，境外所得税收抵免方式选择"不分国（地区）不分项"的纳税人，也应按照规定填报境外分支机构本年及以前年度发生的税前尚未弥补的非实际亏损额和实际亏损额、结转以后年度弥补的非实际亏损额和实际亏损额，并按国（地区）别逐行填报。

28.《跨年度结转抵免境外所得税明细表》（A108030）

为落实境外所得税收抵免政策，对填报规则进行了调整和明确。对于按照《财政部、国家税务总局关于我国石油企业从事油（气）资源开采所得税收抵免有关问题的通知》（财税〔2011〕23 号）、《财政部、国家税务总局关于完善企业境外所得税收抵免政策问题的通知》（财税〔2017〕84 号）等文件的规定，境外所得税收抵免方式选择"不分国（地区）不分项"的纳税人，也应按照规定填报本年发生的来源于不同国家或地区的境外所得按照我国税收法律、法规的规定可以结转抵免的所得税额，并按国（地区）别逐行填报。

29.《跨地区经营汇总纳税企业年度分摊企业所得税明细表》（A109000）

为避免产生歧义，调整了原第 1 行"一、总机构实际应纳所得税额"、第 4 行"二、总机构用于分摊的本年实际应纳所得税"、第 5 行"三、本年累计已预分、已分摊所得税"、第 6 行"(一)总机构向其直接管理的建筑项目部所在地预分的所得税额"、第 9 行"(四)总机构所属分支机构已分摊所得税额"、第 11 行"四、总机构本年度应分摊的应补（退）的所得税"、第 14 行"(三)总机构所属分支机构分摊本年应补（退）的所得税额"、第 16 行"五、总机构境外所得抵免后的应纳所得税额"行次名称。

为满足省内跨地区汇总纳税企业填报，将原表内有关行次计算公式中的"25%""50%"比例调整为"总机构分摊比例""财政集中分配比例""分支机构分摊比例""总机构主体生产经营部门分摊比例"。

30. 《企业所得税汇总纳税分支机构所得税分配表》（A109010）

将原"总机构纳税人识别号"调整为"总机构统一社会信用代码（纳税人识别号）"，并将其移至表头部分。将原"分支机构纳税人识别号"调整为"分支机构统一社会信用代码（纳税人识别号）"。

为了提高税款分配计算结果的精准性，调整了"分配比例"的计算规则，由保留小数点后四位调整为保留小数点后十位。

7.1.3 实施时间

根据国家税务总局发布的《关于发布〈中华人民共和国企业所得税年度纳税申报表（A 类，2017 年版）〉的公告》（国家税务总局公告 2017 年第 54 号，以下简称《公告》），《公告》适用于纳税人 2017 年度及以后年度汇算清缴。以前年度企业所得税年度纳税申报表相关规则与本《公告》不一致的，不追溯调整。纳税人调整以前年度涉税事项的，应按相应年度的企业所得税年度纳税申报表相关规则调整。

7.2 2018年版企业所得税月（季）度申报表详解

我国实行月（季）度预缴企业所得税，年终根据预缴情况汇算清缴的企业所得税申报制度。因此，企业所得税月（季）度申报表与7.1节介绍的年度申报表共同组成了企业所得税的申报表体系。2018年5月，国家税务总局发布了《关于发布〈中华人民共和国企业所得税月（季）度预缴纳税申报表（A类，2018年版）〉等报表的公告》（国家税务总局公告2018年第26号）。

需要注意的是，由于2020年6月29日国家税务总局发布了关于修订《中华人民共和国企业所得税月（季）度预缴纳税申报表（A类，2018年版）》等报表的公告，自2020年7月1日起适用最新版的《中华人民共和国企业所得税月（季）度预缴纳税申报表（A类，2018年版）》（2020年修订）和《中华人民共和国企业所得税月（季）度预缴和年度纳税申报表（B类，2018年版）》（2020年修订）[1]，因此本节涉及的《中华人民共和国企业所得税月（季）度预缴纳税申报表（A类，2018年版）》仅适用至2020年6月30日。

鉴于2020年7月1日启用的新报表仅基于本节申报表进行了少量修订，为了满足读者了解查证2020年7月1日之前申报要求的需要，下文仍为读者重点讲解2018年版申报表的变化和填报要点。

7.2.1 主要变化

1. 简化表单设置

取消《中华人民共和国企业所得税月(季)度预缴纳税申报表(A类,2015年版)》及其附表中的"本期金额"列，只保留"累计金额"列。

2. 优化报表结构

调整申报表填报方式，对《中华人民共和国企业所得税月（季）度预缴纳税

---

[1]《中华人民共和国企业所得税月（季）度预缴纳税申报表（A类，2018年版）》（2020年修订）用于查账征收类企业，《中华人民共和国企业所得税月（季）度预缴和年度纳税申报表（B类，2018年版）》（2020年修订）用于核定征收类企业。鉴于本书涉及的税会差异主要适用于查账征收类企业，因此本节不再涉及核定征收类企业的企业所得税申报表事项。

申报表（A 类，2015 年版）》中的重复行次进行归并处理。参照《中华人民共和国企业所得税年度纳税申报表（A 类，2017 年版）》，将《企业所得税汇总纳税分支机构所得税分配表》作为附表纳入申报表体系。

3. 完善填报内容

根据政策调整和落实优惠的需要，补充、调整了《免税收入、减计收入、所得减免等优惠明细表》（A201010）、《减免所得税优惠明细表》（A201030）等表单的行次内容，确保符合条件的纳税人能够及时、足额享受到税收优惠。增加预缴方式、企业类型等标识信息和附报信息内容，为实现智能填报提供有力支持。

7.2.2 网上申报填报要点

1.《中华人民共和国企业所得税月（季）度预缴纳税申报表（A 类，2018 年版）》（A200000）

（1）预缴方式

系统默认主管税务机关核定的企业所得税预缴方式，纳税人不可修改。纳税人需变更预缴方式的，应到主管税务机关办理。

（2）企业类型

系统根据主管税务机关登记的企业类型及汇总纳税企业情况登记信息自动勾选，纳税人不可修改。

（3）预缴税款计算

①所有行次数据均填报本年累计金额。

②第 4 行"加：特定业务计算的应纳税所得额"：由房地产开发企业填报（行业代码为 7010），填报数据应 ≥ 0，且 $\geq$ 本年上期本行金额。

③第 14 行"减：特定业务预缴（征）所得税额"：需填报本栏的纳税人，应携带相关完税凭证到主管税务机关柜台申报。

④第 9 行"实际利润额按照上一纳税年度应纳税所得额平均额确定的应纳税所得额本年累计金额"：当"预缴方式"为"按照实际利润额预缴"时，由系统自动计算带出；当"预缴方式"为"按照上一纳税年度应纳税所得额平均额预缴"时，开放填报，且应 >0；当"预缴方式"为"按照税务机关确定的其他方法预缴"时，不可填报。

⑤第 15 行"本期应补（退）所得税额税务机关确定的本期应纳所得税额"：当"预缴方式"为"按照实际利润额预缴"或"按照上一纳税年度应纳税所得额

平均额预缴"时，由系统自动计算得出，不可修改；当"预缴方式"为"按照税务机关确定的其他方法预缴"时，开放填报，且应≥0。

（4）汇总纳税企业总分机构税款计算

①由"跨地区经营汇总纳税企业总机构"和"跨地区经营汇总纳税企业分支机构"填报。

②"企业类型"为"跨地区经营汇总纳税企业总机构"填报第16行至第19行，其数据在纳税人填报并保存《企业所得税汇总纳税分支机构所得税分配表》（A202000）后自动带入。

③"企业类型"为"跨地区经营汇总纳税企业分支机构"填报第20行至第21行。

（5）附报信息

1）"小型微利企业"选项

企业类型为"跨地区经营汇总纳税企业的分支机构"和办理报验登记的纳税人在报验登记地申报的，本项默认勾选"否"，不可修改；企业类型为"一般企业"或者"跨地区经营汇总纳税企业总机构"的，若纳税人上一纳税年度为小型微利企业，本期第9行累计金额≤100万元的，本项默认勾选"是"，不可修改；当本期第9行累计金额＞100万元的，本项默认勾选"否"，不可修改。若纳税人上一纳税年度汇算清缴不符合小型微利企业条件的，或者为本年度新办企业，当本期第9行累计金额≤100万元的，本项开放填报，由纳税人自行勾选"是"或者"否"，且必选一项；当本期第9行累计金额＞100万元的，本项默认勾选"否"，不可修改。

2）"技术入股递延纳税事项"选项

本项勾选"是"时，必须填报《技术成果投资入股企业所得税递延纳税备案表》。

2. 《免税收入、减计收入、所得减免等优惠明细表》（A201010）

①所有行次数据均填报本年累计金额。
②第15行"（十二）其他"及第23行"（四）其他"项，关闭不可填报。
③第24行至第28行季度预缴申报时，关闭不可填报。

3. 《固定资产加速折旧（扣除）优惠明细表》（A201020）

①本表由享受加速折旧或一次性扣除政策，且资产税收折旧额大于一般折旧额的纳税人填报。在固定资产"税收折旧"大于"一般折旧"的折旧期间内，无论税会处理是否一致，是否涉及纳税调整，都必须填报本表。"税收折旧"小于等于"一般折旧"期间的金额不再填报本表。同时，保留本年"税收折旧"大于"一般折旧"期间最后一个折旧期的金额继续填报，直至本年度最后一期月（季）度

预缴纳税申报。

②第 2 行"（一）重要行业固定资产加速折旧"：由重要行业纳税人填报。

③第 3 行"（二）其他行业研发设备加速折旧"：由重要行业以外的其他纳税人填报，且仅填报单位价值超过 100 万元的专用研发设备的折旧情况（第 2 行第 1 列需 ≥ 100 万元）。

④第 4 行"二、固定资产一次性扣除"：填报新购进单位价值不超过 100 万元的研发设备和单位价值不超过 5 000 元的固定资产，按照税收规定一次性在当期扣除的金额。按政策规定，2018 年 1 月 1 日以后购进的设备、器具，单位价值不超过 500 万元的，允许一次性在当期税前扣除。

4.《减免所得税优惠明细表》（A201030）

①所有行次数据均填报本年累计金额。

②第 1 行"一、符合条件的小型微利企业减免企业所得税"：主表附报信息中"小型微利企业"勾选"是"，且纳税人未选择享受其他优惠（本表第 2 行至第 29 行的值均为零），本项必须填报，系统会自动计算填报主表第 9 行 ×15% 的值（若计算的值 < 0 时，则填报 0）；若纳税人需选择享受其他优惠时，可将本栏次数据更改为 0 后，再继续填报其他优惠栏次数据。

③第 2 行"二、国家需要重点扶持的高新技术企业减按 15% 的税率征收企业所得税"和第 3 行"三、经济特区和上海浦东新区新设立的高新技术企业在区内取得的所得定期减免企业所得税"：主表附报信息中"高新技术企业"勾选"是"，且纳税人未选择享受其他优惠时（本表第 1 行和第 4 行至 29 行的值均为零），则第 2 行和第 3 行必须至少计算填报一行；主表附报信息中"高新技术企业"勾选"否"时，关闭不可填报。

④第 28 行"二十八、其他"：不可填报。纳税人确有涉及享受"其他"优惠项目的，请到主管税务机关申报。

5.《企业所得税汇总纳税分支机构所得税分配表》（A202000）

①填报对象：由主表"企业类型"为"跨地区经营汇总纳税企业总机构"的纳税人填报。

②"分支机构情况"：自动带出纳税人在税务机关报备参与分配的各分支机构和独立生产经营部信息。

③"三项因素"：自动带出上期季度申报表中的申报数据，不可修改。

6. 跨地区经营汇总纳税企业分支机构月（季）度网上申报

①"跨地区经营汇总纳税企业分支机构"预缴申报时，不再填报《企业所得税汇总纳税分支机构所得税分配表》（A202000）。

②汇总纳税分支机构的纳税期限需要与汇总纳税总机构的纳税期限保持一致。

③根据总机构出具的《企业所得税汇总纳税分支机构所得税分配表》（A202000）中的"本分支机构本期分摊比例"和"本分支机构本期分摊应补退所得税额"填入《中华人民共和国企业所得税月（季）度预缴纳税申报表（A类）》（A200000）第20行和第21行。

7.3 2018年版企业所得税月（季）度申报表（2020年修订）详解

为支持新冠肺炎疫情防控和企业复工、复产，2020年2月以来，财政部、国家税务总局会同相关部门发布了疫情防控重点保障物资生产企业为扩大产能新购置的相关设备一次性扣除、支持新型冠状病毒感染的肺炎疫情防控捐赠支出全额扣除、小型微利企业延缓缴纳企业所得税等一系列企业所得税政策。同时，为落实党中央、国务院关于海南自由贸易港建设的有关决策部署，财政部会同税务总局出台了海南自由贸易港资本性支出税前扣除、鼓励类产业企业减按15%税率征收企业所得税等优惠政策。为全面落实上述政策，税务总局对《中华人民共和国企业所得税月（季）度预缴纳税申报表（A类，2018年版）》和《中华人民共和国企业所得税月（季）度预缴和年度纳税申报表（B类，2018年版）》进行了修订，并制发了《国家税务总局关于修订〈中华人民共和国企业所得税月（季）度预缴纳税申报表（A类，2018年版）〉等报表的公告》（以下简称《公告》）。下文将重点讲解该申报表的修订内容和实施时间。

7.3.1 修订内容

1. 《中华人民共和国企业所得税月（季）度预缴纳税申报表（A类，2018年版）》（2020年修订）

为落实企业所得税相关政策，优化填报口径，《公告》对《中华人民共和国企业所得税月（季）度预缴纳税申报表（A类）》（A200000)、《免税收入、减计收入、所得减免等优惠明细表》（A201010)、《固定资产加速折旧（扣除）优惠明细表》（A201020)、《减免所得税优惠明细表》（A201030）的部分数据项及填报说明进行修订。主要修订内容如下：

①为落实小型微利企业延缓缴纳企业所得税政策，《中华人民共和国企业所得税月（季）度预缴纳税申报表（A类）》（A200000）增加临时行次第L15行"减：符合条件的小型微利企业延缓缴纳所得税额（是否延缓缴纳所得税　□是□否）"，

并明确相关行次的填报要求。

②为落实支持新型冠状病毒感染的肺炎疫情防控捐赠支出全额扣除政策和扶贫捐赠支出全额扣除政策，《免税收入、减计收入、所得减免等优惠明细表》（A201010）增加"支持新型冠状病毒感染的肺炎疫情防控捐赠支出全额扣除"和"扶贫捐赠支出全额扣除"行次，并明确相关行次的填报要求。

③为落实海南自由贸易港资本性支出扣除政策和疫情防控重点保障物资生产企业设备一次性扣除政策，一是将原《固定资产加速折旧（扣除）优惠明细表》（A201020）名称修改为《资产加速折旧、摊销（扣除）优惠明细表》（A201020），二是增加"海南自由贸易港企业固定资产加速折旧""海南自由贸易港企业无形资产加速摊销""海南自由贸易港企业固定资产一次性扣除""海南自由贸易港企业无形资产一次性扣除""疫情防控重点保障物资生产企业单价 500 万元以上设备一次性扣除"等行次，并明确相关行次的填报要求。

④为落实海南自由贸易港鼓励类企业减按 15% 税率征收企业所得税政策，在《减免所得税优惠明细表》（A201030）第二十八项"其他"项目下增加了"海南自由贸易港的鼓励类产业企业减按 15% 税率征收企业所得税"行次，并明确相关行次的填报要求。

⑤为优化填报口径，将《中华人民共和国企业所得税月（季）度预缴纳税申报表（A 类）》（A200000）"按季度填报信息"部分前移，并扩充"从业人数"和"资产总额"栏次，列示第一季度至税款所属季度的各季度季初值、季末值、季度平均值，方便纳税人在申报时修正之前季度的错报数据。

2.《中华人民共和国企业所得税月（季）度预缴和年度纳税申报表（B 类，2018 年版）》（2020 年修订）

为落实企业所得税相关政策，优化填报口径，《公告》对《中华人民共和国企业所得税月（季）度预缴和年度纳税申报表（B 类，2018 年版）》的部分数据项及填报说明进行修订。主要修订内容如下：

①为落实"小型微利企业延缓缴纳企业所得税"政策，增加临时行次第 L19 行"减：符合条件的小型微利企业延缓缴纳所得税额（是否延缓缴纳所得税□是□否）"，并明确相关行次的填报要求。

②为优化填报口径，将"按季度填报信息""按年度填报信息"部分前移，并扩充"从业人数"和"资产总额"栏次，列示第一季度至税款所属季度的各季度季初值、季末值、季度平均值，方便纳税人在申报时修正之前季度的错报数据。

7.3.2 实施时间

《公告》自 2020 年 7 月 1 日起施行。实行按月预缴的居民企业,自 2020 年 6 月份申报所属期开始使用修订后的纳税申报表;实行按季预缴的居民企业,自 2020 年第二季度申报所属期开始使用修订后的纳税申报表。